Überreichtum

*Dr. Martin Schürz* ist Ökonom und individualpsychologischer Analytiker in Wien. Er forscht seit mehr als zwei Jahrzehnten zur Vermögensverteilung in Europa und ist Lektor an der Wirtschaftsuniversität in Wien. 2015 erhielt er den Progressive Economy Award des Europäischen Parlaments.

Martin Schürz

# Überreichtum

Campus Verlag
Frankfurt/New York

ISBN 978-3-593-51145-0 Print
ISBN 978-3-593-44303-4 E-Book (PDF)
ISBN 978-3-593-44302-7 E-Book (EPUB)


Umschlaggestaltung: Guido Klütsch, Köln
Satz: DeinSatz Marburg | tn
Gesetzt aus der Scala und der Scala Sans
Druck und Bindung: Beltz Grafische Betriebe ist ein Unternehmen mit finanziellem Klimabeitrag (ID 15985-2104-1001)
Printed in Germany
Kontakt: Werderstr. 10, 69469 Weinheim, info@campus.de
www.campus.de

# Inhalt

# Einleitung

»Überreichtum« ist ein ungewöhnliches Wort. Als »Überreiche« bezeichnete der antike Philosoph Platon Reiche, die nicht tugendhaft seien.[1] Heute wird bewundernd von »Superreichen« gesprochen, der kritische Begriff Platons ist in Vergessenheit geraten. Dieses Buch sucht den schillernden Begriff neu zu deuten, um die dramatische Vermögenskonzentration im 21. Jahrhundert besser zu verstehen.

Bei der Rechtfertigung der ungleichen Sozialordnung haben Überreiche stets viel Fantasie bewiesen. Doch Überreichtum geht nicht nur auf das moralische Versagen Einzelner zurück, sondern auch auf die staatliche Ordnung. Die Folgen betreffen die ganze Gesellschaft, denn Überreichtum verletzt Gerechtigkeitsprinzipien und gefährdet die Demokratie. Die leitende Frage dieses Buches ist: Was sichert die gesellschaftlich herausragende Position der Überreichen in einer Demokratie? Und die These lautet: Neben einer Politik der Verachtung, die keine Maßnahmen gegen Vermögenskonzentration ergreift, leistet eine Gefühlspolitik zugunsten der Reichen einen bislang unterschätzten Beitrag. Denn bei Gefühlen gibt es andere Trennlinien als bei Gerechtigkeitsprinzipien und ökonomischen Interessen. Da verschwimmen die Dichotomien von gerecht und ungerecht, arm und reich. Emotionen wie Neid, Gier oder Zorn teilen alle Menschen, egal, ob sie wohlhabend sind oder nicht. Überreiche im 21. Jahrhundert begründen ihre gesellschaftlichen Privilegien über ihre öffentlich inszenierten Tugenden. Sie stellen sich als mitfühlend und großzügig dar. Das demokratische Publikum ist fasziniert.

Insbesondere die Philanthropie mancher Vermögender rückt Großzügigkeit und Mitgefühl ins Zentrum. Die Grenzziehung verläuft dann zwischen guten Vermögenden und bösen Reichen.[2] Das wohltätige Engagement vieler Vermögender wird meist begrüßt, während den bösen Reichen Schamlosigkeit und Exzess unterstellt wird. Die Tradition einer moralischen Verurteilung der Reichen geht bis in die Antike zurück. Bei Platon galten die Überreichen als lasterhaft und bei Aristoteles wurde die Habgier der Reichen verurteilt. Generell wird Gier seit Jahrhunderten als üble Wurzel des Reichtums gebrandmarkt.

Doch Kritik an den Reichen kann auch umfassender und subtiler ausfallen. In seiner Erzählung *Junger Mann aus reichem Haus* aus dem Jahr 1925 hatte Francis Scott Fitzgerald sie so formuliert: »Lassen Sie mich von den wahrhaft reichen Leuten erzählen. Das sind keine Menschen wie Sie oder ich. Sie besitzen und genießen früh und das verändert sie, macht sie weich, wo wir hart sind, zynisch, wo wir zuversichtlich sind, und das auf eine Art, die man nur schwer begreift, wenn man nicht selbst im Reichtum geboren ist. Sie halten sich aus tiefster Überzeugung für etwas Besseres als wir, weil wir erst einmal für uns selbst entdecken mussten, wie man sich im Leben einrichten und schadlos halten kann. Sie mögen noch so tief in unsere Welt einsteigen oder gar unter uns herabsinken, so glauben sie dennoch, etwas Besseres zu sein als wir. Sie sind eben anders.«[3]

Reichtum geht mit gesellschaftlichem Ansehen einher. Adam Smith, Gründervater der Ökonomie, hatte 1776 in seinem Hauptwerk *Der Wohlstand der Nationen* festgestellt: »Das Ansehen der Reichen ist zwar in jedem Zeitalter der Gesellschaft groß, aber am größten ist es wohl in den rohesten Zeiten derselben, sofern sie nämlich eine bedeutende Vermögensungleichheit aufzuweisen hat.«[4] Dies trifft auf die Gegenwart zu. Das reichste Prozent der Weltbevölkerung hat fast so viel an Vermögen wie der Rest.[5] Und die drei reichsten Menschen besitzen so viel an Vermögen wie die gesamte ärmere Hälfte der Bevölkerung in den Vereinigten Staaten zusammen.[6] Den Vermögenden gelingt auch eine Steuervermeidung in Steueroasen viel leichter als dem Rest der Bevölkerung. Ein eigener Industriezweig hilft den Überreichen Steuern zu vermeiden.[7] Auch steigt die Marktmacht von großen Konzernen bedenklich an. Wenige Giganten streichen einen Löwenanteil der Profite ein. Jüngst problematisierte diese Winner-take-most-Welt sogar der Internationale Währungsfonds in seinem *Weltwirtschaftlichen Ausblick 2019*. Die Einkommensungleichheit steigt an und die Vermögenskonzentration ist weltweit extrem.

In Smiths *Theorie der ethischen Gefühle* von 1759 finden sich moralpsychologische Überlegungen, die auch heute noch helfen, die Komplexität des Themas Reichtum zu erfassen. Bestimmte Gefühle sind für die Aufrechterhaltung von Überreichtum hilfreich. Smith bemerkte eine Neigung vieler Menschen, »die Reichen und Mächtigen zu bewundern und beinahe göttlich zu verehren und Personen in ärmlichen und niedrigen Verhältnissen zu verachten oder wenigstens zurückzusetzen«.[8] Er erkannte, dass es nicht darum geht, ob die Reichen tugendhaft oder lasterhaft sind. Wichtiger ist, dass die meisten Menschen eher Reiche als Arme verehren. Auch der Zorn von ihnen richtet sich nicht gegen die Wenigen, die zu viel haben, sondern gegen die Vielen, die zu wenig haben: »Häufig sehen wir die achtungsvolle Aufmerksamkeit der Welt stärker auf die Reichen und Vornehmen sich richten, als auf die Weisen und Tugendhaften. Häufig sehen wir, daß die Laster und Torheiten des Mächtigen weit weniger verabscheut werden, als die Armut und Schwäche des Unschuldigen.«[9]

Moralische Gefühle der Empörung gegen den Exzess der Überreichen markieren aber vielleicht ohnehin nicht die Trennlinie zwischen Arm und Reich. Theodor W. Adorno hatte im Aphorismus »Tugendspiegel« seiner *Minima Moralia* eine Verschränkung von Reichtum und Tugend gesehen: »Reichtum als Gutsein ist ein Element des Kitts der Welt; der zähe Schein solcher Identität verhindert die Konfrontation der Moralideen mit der Ordnung, in der die Reichen recht haben, während zugleich andere konkrete Bestimmungen des Moralischen als die vom Reichtum abgezogenen nicht konzipiert werden konnten.«[10]

Aus ökonomischer Perspektive scheint es bei Reichtum vorerst sowieso nicht um Tugenden und Laster, sondern nur um eine richtige statistische Messung von Vermögen und um konzise Analysen zu gehen. Die volkswirtschaftlichen Analysen der statistischen Daten zu Vermögen untersuchen Gründe der Entstehung von Reichtum und deren Auswirkungen auf Wirtschaftswachstum und Finanzstabilität. In den letzten Jahren sind zahlreiche ökonomische Analysen zu Ungleichheit durchgeführt worden.[11]

Soziologisch liegt der Fokus auf Machtfragen. Überreiche verfügen über Macht und prägen die Gesellschaft, in der sie leben. Die enorme Vermögenskonzentration wird ermöglicht durch politische Maßnahmen wie Unternehmenssteuersenkungen, Privatisierungen, Duldung von Steueroasen, schwache Wettbewerbspolitik, Finanzliberalisierungen und Deregulierungen. Seit den 1980er Jahren ist das öffentliche Vermögen massiv zurückgegangen und das private Vermögen angestiegen. Thomas Piketty und Gabriel Zucman fanden für einige Industriestaaten heraus, dass Vermögen viel wichtiger wurde als Einkommen. So war 1970 das Haushaltsvermögen zwei bis drei Mal so hoch wie das Nationaleinkommen, 2010 bereits vier bis sechs Mal so hoch.[12] Das Gewicht der Eigentümer und der in der Vergangenheit entstandenen Vermögen wächst und Einkommen verliert in Relation zu bereits vorhandenem Kapital an Bedeutung. Ist ein Vermögen erst einmal vorhanden, folgt es einer eigenen Dynamik. Weder in den USA noch in Europa haben führende Politikerinnen und Politiker die zunehmend ungleiche Verteilung der Vermögen im Blick gehabt. Maßnahmen, um dieser Ungleichheit entgegenzuwirken, waren geradezu tabuisiert – obzwar der wissenschaftliche Nachweis der negativen Auswirkungen von Vermögenskonzentration auf die Gesellschaft in vielen sozialwissenschaftlichen Publikationen erbracht worden ist.[13]

Die Frage, wer was verdient und ob es gerecht ist, dass einige Menschen so viel haben und viele so wenig, nötigt zu einem normativen Verständnis von Reichtum und leitet über zum Thema des Überreichtums. Die meisten philosophischen Theorien argumentieren, dass eine Umverteilung notwendig sei. Bei einer Kritik an Überreichtum kann es aber nicht allein um Gerechtigkeitsprinzipien gehen. Häufig sind unsere Kriterien der Beurteilung erfahrungsbasiert, stimmungsorientiert und gefühlsgeleitet. Wenn einige wenige Menschen dutzende Milliarden US-Dollar an Vermögen besitzen, während viele Menschen mit einem US-Dollar am Tag über die Runden kommen müssen, lässt das niemanden völlig unberührt. Zorn, Resignation oder Bewunderung bilden sich heraus. Im Alltag der meisten Menschen geht es nicht um eine philosophisch gerechte Verteilung von materiellen Ressourcen, sondern um Statuskonflikte, empfundene Ungerechtigkeit und Missachtung. Solche Konflikte reichen über materielle Fragen hinaus, betreffen die ganze Person und prägen die Einstellungen zu Überreichtum.

Die liberale politische Theoretikerin Judith Shklar hat in ihrem Buch *Über Ungerechtigkeit* bemerkt, dass ein Gerechtigkeitsfokus kein archimedisches Fundament zur Gesellschaftskritik bildet: »Ein Grund, warum es kein Heilmittel für Ungerechtigkeit gibt, liegt darin, daß selbst ziemlich rechtschaffene Bürger keines wollen. Dies ist nicht darauf zurückzuführen, daß wir uns uneins darüber sind, was ungerecht ist, sondern auf eine mangelnde Bereitschaft, den Frieden und die Ruhe aufzugeben, den die Ungerechtigkeit anbieten kann und anbietet.«[14]

Ob Reichtum gerecht oder ungerecht ist, wäre folglich nicht die entscheidende Frage, sondern ob die *Ruhe, die die Ungerechtigkeit anbietet*, andauert. Wenn arme Menschen den Reichen anhaltend bewunderndes Wohlwollen entgegenbringen, wird es nicht hinreichend sein, die Vermögenskonzentration zu messen, ihre Ursachen ökonomisch zu erforschen und die Ungerechtigkeit des Reichtums zu kritisieren. Gegenüber einem rationalistischen Blick auf die menschliche Natur ist Skepsis angebracht. Zu Überreichtum entwickeln Menschen sehr unterschiedliche moralische Gefühle. Auch ist Gefühlspolitik für die soziale Akzeptanz der gesellschaftlichen Privilegien der Überreichen bedeutsam. Eliten und die Politik halten in bestimmten historischen Phasen manche Emotionen für wünschenswert und lehnen andere ab. So wurden feindliche Gefühle wie Neid und Wut befeuert, in anderen Zeiten sollten Mitgefühl und Anteilnahme gestärkt werden. Gefühlszuordnungen hingegen laufen oft entlang bekannter Klassenlinien. Negative Gefühle wie Neid und Hass werden eher den Armen als Laster zugeschrieben, Großzügigkeit und Mitleid den Überreichen als Tugenden.

## Probleme des Überreichtums

Ab einer bestimmten Vermögensgrenze kann eine Person als überreich betrachtet werden. Der Begriff *überreich* beinhaltet das Urteil, dass jemand *zu viel* hat. Das *zu viel* kann quantitativ bezogen werden auf eine bestimmte Vermögenshöhe. Menschen sind aber auch überreich, wenn sie auf Basis ihres Vermögens Gerechtigkeitsprinzipen verletzen, die Demokratie gefährden und andere Personen missachten. In einer Demokratie gilt das Prinzip politischer Gleichheit. Historisch zeigte sich stets ein Spannungsverhältnis zwischen politischer Gleichheit und ökonomischer Ungleichheit. Doch Überreichtum torpediert die politische Idee der Gleichheit in elementarer Weise und führt zu einem Muster ungleicher Responsivität der Politik. Diese reagiert stärker auf die Anliegen der Überreichen als auf die Wünsche des Rests.[15] Der Befund aktueller empirischer Studien korrespondiert auch mit dem Verdikt von Adam Smith aus seinem *Wohlstand der Nationen*: »Die bürgerliche Regierung ist, insofern sie zur Sicherung des Eigentums eingeführt wurde, in der Tat zur Verteidigung der Reichen gegen die Armen oder dessen, der ein Eigentum hat, gegen den, der keines hat, eingeführt worden.«[16]

Wer über Reichtum spricht, wird rasch nach einer Zahl gefragt: Ab wann ist man reich? In einer repräsentativen Haushaltserhebung antworteten Befragte in Österreich, dass man ab einem Vermögen von 800 000 Euro reich sei.[17] Überreich sind sie mit einem solchen Vermögen wohl kaum. Auch die Frage, ab wann reiche Menschen überreich werden, könnte mit einer Zahl beantwortet werden. Doch jeder Zahlenwert – ob 500 Millionen Euro oder eine Milliarde Euro – wird zu kontroversen Diskussionen führen. Während manchen Personen ein Vermögen von 10 Millionen Euro als zu viel erscheint, werden andere sogar eine Grenze bei 100 Millionen Euro als bevormundend oder freiheitsberaubend betrachten.

Über Statistiken allein sind Reichtumsfragen demnach nicht zu klären, sie müssen in ihren normativen Dimensionen betrachtet werden. Reiche haben nicht nur mehr Ressourcen, sondern sie haben auch mehr Möglichkeiten. Vermögen meint eine Potenzialität, die sich auf der Basis von Eigentum ergibt. Vermögen vermag etwas, schrieb der deutsche Soziologe Georg Simmel in seiner *Philosophie des Geldes*. Der Reiche wirkt nicht nur durch das, »was er tut, sondern auch durch das, was er tun könnte«.[18] Vermögen gibt Macht: »Der Reiche genießt Vorteile, noch über den Genuß desjenigen hinaus, was er sich für sein Geld konkret beschaffen kann. Der Kaufmann handelt mit ihm solider und billiger als mit dem Armen, jedermann, auch der gar nichts von seinem Reichtum profitiert, begegnet ihm zuvorkommender, als dem Armen, es schwebt eine ideale Sphäre fragloser Bevorzugtheit um ihn.«[19]

Der amerikanische Schriftsteller Mark Twain thematisierte diese Bevorzugung der Vermögenden in einer Kurzgeschichte. Zwei reiche Exzentriker wetten darauf, was eine Eine-Million-Pfund-Note im Leben eines Armen ausmachen kann.[20] Tatsächlich erweist sich die Wirkung eines sichtbaren Vermögens auf die Mitmenschen als enorm. So diniert der Held gratis, wird überall wohlwollend empfangen und gewinnt letztlich sogar die Hand einer reichen Erbin. Er muss seine – von der Bank of England gedruckte – Eine-Million-Pfund-Note gar nicht ausgeben. Allein die Wahrnehmung seines Reichtums verschafft ihm gesellschaftliche Privilegien.

Die Nachteile des Überreichtums für die Gesellschaft sind evident. Sie liegen in der gesellschaftlichen Privilegierung der Reichen und den damit einhergehenden Gefahren für die Demokratie. Der amerikanische Philosoph John Rawls hatte geschrieben: »[D]er Wert der Freiheit ist nicht für jedermann der gleiche. Manche haben mehr Macht und Reichtum und daher mehr Möglichkeiten ihre Ziele zu erreichen.«[21] Da die Vermögensstreuung in der Gesellschaft gering ist, kann auch nicht verhindert werden, »daß ein kleiner Teil der Gesellschaft die Wirtschaft und indirekt auch die Politik steuert«.[22]

Überreichtum ruiniert den sozialen Zusammenhalt. »If the rich can write the rules then we have a real problem«, sagte der Wirtschaftsnobelpreisträger Angus Deaton.[23] Die Mittel und Einflussnahmen der Überreichen erstrecken sich von Wahlkampfunterstützung über Lobbying und Parteienfinanzierung, kulturelle Hegemonie und Mediendominanz bis zu vielfältigen Exklusionsmechanismen im Alltag. Überreichtum impliziert ein Übermaß an politischen Einflussmöglichkeiten. Nur die sichtbarste Form sind Überreiche, die wichtige politische Positionen einnehmen. Grundlegender jedoch sind politische Maßnahmen seit den 1980er Jahren, die Steuerstrukturen und die Gesetzgebung zugunsten der Reichen stärkten. Die Macht der Überreichen beschneidet aber auch die Möglichkeiten deliberativer Demokratie. Ein rationaler Diskurs über Reichtum und Demokratie kann kaum noch entstehen. Arme Menschen mit zahllosen Ungerechtigkeitserfahrungen werden nicht gehört und intellektuelle Eliten diskutieren im Schatten der Macht. Meist tun sie dies ohne zufriedenstellende Daten zur Vermögensverteilung.

## Gefühle zu Überreichtum

In Honoré de Balzacs Roman *Vater Goriot* wendet sich Baronesse Delphine von Nücingen an Eugen Rastignac: »Ist es nicht furchtbar, Geld und Gefühl miteinander zu verquicken?«[24] Dabei kann sie sich doch nichts anderes als eine Symbiose zwischen beiden vorstellen.

Gefühle spielen beim Umgang mit Reichtum eine große Rolle. Die Achtung der Reichen geht über Eigeninteressen des Rests der Bevölkerung weit hinaus, argumentierte bereits der schottische Philosoph und Ökonom David Hume im 18. Jahrhundert. Es ist nicht nur unser Interesse an Annehmlichkeiten, welche die Reichen auch uns ermöglichen könnten, sondern die Achtung vor dem Vergnügen, das der Reichtum in unserer Fantasie den Reichen selbst bereitet. In unseren Vorstellungen entstehen Bilder von Glück, Behagen, Macht und der Befriedigung aller Wünsche.[25] Wir behandeln die Reichen achtungsvoll und stellen uns Reichtum vor als »Überfluß, Zufriedenheit, Sauberkeit, Wärme von einem freundlichen Haus geschmackvoller Einrichtung, aufmerksamer Bedienung und von allem, was an Speisen, Getränken und Kleidung begehrenswert ist«.[26] Hume suchte »unsere Wertschätzung der Reichen aus dem Mitgefühl für die Lust und den Vorteil herzuleiten, den sie selbst von ihrem Besitz haben«.[27] Es ist folglich eine »uneigennützige Achtung vor dem Reichtum«.[28]

Bestimmte Gefühle erweisen sich aber auch als strategisch nützlich für den Erhalt von Reichtum. Glauben die Reichen, dass »in einem Palast ihr Magen besser oder ihr Schlaf gesünder sei als in einer Hütte?«[29] Nach der Ansicht von Smith tun sie dies nicht, aber ein Palast eignet sich weit besser zum Protzen als ein kleines Haus. Und auch Thomas Hobbes fand eine Verknüpfung von strategischem Kalkül und sichtbarem Vermögen. Er formulierte in seinem Hauptwerk *Leviathan* von 1651: »So ist auch Reichtum, verbunden mit Freigiebigkeit, Macht, denn er verschafft Diener und Freunde. Reichtum ohne Freigiebigkeit ist nicht Macht, weil er nicht verteidigt, sondern Neider erweckt.«[30] Großzügigkeit erlaube den Reichen, ihren Reichtum zu bewahren. Neid könnte ihn gefährden.

Aktuell ist die Wohltätigkeit, insbesondere in den USA, ein vorherrschendes Grundmuster gesellschaftlich anerkannten Reichtums. Philanthropie arbeitet über ein zur Schau gestelltes Mitgefühl. Adam Smith machte in seiner *Theorie der ethischen Gefühle* Sympathie zu seinem zentralen Thema. Mitgefühl muss sich nicht unbedingt auf Arme beziehen, sondern kann auch den Reichen entgegengebracht werden. Smith vermutete, dass die Attraktion der Reichen die ungleiche Gesellschaftsordnung stabilisiert: »Auf dieser Neigung der

Menschen, für alle Affekte der Reichen und Mächtigen Teilnahme zu hegen, beruht jedoch die Unterscheidung der Stände und die Ordnung der Gesellschaft.«[31]

Habgier, Geiz und Hochmut wurden den Reichen in der Geschichte der Philosophie und in der Literatur oft moralisierend zugeschrieben. Doch nicht nur diese unangenehmen Charakterzüge, sondern auch Barmherzigkeit, Demut und Mitgefühl werden den Überreichen zugestanden. Gerade diese Gefühle sind für die Absicherung des Vermögens wichtig. Eine oberflächliche Sichtung der Gefühle würde willkommene Gefühle wie Mitgefühl und Barmherzigkeit auf der einen Seite, von schlecht beleumundeten Gefühlen wie Neid, Zorn und Gier auf der anderen Seite scheiden. Eine Dichotomie von guten und feindseligen Gefühlen greift aber zu kurz, denn menschliche Gefühle sind in der Regel mehrdeutig und vielfältig.

Wer eine zwischen Arm und Reich verfestigte Gesellschaftsordnung zu ändern sucht, muss zuerst verstehen, wie Vermögenskonzentration wahrgenommen wird, welche Gefühle den Überreichen entgegengebracht werden und welche Tugenden und Laster dieser kleinen Gruppe zugeordnet werden. Das Nachdenken über Reichtum endet allzu oft in einem Anprangern der Habgier von Reichen, einem Huldigen ihrer Großzügigkeit oder einem Diffamieren des missgünstigen Neides der Armen. Das greift zu kurz. Wäre *Reichtum ohne Gier* (Wagenknecht) weniger verletzend für die Armen als ein gierig angehäufter Reichtum? Und sind großzügige Reiche hilfreicher als geizige Vermögende beim gesellschaftlichen Anliegen der Einführung von Vermögenssteuern?

Beide Fragen sind negativ zu beantworten. Der Fokus muss auf die Funktionalität bestimmter Gefühle für die Erhaltung von Überreichtum gelegt werden. Ein Beispiel: Ehre etwa war ein ausgrenzendes aristokratisches Gefühl, das im 20. Jahrhundert an Bedeutung verlor. Doch Ehrfurcht und Ehrerbietigkeit vor den Überreichen haben sich bis heute gehalten.

Überreichtum basiert auf Vermögen. Der eigentliche Gegenbegriff zu Vermögen ist nicht Vermögenslosigkeit, sondern Unvermögen. Unvermögen ist aber eng verbunden mit dem gesellschaftlichen Verdikt über individuelle Verantwortung und Verantwortungslosigkeit. Unvermögen wird armen Menschen zugeschrieben. Während Vermögenslosigkeit einen sorglosen Lebensstil erlaubt, wenn das laufende Einkommen hoch genug ist, beschämt Unvermögen Menschen. Zu den moralischen Konnotationen des Reichtumsbegriffs schrieb Adam Smith: »Wir sagen im Englischen von einem reichen Mann, er sei viel und von einem armen, er sei wenig Geld wert«.[32]

Smith ging von einer hohen gesellschaftlichen Stellung der Vermögenden aus. Das eigene Vermögen müsse, ebenso wie die Würde, vor Angriffen verteidigt werden. Eigentumsrechte sind bei Adam Smith von Freiheitsrechten nicht zu trennen: »Um in der Welt angenehm zu leben, ist es ebenso notwendig, bei allen Gelegenheiten unsere Würde und unsere Stellung zu verteidigen, wie es nötig ist, unser Leben oder unser Vermögen zu verteidigen.«[33]

Für Platon war der Überreichtum bei der Tugendausübung hinderlich. Ein tugendhafter Mann, und nur um die Männer ging es in Platons Überlegungen, kann nicht überreich sein. Für Platon lagen die Charakterdefizite der Überreichen in deren mangelnder Tugend. Das wahre Glück im Leben hänge nicht davon ab, dass »man unablässig nach Reichtum trachtet, sondern davon, daß man den Reichtum mit Gerechtigkeit und Besonnenheit verbindet«.[34] Ein Mittelmaß zwischen extremer Armut und Überreichtum zu erreichen, hat für Platon den Vorzug, dass man nicht faul und nachlässig wird: »Wenn ein Töpfer reich geworden ist, glaubst du da etwa, er werde dann noch Lust verspüren sich mit seiner Kunst abzugeben?«[35]

Auch heute geht es in öffentlichen Debatten oft um Narrative eines tugendhaften Verhaltens der Überreichen. Tugenden wie soziale Verantwortung und Großzügigkeit erhöhen deren gesellschaftliches Ansehen. Das entlastet die Politik dabei, die enormen Vermögensunterschiede in der Gesellschaft zu rechtfertigen. Die Politik kann dann auf Narrative zurückgreifen, die vom verdienstvollen Verhalten der Überreichen erzählen, um die geringe steuerliche Belastung von Reichen zu rechtfertigen. Eine beliebte semantische Unterscheidung findet sich etwa im Armuts- und Reichtumsbericht der deutschen Bundesregierung. Die Menschen müssten lernen, »Reiche von Vermögenden zu unterscheiden«.[36] Während die Reichen bloß an ihren persönlichen Vorteil denken würden, täten die Vermögenden Wertvolles für die Gemeinschaft. Der Reiche handle demnach amoralisch und der Vermögende trotz Profitorientierung gemeinwohlorientiert. Bei der Tugendhaftigkeit würde es sich entscheiden, wer zu den Vermögenden und wer nur zu den Reichen zählt.[37] Es geht in diesem Konzept folglich um eine Binnendifferenzierung zwischen tugendhaften und lasterhaften Reichen.

Diese Suche nach einem sinnvollen vulgo tugendhaften Leben spielt in Autobiografien reicher Menschen oft eine Rolle. Das vermutlich bekannteste Vorbild vieler Vermögender ist der amerikanische Großindustrielle Andrew Carnegie. Er propagierte, dass sich die Reichen am Gemeinwohl orientieren sollten: »Der Individualismus wird sich durchsetzen, aber der Millionär wird als Treuhänder für die Armen fungieren.«[38]

Reiche Menschen suchen in ihrem Leben gewiss nicht nur ihr Vermögen zu mehren, sondern auch die Sinnfrage zu beantworten. Wenn ein bestimmtes Niveau von Reichtum erreicht ist, kann sich ein Gefühl existenzieller Sinnlosigkeit einstellen. Diese Komponente wird in sozialwissenschaftlichen Überlegungen oft vernachlässigt. Sie ist aber wichtig, weil Reichtum für viele Menschen kein Ziel an sich ist, sondern ein Mittel für andere Zwecke. Es geht ihnen um Dinge, die besonders mittels Reichtum leichter erreichbar sind. Status, Macht und Ansehen sind hierbei zentral. Unendlichkeit mag die paradoxe Sehnsucht sein, die ein Streben nach Reichtum antreibt. Jedenfalls spielt Konsum oft eher eine nebensächliche Rolle. Meist reicht hierfür ohnedies das Einkommen der Überreichen.

Spuren der moralischen Unterscheidung zwischen Vermögenden und Reichen finden sich auch bei Hegel. Er bemerkte 1821/22 in seinen Vorlesungen knapp: »Es gibt auch reichen Pöbel.«[39] Es sei so, dass dieser die »Macht des Reichtums nutzt, um sich aus vielem herauszuziehen, was anderen übel bekommen würde«.[40] Der reiche Pöbel stellt sich mit seinem Vermögen gegen die Sitte, er ist verdorben und meint, sich alles erlauben zu können: »Der reiche Pöbel setzt so die Souveränität seiner rein ökonomischen Macht gegen die Souveränität des Staates und seiner Institutionen.«[41]

Negative Charakterzüge, die mit Reichtum verbunden sind, waren auch für Aristoteles leicht zu erkennen: »Die Reichen sind nämlich anmaßend und überheblich, da sie der Besitz des Reichtums irgendwie beeinflußt. Denn sie kommen sich so vor, als vereinigten sie alle Güter in ihrer Position. Der Reichtum ist ja eine Art Wertmaßstab für alles übrige, daher entsteht der Eindruck, daß alles durch ihn käuflich sei.« Aristoteles ging es um das Ideal einer selbstständigen Persönlichkeit und um eine tugendethische Positionierung im Leben. Charakterbildung hieß das Ziel, Reichtum in Maßen zählte dazu. Reiche hingegen seien protzig, »weil sie sich einbilden, auch die anderen strebten voll Neid nach demselben wie sie«.[42] Aristoteles gab jedoch zu bedenken, dass sich die Reichen den Neid der anderen nicht nur einbilden. Sie haben aus gutem Grund ein anmaßendes Lebensgefühl. Denn stünden nicht die Weisen vor den Toren der Reichen und nicht umgekehrt?

Doch nicht alle fanden Laster der Reichen beklagenswert. Bernard Mandeville, dem Karl Marx Tribut ob seiner kühnen Analysen zollte, hat die zentrale Überlegung seiner *Bienenfabel* von 1714 kurz und bündig zusammengefasst: »private Laster, öffentliche Vorteile«. Mandevilles These von den privaten Lastern, die sich in öffentliche Tugenden verwandeln, wird von manchen als ein Gründungsdokument der kapitalistischen Gesellschaft verstanden.[43]

Mandevilles provokante Vorstellung war, dass eine rücksichtslose Verfolgung der eigenen Laster dem Gemeinwohl mehr diene als ein tugendhaftes Leben. Diese These ist in der Ökonomik als Mandeville-Paradoxon bekannt geworden. Die englische Gesellschaft war damals im Umbruch, denn das Großbürgertum gewann gegenüber dem Adel an Bedeutung. Mandeville sah die Gesellschaft gespalten in fleißige Arme und genusssüchtige, korrupte Reiche. Er rehabilitierte aber die Luxusorientierung der Reichen und zeigte die engen Grenzen der Tugend auf: »Dies hat mich oft veranlaßt, die Tugenden großer Männer unseren riesigen chinesischen Vasen zu vergleichen: sie nehmen sich prachtvoll aus und haben etwas ungemein Dekoratives an sich; ihrer Massigkeit und ihrem Werte nach zu urteilen, möchte man glauben, sie seien sehr nützlich, aber man schaue in Tausende von Ihnen hinein und man wird nichts darin sehen als Staub und Spinnweben.«[44]

Laster verderben den Charakter. Aber Laster sind nicht das Gegenteil von Tugenden. Sowohl die Generosität reicher Philanthropen als auch ihr Mitleid mit den Armen können lasterhafte Tugenden der Überreichen sein, die vorrangig helfen, die gesellschaftlichen Probleme des Überreichtums zu überdecken.

## Kapitel 1

# Was ist »über« an den Überreichen?

Vor über 40 Jahren schrieb der Ökonom John Kenneth Galbraith in *Die Tyrannei der Umstände*: »Von allen Klassen werden die Reichen am meisten beachtet und am wenigsten analysiert. So war es und so wird auch weitgehend bleiben.«[1] Heute ist Ungleichheit zu einem sozialwissenschaftlichen Modethema geworden. Doch die empirische Datenbasis für Studien bleibt mangelhaft, auch unter Ökonomen ist das Wissen über Reichtum beschränkt.[2]

Im Ökonomenpanel werden regelmäßig Volkswirtschaftler, die einen Lehrstuhl an einer deutschen Universität innehaben, zu verschiedenen ökonomischen Themen befragt.[3] Eine Frage im April 2016 lautete: »Hat die Vermögensungleichheit seit der Jahrtausendwende zugenommen?« Wir würden erwarten, dass zu einer so wichtigen Frage datengestütztes Wissen vorhanden ist.

Doch ein einhelliges Urteil ergab sich nicht. Im Gegenteil: Es tat sich ein großes Meinungsspektrum unter den Expertinnen und Experten auf. 71 Prozent der Befragten gaben an, dass die Vermögensungleichheit seit der Jahrtausendwende zugenommen habe. Der Rest der Ökonomen war anderer Meinung. Die nächste Frage lautete: »Wie beurteilen Sie die gegenwärtige Vermögensungleichheit in Deutschland?« Nur etwa die Hälfte der Ökonomen sagte, die Vermögensungleichheit sei hoch. Was jeder Einzelne unter *hoch* oder *niedrig* verstand, blieb unklar. Für den einen wird ein Anteil des reichsten Prozents von 20 Prozent am gesamten Vermögen hoch sein, für andere hingegen niedrig. Damit entsprachen die Einschätzungen der Experten eher dem jeweiligen Bauchgefühl als validem Wissen.

Dieses Ergebnis irritiert, gerade weil es aus einer Wissenschaft kommt, die auf ihre Nähe zur Naturwissenschaft viel Wert legt. Dass bei Vermögensungleichheit so wenig an Datenkenntnis vorhanden ist und so viel an Meinungen und Überzeugungen in der wissenschaftlichen Gemeinschaft akzeptiert wird, lässt staunen. Die Ökonomik liefert in der Tat keinen eindeutigen Befund zur Vermögensverteilung, und Reichtum ist kein Thema, zu dem Wirtschaftsexperten objektives Wissen haben.

Armut ist einfacher zu erforschen als Reichtum, da sich arme Menschen der bürokratischen Erfassung durch den Wohlfahrtsstaat nicht entziehen können. Der Staat kann die notwendigen Informationen zum Vermögen der Armen recht einfach bekommen, da die um staatliche Unterstützung ansuchenden Personen eine schriftliche Erlaubnis zur Abfrage von verschiedenen Vermögensinformationen abgeben müssen.[4] Bei den Reichen ist das anders.

Nur in wenigen Ländern gibt es solide Daten zu Reichtum und in noch weniger Ländern gibt es öffentliche Berichte zur Vermögenskonzentration, die dem Parlament zur Kenntnis gebracht werden. Eine informierte öffentliche Debatte zur Entstehung und Verwendung von Reichtum wird so erschwert. Informationen über Reiche und deren Privilegien sind nicht zugänglich, sodass Reichtum wissenschaftlich unzureichend erforscht bleibt.[5]

Verschiedene Barrieren setzen der Forschung zu Reichtum enge Grenzen: Für eine hinreichend gute Datenbasis wäre eine Aufhebung des Bankgeheimnisses, Informationen zu Privatstiftungen im In- und Ausland und zum veranlagten Vermögen in Steueroasen notwendig. Ansonsten bleiben nur Mutmaßungen zur tatsächlichen Höhe des Vermögens der Reichen. Die unbefriedigende Datensituation erleichtert eine diffuse moralische Empörung in der Öffentlichkeit. Jeder kritische Diskurs zu Reichtum ist gefährdet ins Glauben, Meinen und Moralisieren abzugleiten. Oft spielen dann die eigenen lebensweltlichen Erfahrungen die entscheidende Rolle.

Die deutsche Bundesregierung legt regelmäßig einen Armuts- und Reichtumsbericht vor.[6] Bislang gibt es fünf Ausgaben. Die Entstehungsgeschichte dieses Berichts zeigt die Widerstände, die mit der Erweiterung des Themas Armut um das Thema Reichtum einhergingen. Argumentiert wurde anfangs, dass Armut und Reichtum nicht in einen Bericht gehörten. Armut sei unerwünscht, während Reichtum ein Ziel aller sei. Im ersten Bericht standen einem Armutsschwerpunkt von einigen hundert Seiten nur einige dutzend Seiten an Erörterungen über Reichtum gegenüber. Im letzten Bericht gibt es vermehrt Analysen zu Reichtum, aber die Datenlage bleibt unbefriedigend.[7]

Die Erhebung von Vermögensdaten ist so schwierig, weil Nichtteilnahme und Fehlangaben nicht sanktioniert werden. Die befragten Personen können dann entscheiden, ob sie antworten oder nicht. Und wenn sie antworten, ist unklar, wie präzise und zuverlässig die Angaben sind. Der sonst in unserer Gesellschaft hochgehaltene Wert der Transparenz gilt im Hinblick auf Reichtum nicht.[8] Hier ist Datentransparenz unerwünscht und Datenrecherchen sind verpönt: »Vermögensstriptease Nein Danke« lautete ein Slogan der Interessensvertretung der Unternehmer in Österreich, auch die ehemalige Bundesministerin für Finanzen Maria Fekter wandte sich gegen Schnüffeleien im Privaten.[9]

Im Privaten existieren vielerlei Ängste vor Übergriffen. Ängste können Arme und Reiche einen. Schon Thomas Hobbes hatte bei der Konzeption seines Gesellschaftsvertrags dieses Misstrauen der Menschen im Sinn. Die Idee, dass zu Hause großes Vermögen versteckt wird, ist wirklichkeitsfern.[10] Aber Menschen haben ein ausgeprägtes Bedürfnis nach Sicherheit im privaten Bereich, egal, ob tatsächlich Banknoten und Diademe unter dem Kopfkissen liegen. Ihre Ängste können im Interesse der Überreichen aktiviert werden. In der Realität ist Reichtum eher in Steueroasen als in Eigenheimen zu finden. Menschen haben wenigsten zwei Intimleben und das Vermögen bildet für manche Menschen den intimeren Part.

In Österreich existiert erst seit 2016 ein sogenanntes Kontenregister, mittels dessen die Finanzbehörden bei Banken abfragen können, ob eine bestimmte Person dort ein Konto führt. Für eine Konteneinschau benötigen sie jedoch einen richterlichen Beschluss. Im Jahr 2017 wurden nur fünf Einsichtnahmen genehmigt.[11] Hierfür müssen begründete Zweifel an den Angaben der Steuerpflichtigen vorliegen. Das Kriterium »begründet« macht das Unterfangen der Finanzbehörden zirkulär, denn für eine hinreichende Begründung wären Kenntnisse hilfreich.

## 1.1 Messung von Reichtum

Im vierten Buch der *Nikomachischen Ethik* definiert Aristoteles Vermögen so: »Vermögensobjekt ist uns alles, dessen Wert nach Geld bemessen wird.«[12] Vermögen wird bei Aristoteles nicht auf Grund und Boden beschränkt. »[E]s gibt aber doch auch einen Reichtum an Sklaven, Vieh und Geld und einen großen Bestand von sogenannten Mobiliarvermögen.«[13]

Heute versteht man unter Vermögen Sachvermögen (Immobilien, Unternehmen, Kraftfahrzeuge, Antiquitäten usw.) und Finanzvermögen (Sparbücher, Aktien, Anleihen). Die Summe dieser beiden Komponenten ergibt das Bruttovermögen. Diesem stehen Verbindlichkeiten (Konsum- und Wohnbaukredite) gegenüber. Der Saldo ergibt das Nettovermögen der Haushalte. Dieses Nettovermögen von Personen bildet die Basis der statistischen Messung von Reichtum.[14]

Vermögen ist bei einer Analyse des materiellen Reichtums wichtiger als Arbeitseinkommen und Konsum. Das Arbeitseinkommen ist ein unzureichender Indikator. Es unterliegt beträchtlichen Schwankungen. Arbeitslosigkeit kann ein hohes Einkommen schlagartig zunichtemachen. Es kann im Gegensatz zu Vermögen nicht vererbt oder verschenkt werden.

Auch über Luxuskonsum kann Reichtum nicht allein gemessen werden. Personen mit einem mittleren Einkommen können einen Sportwagen besitzen, weil sie etwa auf andere Güter verzichten.

Reich sind sie deswegen noch nicht. Außerdem gibt es vermögende Menschen, die bescheiden leben und ostentativen Luxuskonsum ablehnen. Reich bleiben sie trotzdem.

Im Zentrum eines sozialwissenschaftlichen Reichtumsbegriffs soll die Potenzialität von Vermögen, also der Möglichkeitsraum auf Basis von materiellen Ressourcen, und die Funktionen, die Vermögen erfüllt, stehen. Mit einigen hundert oder tausend Euro an Vermögen vermehren sich die Aussichten im Leben kaum. Diese Reserve mildert sogar Notfälle nur beschränkt ab. Und mit einem mittleren Vermögen, etwa einem Eigenheim, kann noch keine Macht ausgeübt werden. Sogar Statusgewinne fallen vergleichsweise bescheiden aus. Doch ganz oben in der Vermögensverteilung *schlägt Quantität in Qualität* um.

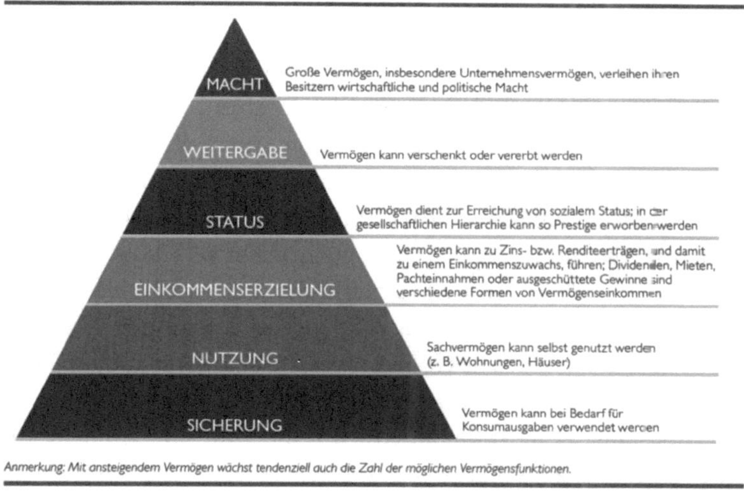


Grafik 1: Vermögensfunktionen

Grafik 1 zeigt unterschiedliche Funktionen von Reichtum. Nur in der Welt der Überreichen spielen Macht und Weitergabe eine entscheidende Rolle.[15] In der Mitte geht es um Immobilieneigentum und bei den Armen um Ressourcen für Notfälle. Bei einer bloßen Betrachtung der Vermögenshöhe gingen diese Unterschiede verloren.[16]

In Geld bemessen lassen sich viele Dinge, allein darin erschöpft sich ihre Bedeutung nicht. Schon der Wert des eigenen Hauses wird nicht nur nach Geld, sondern auch nach ideellen Werten bemessen. Und in Familienunternehmen ist auch eine Identitätsthematik angelegt.

In wirtschaftspolitischen Debatten wird Vermögen gerne über Villen und Paläste veranschaulicht. Diese Veranschaulichung erleichtert irreführende Gefühlszugänge. Anstatt nüchtern von der Summe aller Vermögenskomponenten, dem Nettovermögen, zu sprechen, wird eine einzelne Vermögenskomponente, das Immobilieneigentum, herausgegriffen. Doch Immobilieneigentum hat meist eine andere Funktion als etwa Aktien. Häuser werden genutzt. Sie können aber auch vermietet, verschenkt oder vererbt werden. Das Eigenheim bildet folglich eine spezifische, multivalente Form von Eigentum. Es unterscheidet sich grundsätzlich etwa von Anleihen, auch wenn der Vermögenswert identisch ist. Immobilien sind mit Gefühlen verbunden, egal, ob es sich um das Elternhaus oder ein selbsterbautes Haus handelt. Deswegen bilden ein Immobilienkauf, eine Erbschaft oder eine Schenkung emotional dichte Situationen im Leben, die mit Werten verschränkt sind. Ein Haus kann nicht verschoben werden wie Finanzvermögen. Immobilieneigentum stärkt etwa ideelle Werte wie Sesshaftigkeit und Kontinuität im Leben. Häuser haben eine Geschichte, die vielfach gekennzeichnet ist von Lebensträumen oder von in Kauf genommenen Entbehrungen.

Insbesondere bei Immobilien kann die Politik vorgebliche Gemeinsamkeiten zwischen Reichen und der Mitte der Gesellschaft konstruieren. Alle Menschen brauchen ein Dach über dem Kopf. Diese existenzielle Dimension des Wohnens erlaubt, den Unterschied zwischen Eigentum und Miete in ideologischen Narrativen zu verwischen. So haben Schlosseigentümer und Hauseigentümer bei der Instandhaltung vielleicht ähnliche Sorgen und möglicherweise teilen sie auch den Ärger über Nachbarn und die Sorge um die Weitergabe an die Nachkommen. Die Immobilie kann vom Schlosseigentümer als arm machend präsentiert werden; es mag so wirken, als gäbe es Probleme mit Vermögen auf allen Vermögensebenen. Doch auch beim Immobilieneigentum ist der Unterschied zwischen den Hütten der Besitzlosen und den Palästen der Überreichen enorm – unbenommen gemeinsamer positiver Gefühle zum Eigenheim. Und die Möglichkeit, als Schlossbesitzer im dörflichen Umfeld Anerkennung zu finden, erfolgreich um Subventionen des Landes zu werben, die eigenen Kinder in privilegierte Stellungen zur bringen, veranschaulicht diese gesellschaftliche Schieflage. Das durchschnittliche Nettovermögen der Immobilieneigentümer ist in Österreich und in Deutschland etwa achtmal so hoch wie jenes der Mieter.[17]

Vermögen ist jedenfalls mehr als der Wert von materiellen Ressourcen. Jonathan Franzen veranschaulicht in seinem Roman *Die Korrekturen* die Unterscheidung zwischen Wert und Vermögen: Chip will das Wochenende mit Julia verbringen, aber es fehlt ihm an Geld. Er bringt daher seine marxistische Büchersammlung ins Antiquariat. Doch für all seine Schätze erhält er nur 65 US-Dollar, dabei hat allein die britische Ausgabe eines Buches von Jürgen Habermas 95 Pfund gekostet. Die Bücher haben einen fiktiven Wert, der am Markt nicht zu realisieren ist. Trotzdem akzeptiert Chip den geringen Erlös für seine Bücher, denn »Jürgen Habermas hatte nicht Julias lange kühle Birnbaumbeine. Theodor Adorno nicht Julias traurigen Duft lüsterner Geschmeidigkeit«.[18] In einem bestimmten Moment seines Lebens hatten die Bücher ihren Wert verloren, weil anderes wichtiger wurde. Sinnlichkeit verdrängte Intellektualität. Daher verkaufte Chip seinen intellektuellen Schatz zu einem niedrigeren Preis. Der Unterschied zwischen einem am Markt erzielbaren Vermögenswert und einem subjektiv empfundenen Wert verweist darauf, dass im Vermögen mehr steckt als ein Preis.

Ökonomisch betrachtet ist die fiktionale Komponente der Vermögensbewertung wichtiger als die subjektiven Fehlwahrnehmungen. Verkaufen in einer bestimmten Region alle Immobilieneigentümer ihre Häuser zur gleichen Zeit, kann der Preis nicht dem zuvor erwarteten Wert entsprechen, sondern wird tiefer liegen.

Ist die konzeptuelle Klärung des Vermögensbegriffes schon schwierig, werden solche Überlegungen im Hinblick auf Vermögende noch problematischer. Warum die Reichen nicht einfach als Millionäre bezeichnen? Das Bild des Millionärs ist aus Literatur und Film geläufig. Es ist einprägsam und suggestiv. Im 19. Jahrhundert beschrieb das Wort »Millionär« Menschen mit einem riesigen Vermögen. 1848 hatte der reichste Mann in den USA ein Vermögen von etwa 20 Millionen US-Dollar. Millionäre gab es damals vielleicht ein paar Dutzend. Diese Exklusivität hat der Millionärsbegriff längst verloren. Allein in Deutschland gibt es heute über eine Million Euro-Millionäre. Der exklusive Reichenklub besteht nun aus Milliardären.

Sowohl Millionäre als auch Milliardäre werden jährlich in diversen Reichenlisten gezählt.[19] Und viele Menschen sind fasziniert von diesen Zahlen. Wie viele Milliardäre gibt es? Wo leben sie? Nehmen ihre Zahl und ihr Vermögen zu? Diese Informationen können aber zu keinen politischen Schlussfolgerungen führen. Zwar wird die Zahl der Milliardäre fälschlich mit wirtschaftlichem Erfolg eines Landes assoziiert und es mag sogar so scheinen, als hätte es etwas Gutes, wenn die Zahl der Millionäre und Milliardäre über die Zeit steigt, doch Milliardäre indizieren nur eine höchst ungleiche Vermögensverteilung. Die gesellschaftspolitische entscheidende Frage lautet: Kann eine Demokratie mit Milliardären fortbestehen oder wird sie ausgehöhlt?

Ein Vermögen von einer Milliarde Euro können sich die meisten Menschen kaum vorstellen. Nicht einmal eine Veranschaulichung über Luxushäuser und Yachten hilft weiter, da man sich unter hundert Villen kaum etwas Konkretes vorstellen kann. Doch bei den Milliardären ist man nahe am Thema des Überreichtums. Es sind nicht die oberen zehn Prozent oder das obere Prozent, sondern es ist das obere Zehntausendstel, das herausragt. In Deutschland wären das etwa 8 000 Personen und in Österreich 800. In dieser kleinen Gruppe spielen Unternehmen, Aktien und Kapitaleinkommen eine entscheidende Rolle.[20] Doch das bedeutet nur eine quantitative Annäherung und keine wissenschaftliche Abgrenzung. Die Gruppe der Milliardäre wäre noch kleiner.

Aus einer philosophischen Perspektive definierte Immanuel Kant jemanden als »reich«, der »mit Mitteln zur Glückseligkeit anderer überflüssig, d. i. über sein eigenes Bedürfnis versehen« ist.[21] Auch hier findet sich ein Urteil zu *über*. Was Menschen unter einem *zu viel* und unter Reichtum verstehen, hängt von ihrem eigenen Einkommen ab: Je höher ihr Einkommen ist, desto höher liegt die Grenze, ab der sie Menschen als reich bezeichnen. Millionäre mit ein paar Millionen Euro nehmen erst Millionäre im zweistelligen Millionenbereich als reich wahr, während arme Menschen, Reichtum bereits bei 100 000 Euro beginnen lassen.[22]

Eine wissenschaftliche Definition zu Reichtum und zu Überreichtum liegt bislang nicht vor. Banken und Vermögensverwalter verwenden für ihre vermögenden Klienten willkürliche Bezeichnungen. So gibt es etwa *High Net Worth Individuals* (HNWIs), worunter Personen mit einem Nettovermögen von mehr als eine Million US-Dollar (ihren Hauptwohnsitz ausgenommen) verstanden werden. Daneben klassifizieren sie unter *Ultra High Net Worth Individuals* (UHNWI) Personen mit einem Nettovermögen von mehr als 30 Millionen US-Dollar. Warum genau ab dieser Höhe des Vermögens von Reichtum gesprochen werden soll, ist nicht ersichtlich. Letztlich bleiben die Grenzziehungen beliebig.[23]

Auf den ersten Blick mag es plausibel erscheinen, Reichtum analog zu Armut (60 Prozent des Medianeinkommens) zu definieren. Doch das ist ein Fehlschluss. Wird eine Schwelle des Reichtums symmetrisch zur Armutsbestimmung festgelegt, fällt diese sehr niedrig aus. Reichtum würde dann am Einkommen bemessen werden. Lehrer und Beamte würden zu den Reichen zählen und Reichtum würde so zu einem Massenphänomen werden.

Doch während für die Mehrzahl der Menschen Einkommen hauptsächlich aus Arbeitseinkommen besteht, ist dies bei den Reichen anders. Dort dominiert das Vermögenseinkommen aus der Veranlagung oder der Vermietung von Vermögen. Während bei Armen das physische Überleben eine echte Grenze markiert, kann absoluter Reichtum nicht in einer Zahl abgebildet werden. Es ist eher eine Form von Verheißung und Erfüllung. Reichtum leitet ins Unendliche. Es kann immer einen weiteren Euro an privatem Vermögen geben. Und nur ein normatives Verständnis von Überreichtum führt zu einer begründeten Grenzziehung. Überlegungen zu einer Obergrenze an Privatvermögen gibt es bislang kaum.[24]

Bei Armen lautet eine entscheidende Frage, unter welcher Einkommenshöhe Menschen nicht überleben können. Dies bildet eine absolute Grenze. Beim Reichtum handelt es sich aber um eine relative Grenzziehung. Mehr ist immer möglich. Bei armen Menschen hat der Sozialstaat quantitativ exakte Vorstellungen zu einem Maximumvermögen. Bei Hartz IV ist ein relativ geringes Schonvermögen vorgesehen.[25] Und bevor man Sozialhilfe in Österreich beziehen kann, muss das eigene Vermögen bis auf wenige Tausend Euro aufgebraucht werden. Ausnahmen sind die als Hauptwohnsitz genutzte Eigentumswohnung und die Wohnungseinrichtung. Wer ein Auto hat, muss es verkaufen – wenn es nicht aus beruflichen Gründen oder aufgrund einer körperlichen Einschränkung notwendig ist. Die weitgehend anerkannte Logik, dass staatliche Unterstützungen nur gewährt werden, wenn die individuellen Ressourcen offengelegt wurden, gilt bei den Reichen interessanterweise nicht, obwohl der Staat Unternehmer durch massive Subventionen und Steuererleichterungen in vielerlei Form begünstigt. Beihilfen an Eigentümer großer Ländereien oder Infrastrukturausgaben sind weitere Formen der Bevorteilung. Indirekt müssten auch das Bildungssystem und alle staatlichen Ausgaben, die der Reproduktion der Arbeitskräfte dienen, zu den reichenunterstützenden Maßnahmen gezählt werden. Nicht zuletzt entsprechen die kulturellen Subventionen eher dem Freizeitverhalten einkommensstärkerer Menschen. Daher wäre es gut begründet, dass auch die Vermögenden ihre Vermögensverhältnisse offenlegen müssen. Dem ist aber nicht so.

Themen wie Reichtum und Vermögen sind unvermeidlich mit normativen Aspekten verwoben. Dies würde für die Ökonomik bedeuten, Erkenntnisse der Sozialwissenschaften, der Psychologie und Philosophie stärker zu beachten. Die Mainstream-Ökonomie wählt jedoch lieber einen statistischen Fokus. Durch eine Beschreibung von Änderungen von Vermögenspositionen im Zeitablauf sollen normative Urteile vermieden werden. Schlussfolgerungen sind dann beispielsweise: Reiche werden reicher, Arme holen auf, die Mitte bröckelt usw. Doch auch durch eine statistische Orientierung an Veränderungen über die Zeit können normative Fragen nicht umgangen werden: Welche Vermögensverteilung ist angemessen? Welcher Zeitraum soll zum Zahlenvergleich herangezogen werden? Was muss neben dem Vermögen betrachtet werden (Einkommen, Ausgaben, Lebenschancen, Wohlbefinden) und welches Ungleichheitsmaß soll stärker gewichtet werden, wenn sich mehrere widersprechen?

Ein Top-Anteil lenkt den Blick nach oben, während der Ginikoeffizient ein synthetischer Ungleichheitsindikator ist, der die gesamte Verteilung abbildet. Da es keinen statistisch richtigen Top-1-Prozent-Anteil gibt, werden die Zahlen zu den Anteilen zwischen Ländern verglichen. So kann gezeigt werden, ob der Anteil der Reichsten am gesamten Vermögen in einem Land in den letzten Jahren gestiegen oder gefallen ist und ob der Top-Anteil etwa in den USA höher ist als in Europa. Zur Beurteilung wäre aber eine Vorstellung von angemessenen Anteilen nötig. Der beliebte Ginikoeffizient hat Schwächen gerade an den Rändern der Verteilung. Und ein bestimmter Ginikoeffizient kann zwar im OECD-Ländervergleich als hoch oder niedrig präsentiert werden, doch er sagt nur wenig aus, ohne eine Idee von einem optimalen Wert dieses Ungleichheitsmaßes.

Statistische Zugänge sind implizit normativ, während der Zugang Platons zu Überreichtum explizit normativ war. Und Daten sind in Diskussionen zu Reichtum oft gar nicht entscheidend, sondern die Rahmung der Daten. Moralische Werte, ökonomische Ideologien und private Überzeugungen spielen beim Begriffsverständnis von Reichtum eine wichtige Rolle. Zu Reichtum gibt es unzählige reichenfreundliche Sprachbilder. Eines davon ist das sogenannte Vertikalitätsframe.[26] So stehen die Vermögenden oben. Auch statistisch sind sie die Bessergestellten. Sie halten die Top-Anteile und bekommen den Löwenanteil. Oben sind immer die Reichen und unten sind die Armen. So wird es auch in Grafiken zur Vermögenskonzentration gehalten. Implizit sind es immer die *Superreichen* und nie die *Überreichen.* Die korrespondierende ökonomische Wertung lautet, dass die Reichen zum Wirtschaftswachstum beitragen, weil sie investieren und Arbeitskräfte beschäftigen. Die Armen empfangen Sozialhilfe oder nehmen einen Arbeitsplatz ein, wie es das seltsame Wort *Arbeitnehmer* andeutet. In Wirklichkeit geben die Arbeiter ihre Arbeitsleistung und die Reichen nehmen den Profit.

In der alle drei Jahre im Euroraum durchgeführten Haushaltserhebung des Europäischen Systems der Zentralbanken zum privaten Vermögen (Household Finance and Consumption Survey) schätzten in Österreich die Befragten auch selbst ein, wo sie in der Vermögensverteilung stehen.[27] Diese Selbsteinschätzungen können dann mit der tatsächlichen Position in der Verteilung verglichen werden, um herauszufinden, ob es eine Übereinstimmung zwischen subjektiv wahrgenommener und tatsächlicher Position gibt.

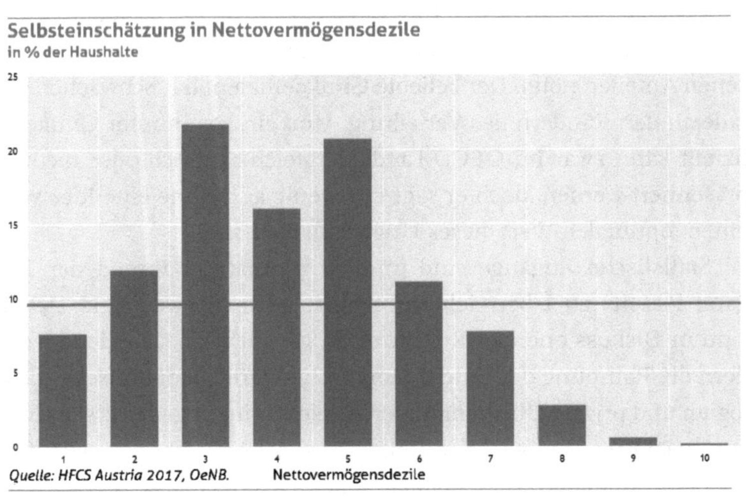


Grafik 2: Selbsteinschätzung zur Position in der Vermögensverteilung

Dabei wird deutlich, dass reiche Personen sich nicht als reich betrachten, sondern sich der Mitte zuordnen. Ihre Selbsteinschätzung widerspricht der tatsächlichen Vermögensverteilung. Und je reicher Menschen sind, desto seltener sind sie bereit, dies anzuerkennen. So gab keine einzige Person von den reichsten zehn Prozent der Haushalte in Österreich an, zu den Top-10-Prozent zu gehören. Die in der Grafik 2 ersichtlichen wenigen Haushalte im zehnten Dezil haben sich hinsichtlich ihres Vermögen falsch eingeschätzt. Im obersten Zehntel der Vermögensverteilung gibt kein Mensch an, zu den Top-10-Prozent zu zählen. Jener Bereich der Verteilung, der statistisch von zehn Prozent besetzt sein muss, ist vakant.

Das Bild der Menschen von der Verteilung stimmt nicht mit den Fakten überein. Die Vermögensverteilung wird in der Bevölkerung egalitärer wahrgenommen, als sie tatsächlich ist. Menschen unterschätzen das Ausmaß der Vermögenskonzentration. Wenn die Bevölkerung aber wenig über die Vermögensverteilung weiß, kann sie auch nicht nach rationalen Legitimationen von Reichtum fragen und keine Umverteilungsforderung an den Staat richten.

Aber auch ohne exakte statistische Kenntnis zur Vermögenskonzentration hätte die Bevölkerung lieber eine gleichere Vermögensverteilung. Werden Menschen gefragt, welchen Anteil das obere Prozent am gesamten Vermögen haben soll, so wünschen sich die Menschen in Österreich, dass das reichste Prozent der Haushalte etwa zwölf Prozent Anteil am gesamten Vermögen hat. In Wirklichkeit hat diese kleine Gruppe aber einen Anteil von etwa 31 bis 34 Prozent.[28] Eine Gleichverteilung würde bedeuten, dass das reichste Prozent nur einen Anteil von einem Prozent hat. Gleichheit beim Vermögen wird nicht gewünscht. Auch Personen mit einer Wahlpräferenz für linke Parteien streben keine egalitäre, sondern nur eine weniger ungleiche Gesellschaft an. Dieser empirische Befund zeigt, dass ein bestimmtes Maß an Ungleichheit sozial akzeptiert wird.

## 1.2 Reichtum in den USA und in Europa

Bei reichen Menschen kann man den relativen Anteil ihres Vermögens am gesamten Vermögen in einem Land betrachten, um eine Ahnung von ihrer Bedeutung in der Gesellschaft zu bekommen. Übliche statistische Messvarianten sind Top-Anteile, wie Top-10-Prozent, Top-5-Prozent, Top-1-Prozent. Besonders interessant wäre es, den Anteil des obersten Tausendstels (Promille) oder sogar des obersten Zehntausendstel am Gesamtvermögen zu untersuchen. Dafür wäre ein kompletter Datensatz zum Vermögen der Bevölkerung notwendig. Den gibt es aber nicht einmal in jenen Ländern, die eine Vermögenssteuer erheben.[29] Bei Haushaltsbefragungen ist die Fehleranfälligkeit allein wegen der geringen Stichprobenzahl hoch. Wer etwa aus einer Stichprobe von 3 000 Personen den Anteil des obersten Promilles zu bestimmen sucht, hat nur die Angaben von drei Personen zur Verfügung.

Die Top-Anteile der Reichsten am gesamten Vermögen leiten über zum Thema des Überreichtums. Eine Beurteilung, ob die Kuchenstücke der Reichen groß oder klein sind, muss auf andere Kriterien zurückgreifen. Gerechtigkeitsprinzipien helfen, sich nicht mit der tautologischen Erkenntnis zu begnügen, dass Reiche reich sind und Vermögende viel an Vermögen haben. Daneben gibt es moralische Urteile, Meinungen und Befindlichkeiten. Reichtum löst bei Menschen widerstrebende emotionale Reaktionen aus. Sie empfinden Bewunderung oder verspüren Neid, andere empfinden vielleicht Missgunst. Unumstrittene Schlussfolgerungen können aus der Information, dass es im Jahr 2016 in den Vereinigten Staaten 565 Milliardäre gab, nicht gezogen werden. Weltweit gab es angeblich laut Forbes-Liste von März 2019 2153 Milliardäre. Ihr gesamtes Vermögen betrug 8,7 Billionen US-Dollar.[30] Das klingt vermutlich für viele nach wirklich viel. Aber ob es auch zu viel ist, kann nicht einhellig gesagt werden.

Hinsichtlich der Anteile der reichsten Menschen am gesamten Vermögen gibt es verschiedene Schätzungen. Am seriösesten sind jene der *World Income Database* (WID):[31]

Das reichste Prozent der Welt (ungefähr 45 Millionen Menschen) hat ein Durchschnittsvermögen von rund 3 Millionen Euro. Dies ist das Fünfzigfache des weltweiten Durchschnittvermögens und macht einen Anteil von etwa 50 Prozent am gesamten Vermögen aus.

Das reichste Tausendstel der Welt (ungefähr 4,5 Millionen Menschen) besitzt ein Durchschnittsvermögen von rund 10 Millionen Euro. Dies macht einen Anteil von etwa 20 Prozent am gesamten Vermögen aus.

Das reichste Zehntausendstel der Welt (ungefähr 450 000 Menschen) hat ein Durchschnittsvermögen von rund 50 Millionen Euro. Dies ist das Tausendfache des weltweiten Durchschnittvermögens und macht einen Anteil von etwa 10 Prozent am gesamten Vermögen aus.[32]

Wenn drei Milliardäre so viel an Vermögen haben wie die gesamte ärmere Bevölkerungshälfte in den USA, so kann dies als ein moralisches Skandalon gelten.[33] Ein wirtschaftspolitisches Ziel hierzu gibt es aber nicht. Zu staatlichem Handeln werden Grenzen für ökonomische Kennzahlen oft exakt festgelegt, wie etwa in der Europäischen Union bei den Konvergenzkriterien zur Staatsverschuldung und dem Budgetdefizit. Aber in der Wirtschaftspolitik finden sich auch Zielwerte für Inflation, Beschäftigungsquoten usw. Diese sollen helfen, sinnvolle von unerwünschten Entwicklungen zu scheiden. Bei der Vermögensverteilung ist dem nicht so. Bislang hat die Politik weder in den USA noch in Europa Vorgaben für ein richtiges Ausmaß der Ungleichheit gegeben. Die Vermögensverteilung wird daher im Grunde als natürliches Ergebnis betrachtet. Es wird so getan, als würde sich eine bestimmte Vermögensverteilung über den Markt ergeben und durch die Politik erst nachträglich über Steuern beeinflusst werden können. In Wahrheit entstehen Reichtum und Überreichtum jedoch in einem politischen und institutionellen Rahmen, zu dem insbesondere der Eigentumsschutz und das Erbrecht zählen.

| | USA | Euroraum |
|---|---|---|
| **HFCS & SCF** | | |
| Erhebungsjahr | 2016 | 2014 |
| Top-10% Anteil | 77,1 | 51,2 |
| Top-1% Anteil | 38,5 | 18,6 |
| Gini-Koeffizient | 0,86 | 0,69 |
| P80/P20 | 106,8 | 41,2 |
| P90/Median | 12,2 | 4,8 |
| Median (1.000€) | 97,3* | 104,1 |
| | | |
| **Forbes (2018/19 Ranking)** | | |
| Name | Jeff Bezos | Bernard Arnault |
| Quelle / Unternehmen | Amazon | LVMH |
| Geschätztes Vermögen (Mrd. $) | 112 | 72 |

* Wert in 1.000 US Dollar

Tabelle 1: Daten zu Reichtum in den USA und Europa

Tabelle 1 zeigt enorme Unterschiede zwischen den Ländern. Die Vermögensunterschiede zwischen den Ländern können mit Ungleichheitsmaßen wie dem Ginikoeffizienten oder Top-Anteilen verglichen werden. Da liegt die USA vor Europa. Doch bereits bei den Abständen in der Mitte der Bevölkerung – P80/P20 zeigt an, wie viel mehr der Haushalt im 80. Hundertstel an Vermögen hat als der Haushalt im 20. Perzentil – liegt Deutschland vor den USA. Und die Größenordnungen dieser statistischen Maßzahlen zur Ungleichheit erhöhen kaum das Verständnis der Bevölkerung im Hinblick auf Verteilungsfragen. Was bedeutet ein Ginikoeffizient von 0,76 für Deutschland im Vergleich zu 0,85 für die USA?

Eine Alternative besteht darin, die Vermögensungleichheit über Größenmaße zu veranschaulichen. Die Mediangröße von Menschen in Österreich beträgt 1,71 Meter. 50 Prozent der Menschen in Österreich sind größer und 50 Prozent kleiner. Das Mediannettovermögen eines Haushalts beträgt rund 83 000 Euro. Ein Vergleich der Haushaltsvermögen demonstriert enorme Unterschiede: Im 90. Perzentil befinden sich Menschen, welche die Höhe eines Sprungturms errei-

| Deutschland | Frankreich | Österreich |
|---|---|---|
| 2014 | 2014 | 2017 |
| 59,8 | 50,7 | 56,4 |
| 23,7 | 18,7 | 22,6 |
| 0,76 | 0,68 | 0,73 |
| 109,7 | 32,3 | 38,6 |
| 7,7 | 4,7 | 6,3 |
| 60,8 | 113,3 | 82,7 |
| | | |
| B. Heister & K. Albrecht | Bernard Arnault | Dietrich Mateschitz |
| Supermärkte | LVMH | Red Bull |
| 30 | 72 | 19 |

Quelle: Household Finance and Consumption Survey 2014 und 2017, Survey of Consumer Finances 2016, Forbes - The World's Billionaires 2018/2019

Fortsetzung Tabelle 1: Daten zu Reichtum in den USA und Europa

chen. Bei den Top-1-Prozent wird sogar die Spitze des Wiener Donauturms erreicht. Allein diese Dateninformation zeigt enorme Unterschiede in der Bevölkerung an.

Doch die Überreichen werden in freiwilligen Befragungen gar nicht erreicht. Bezieht man zusätzlich Daten von Reichenlisten aus Magazinen ein, dann gelangt man beim Vermögen der Überreichen auf über 2 000 Meter. Und bei den Vermögenden von der Reichenliste würde sogar eine Höhe von etwa 800 Kilometer erreicht werden. Das Verhältnis von Zwergen und Riesen ist grafisch darstellbar, doch wie schaut die Interaktion von normalen Menschen mit Vermögensgiganten aus? In Deutschland ist die Situation ganz ähnlich. Das Top-1-Prozent erreicht die Höhe des höchsten Turms des Schlosses Neuschwanstein und mit einem Vermögen von 100 Millionen Euro befände man sich im Bereich der Zugspitze.

Normative Wertungen zu diesen Daten werden von positivistisch ausgerichteten Ökonomen abgelehnt. Sie verlangen, dass die Daten zur Vermögensverteilung für sich sprechen. Doch Daten sprechen nicht. Immer sind es Forscher mit ihren impliziten Wertungen, die selektiv interpretieren und auslegen. Normativität ist daher bei jeder Datenbetrachtung unvermeidlich. Daten zur Vermögenskonzentration informieren nicht direkt über Überreichtum und sie bergen auch keine wirtschaftspolitischen Handlungsempfehlungen. Werturteilsfrei kann weder bestimmt werden, was unter Reichtum zu verstehen ist, noch welche Maßzahlen zu seiner Beschreibung verwendet werden sollen. Den Wertungen entkommen Forscher letztlich nicht einmal bei einer Verwendung von mehreren Messzahlen. Daher ist es notwendig, die begleitende Normativität zu explizieren. Ob Überreichtum ein nützliches normatives Konzept ist, soll im Folgenden geklärt werden.

## 1.3 Messung von Überreichtum

In einer Oligarchie sind einige Bürger überreich und andere bettelarm. Diese Staatsform bezeichnete Platon als »Herrschaft auf Vermögensschätzung«: In Wahrheit handele es sich dabei nicht um einen, sondern um zwei Staaten, »ein Staat der Armen und ein Staat der Reichen, indem Arme und Reiche, den Wohnplatz miteinander teilend, beständig widereinander im Anschlag liegen«.[34]

Platon ging es darum, dass ein solcher Staat im Kriegsfall schwach wäre. Würden Waffen an die Armen ausgegeben, so müssen sich die Reichen mehr vor diesen als vor einem äußeren Feind fürchten. Überreichtum wurde von Platon allerdings auch aus anderen Gründen abgelehnt: »In einem Gemeinwesen aber, dem Reichtum und Armut fremd sind, wird auch die beste Gesinnung zu finden sein. Denn weder Frevelmut noch Ungerechtigkeit kommen da auf, auch nicht Eifersucht und Neid.«[35] Armut ruiniere die Seele des Menschen durch Not, Elend führe zu *Schamlosigkeit*, während Reichtum die Seele durch *Üppigkeit* zerstöre.

Platon suchte das quantitativ angemessene Verhältnis zwischen Arm und Reich in einem idealen Staat zu finden. Für die Armen legte er eine Untergrenze bezüglich des Landbesitzes fest, die nicht unterschritten werden durfte. Dabei beließ er es aber nicht. Er suchte auch eine Grenze auszumachen, die nicht überschritten werden darf. So formulierte er, dass der Gesetzgeber »den Erwerb des Doppelten und Dreifachen, ja Vierfachen freigeben« solle.[36] Und auch Regeln für eine allfällige Überschreitung dieser Vermögensobergrenze bestimmte Platon. Sollte jemand aufgrund einer Schenkung oder eines Fundes mit seinem Vermögen diese Grenze überschreiten, geht das überschüssige Vermögen an den Staat.

Ein Problem, das sich auch heute noch bei Schenkungen und der Frage nach ihrer möglichen Besteuerung stellt: Wie sollen Vermögenszuwächse und private Vermögenstransfers kontrolliert werden? Wie kann der Staat überhaupt davon wissen, wenn Menschen einander etwas schenken? Diese Schwierigkeit löste Platon lebenspraktisch. Spitzeln soll ein monetärer Anreiz fürs Auskundschaften gesetzt werden. Die Hälfte des Vermögensbetrages, der das Vierfache übersteigt, geht an die Person, die eine Gesetzesübertretung zur Kenntnis bringt. Platon nutzte das Instrument der Bespitzelung unbekümmert und forderte: »Von allem aber, was irgend einer außer seinem Landlos besitzt, soll ein Verzeichnis an öffentlicher Stelle zur Überwachung bei derjenigen Behörde niedergelegt werden, die das Gesetz damit betraut hat, damit die Rechtsstreitigkeiten über alles, was sich auf Geldangelegenheiten bezieht, sich leichter und in völlig klarer Weise abwickeln.«[37]

Platon legte eine niedrige Vermögensobergrenze fest, bestimmte finanzielle Sanktionen bei einer Nichteinhaltung und setzte monetäre Anreize zur sozialen Kontrolle. Wer heute die privaten Vermögensverhältnisse zu erforschen sucht und dies in der Form von freiwilligen Umfragen macht, ist auf die Mitwirkung der Reichen angewiesen. Nur wenn diese ehrliche Angaben zu ihrem Vermögen machen, wird die Datenqualität zu Reichtum hinreichend sein. Die Interviewer suchen zwar die Angaben zur Immobilie der Befragten zu überprüfen. Sie notieren Informationen zur Größe und zur Qualität, um herauszufinden, ob die Angaben der Befragten stimmig sind. Der Wert der Privatsphäre kollidiert hier mit dem öffentlichen Dateninteresse. Beim Finanzvermögen gibt es solche Kontrollmöglichkeiten aber nicht. Platon suchte mit einem öffentlich zugänglichen Vermögensverzeichnis Transparenz herzustellen. Das wäre auch heute noch eine politisch radikale Maßnahme. Griechenland etwa hat 2019 immer noch kein Kataster zu den Eigentumsverhältnissen bei Immobilien.

Transparenz würde erlauben, die Vermögensverhältnisse der gesamten Bevölkerung zu studieren. Für gesellschaftspolitische Analysen ist eine relationale Sichtweise von Armut zu Reichtum elementar. Mandeville hatte den Zusammenhang zynisch so formuliert, dass »der sicherste Reichtum in einer großen Menge schwer arbeitender Armer besteht«.[38]

Eine relationale Gesellschaftsperspektive geht von den Endpunkten der sozialen Verteilung in einer Gesellschaft aus. Erst eine Erkundung der Pole steckt die gesellschaftliche Landkarte systematisch ab. Ein Vergleich der Mitte mit den Wohlhabenden oder der ominösen Superreichen mit den Reichen hingegen bietet nur einen arbiträren Ausschnitt der Gesellschaft.

Ein bloß diagnostischer Befund, *reiche Menschen haben zu viel*, müsste angeben können, um wie viel sie zu viel haben. Es ist keine statistische Nachlässigkeit, dass die Wissenschaft solche Urteile bewusst vermeidet. Ob Reichtum für angemessen oder für übertrieben gehalten wird, kann nicht mithilfe von statistischen Ungleichheitsmaßzahlen beantwortet werden. Bei einer solchen Beurteilung spielen Interessen, Werte und Gefühle eine Rolle. Eine fehlende explizite Grenzziehung erschwert aber rationale gesellschaftspolitische Debatten zu exzessivem Reichtum.

Reichtum ist, im Gegensatz zum konventionellen Verständnis, kein Gegenbegriff von Armut, weil seine Dimension unendlich ist. Reichtum ist nach oben offen. Während Arme im Extremfall verhungern müssen, können Reiche immer noch ein wenig mehr besitzen. Diese Dimension der Unendlichkeit im Begriff des Reichtums macht ihn aus statistischer Sicht problematisch. Überreichtum erfasst diese inhärente Unabgeschlossenheit begrifflich besser als Reichtum. Zudem hat Reichtum neben seiner materiellen Seite auch eine nicht monetäre Seite. Viele Menschen verstehen Reichtum als Synonym für Zufriedenheit und Glück. Überreichtum vermeidet diese versteckt affirmative Wertung und ist daher der geeignete Gegenbegriff zu Armut.

Konkrete Maßnahmen gegen Überreichtum könnten von der Politik kommen und historisch waren es auch eher Politiker als Ökonomen, die entsprechende Vorschläge formulierten. Der demokratische Senator Huey Long forderte 1936 eine private Vermögensbegrenzung auf 50 Millionen US-Dollar. Erfolg hatte er mit dieser Forderung nicht.[39] Einleuchtend argumentierte er, dass schon 10 Millionen US-Dollar ausreichen, die Kinder und deren zukünftigen Kinder zu versorgen, doch der politische Gegenwind war massiv. Im Jahr 1972 forderte George McGovern, auch demokratischer Präsidentschaftskandidat, einen Satz von 100 Prozent auf Erbschaften von mehr als einer halbe Million US-Dollar.[40] Doch auch in den 1970er Jahren war so eine Argumentation für eine progressive Besteuerung des Nachlasses nicht mehrheitsfähig.

Anstatt eine Vermögensschwelle für Überreichtum zu bestimmen, können auch Überlegungen zum Verdienst der Reichen in den Vordergrund rücken. Die Reichen, die es verdienen, wären eben keine Überreichen. Doch es sei »kaum mit guten Sitten oder auch nur mit gutem Sprachgebrauch vereinbar, zu sagen, daß Reichtum und hoher Rang an sich und abgesehen von Verdienst und Tugend unsere Achtung verdienen. Wir müssen indessen zugeben, daß sie dieser Achtung beinahe ständig teilhaft werden«.[41] Vermutlich verspüren Reiche solche Ambivalenzen des Rests der Bevölkerung ihnen gegenüber. Denn Reichtum wird von Reichen gern relativiert: »Ich bin wohlhabend, aber nicht reich.« Mit dieser Unterscheidung geben sich Reiche zwar insgeheim zu erkennen; denn jene, die glauben, nur wohlhabend zu sein, sind meist reich, wenn man die Höhe ihres Vermögens betrachtet. Doch Reiche suchen sich diskret in der Mitte der Gesellschaft zu verorten: »It is especially striking that the middle is symbolically available to everyone, even if they have $ 50 million [...] as long as they can claim a particular kind of disposition and lifestyle.«[42]

Dies deutet darauf hin, dass das Wort »Reichtum« von reichen Menschen nicht gern verwendet wird. Noch seltener würde jemand von sich sagen: »Ich bin überreich.« Am ehesten sind Überreiche noch bereit, den eigenen Lebensstil kritisch zu beleuchten und einzugestehen, zu viel an langlebigen Konsumgütern zu besitzen. Würden Reiche sich offen als reich bekennen, müssten sie ihren Reichtum gegenüber anderen begründen. Durch die Leugnung des eigenen Reichtums weichen sie einem gesellschaftlichen Rechtfertigungsdruck aus.

Das Unbehagen von reichen Menschen angesichts der Sichtbarkeit ihres Vermögens verspüren auch Reichtumsforscher. Die amerikanische Soziologin Rachel Sherman, die eine Vielzahl von Interviews mit sehr reichen Personen in New York geführt hat, bekennt: »I still feel anxious that my respondents will feel their trust has been violated, even if they are not identifiable, because they may feel they are being judged or that their private emotions and struggles have been brought to light here in a way they did not expect.«[43]

Vielleicht auch deswegen wird bei der ökonomischen Forschung zu Reichtum besonders stark auf ein positivistisches Ideal der Trennung von Fakten und Werten geachtet. Ein Steuerexperte des Deutschen Instituts der Wirtschaft (DIW) schreibt etwa: »Auf jeden Fall sollten wir bei der Luxus- und Reichensteuerdiskussion unproduktive und unangenehme Sozialneiddebatten wie in Frankreich vermeiden. Wer auf ehrliche Weise reich geworden ist, Arbeitsplätze schafft und Steuern zahlt, verdient Respekt und soll auch luxuriösen Konsum genießen dürfen.«[44]

In diesen beiden scheinbar wissenschaftlichen und faktenorientierten Sätzen stecken selbst eine Reihe von Wertungen. Dass keine Zeit aufgewandt wird, Begriffe präzise zu definieren, offenbart ein grundlegendes Problem der Volkswirtschaftslehre. Dabei werden subjektive Wertungen zu Reichtum in wissenschaftlichen Debatten selten eingestanden. Sie spielen aber in den Argumentationen dennoch eine Rolle. Wer Reichtum als positives Leitbild empfindet, wird andere Fragen für wichtiger erachten als jemand, der in Reichtum eine Ursache von Armut vermutet. Wer Reiche als Leistungsträger sieht, wird stärker auf Bildung, Einstellung und Haltung der Armen achten als auf eine progressive Vermögensbesteuerung und Umverteilung.

Adam Smith wusste, dass Menschen Reichtum nur selten im hellen philosophischen Licht betrachten. Sie sehen Reichtum, verdient oder unverdient, »als etwas Großes und Schönes und Edles an, dessen Erlangung wohl alle die Mühen und Ängste wert ist, die wir so gerne auf sie zu verwenden pflegen. Und es ist gut, daß uns die Natur in dieser Weise betrügt. Denn diese Täuschung ist es, was den Fleiß der Menschen erweckt und in beständiger Bewegung erhält.«[45]

Als Ökonom begrüßte Smith die Funktionalität dieser Täuschung. Nur ob dieses Irrtums werde der Boden bearbeitet, werden Häuser gebaut und die Wissenschaften vorangetrieben. Eine Rede von Überreichtum hätte für ihn keinen Sinn ergeben, ebenso wenig wie für Mandeville, der nur den Nutzen des lasterhaften Luxus für die nationale Volkswirtschaft sehen wollte. Bei Smith gehen die moralische Ablehnung eines Begehrens nach Reichtum und die ökonomische Betonung seiner Nützlichkeit zusammen.

Im konservativen Denken ist Reichtum ein Ausdruck von Leistung, der dem Rest der Bevölkerung als Anreiz dienen soll, sich anzustrengen. Gleichzeitig darf dem Reichtum aber nicht gehuldigt werden, sondern es muss eine gewisse geistige Distanz zum schnöden Mammon gehalten werden. Maßvoller Reichtum kann anerkannt werden, ohne dass das Maß statistisch spezifiziert werden könnte. Überreichtum ist in diesem Denkstrang der implizite negative Fluchtpunkt von Maßlosigkeit.

»Liebe zum Geld ist etwas Schimpfliches: sie ist nämlich das Kennzeichen für einen Menschen, der durch Bestechung zu allem gebracht werden kann. Außerdem ist sie ein Zeichen der Bedürftigkeit, auch bei bemittelten Menschen.«[46] Die Geringschätzung von Reichtum können sich Reiche leisten. Hobbes schrieb: »Geringschätzung von Reichtum (außer von beträchtlichem) ist etwas Ansehnliches. Es ist dies nämlich ein Kennzeichen dafür, daß man an einen gewissen Reichtum keinen Mangel hat.«[47]

In einem emanzipatorischen Verständnis wird Reichtum als Überreichtum aus anderen Gründen abgelehnt. Die damit verbundene Macht und die ungerechtfertigten Privilegien erschweren das gesellschaftliche Miteinander und verunmöglichen Demokratie. Sich von anderen abzuheben, ist ein verbreitetes Ziel von Menschen, gelingt aber nur sehr reichen Menschen gut. Reiche Menschen grenzen sich aus über Privatkindergärten und Privatschulen, durch Privatversicherungen und abgesicherte Wohngegenden.

Doch selbst diese Personen sind nicht ganz frei von gesellschaftlichen Mechanismen. Theodor W. Adorno referierte in seiner *Vorlesung von der Geschichte und von der Freiheit*, dass er sich schon als junger Mensch darüber gewundert habe, »wie wenig die sehr reichen Leute, die ich gekannt habe, im Grunde von Ihrem Reichtum Gebrauch gemacht haben«. Er vermutete, dass es sich um eine Art »Klassendisziplin« handelte, wenn sehr reiche Leute »einem Ostrazismus verfallen, der mit ihrer sonstigen Stellung außerordentlich wenig vereinbar ist«.[48] Adorno hatte hierbei Familiendynastien vor Augen: »Sozialcharaktere wie Rockefeller, die durch ihre puritanische Wirtschaftsethik so geprägt sind, daß selbst, wenn sie dann über ihre Milliarden verfügen, sie eigentlich nichts mehr davon haben, als daß sie als uralte Männer jedem, der ihnen in die Quere kommt, einen Cent also ein Zehnpfennigstück, als Geschenk verehren.«[49]

Gerade die Reichen bleiben ihrem Eigentum verhaftet. Noch die Freiheit der Freiesten ist in einer unfreien Gesellschaft beschränkt. Dies kann am besten anhand des Umgangs der Überreichen mit ihrem Vermögen veranschaulicht werden.

## 1.4 Diskreter Überreichtum versus sichtbarer Luxus

Wenn es um die Geheimhaltung der Vermögen der Reichen geht, ist gern von notwendiger »Diskretion« die Rede. Bei Sozialhilfeempfängern wird der Begriff nie verwendet. Bei ihnen scheint einzuleuchten, dass sie kein Anrecht auf Diskretion haben, da sie nur Empfänger von Sozialhilfe sind. Doch gerade die Vermögenden empfangen viel vom Staat, nur gesehen und thematisiert wird es kaum.

Die Erhebung des Einkommens von Selbstständigen stellt Forscher vor gravierende Schwierigkeiten. Beim Vermögenseinkommen setzen sich diese fort und beim Finanzvermögen der Reichen wird die Datenlage noch schlechter. Je näher man den Lebensverhältnissen der Reichen kommt, desto unbefriedigend wird die Datenlage. Während die Armen kaum vom Datenschutz profitieren, herrscht auf der Seite der Reichen Datenarmut. Das Maß an Diskretion, das den Reichen bei Datenerhebungen zugestanden wird, ist extrem hoch. So gibt es bei freiwilligen Haushaltsbefragungen zahlreiche Anonymisierungsschritte. Zudem können die Angaben aufgrund der Datenschutzgesetze nicht weitergegeben werden. Reichen Menschen wird Geheimhaltung zugesichert. Daher wird nicht über das Vermögen konkreter Personen debattiert, sondern über Top-Anteile am Vermögen. Es wird den Vermögenden erlaubt, eigene Narrative zum Reichsein und Reichwerden zu kreieren. Die Einkommensverhältnisse armer Menschen werden hingegen von Bessergestellten, etwa über ihr konkretes Ausgabeverhalten in Sozialmärkten, besprochen. Der ehemalige Berliner Finanzsenator Thilo Sarrazin rechnete vor, dass es den Armen möglich ist, mit begrenzten Mitteln gesund zu leben.[50] Auf die Idee, zu prüfen, ob Überreichen in ihrem Leben überhaupt etwas fehlen würde, wenn der Staat ihr Vermögen auf eine Maximalhöhe kürzt und die Einnahmen daraus für gesellschaftlich nützliche Belange verwendet, kam bislang hingegen noch niemand.

Die Schieflage beim Datenschutz setzt einer wissenschaftlichen Reichtumsforschung enge Grenzen. Zur seriösen Erforschung des privaten Vermögensreichtums wäre eine staatliche Regelung notwendig, die mehr Transparenz verlangt und gegebenenfalls ihr Fehlen sanktioniert. Doch dafür müsste sich die Politik gegen die Interessen der Überreichen wenden.

Eine ungleiche Verteilung wird über Vergleiche mit anderen wahrgenommen. Lebensweltliche Gegenüberstellungen passieren laufend, ob in der Ausbildung, Arbeit oder in der Freizeitgestaltung. Doch die Reichen bleiben schemenhaft. Daher gelingen solche Vergleiche von Lebenschancen und -bedingungen kaum. Daten zu Reichtum sind abstrakt, sie haben keine Physiognomie, riechen nicht und können auch nicht angegriffen werden. Reichtum ist ein Phänomen, das Menschen in der Regel nicht direkt erfahren. Die meisten Menschen haben kaum Sozialkontakte mit Reichen. In ihrem Freundeskreis gibt es keine vermögenden Menschen und sie treffen auch keine Reichen, weder am Arbeitsplatz noch in der Freizeit. Reiche und Arme bewegen sich in Welten, die sich nicht überschneiden und auch selten nur berühren. Deswegen nehmen Menschen nur Inszenierungen des Reichtums wahr und verspüren in diffuser Form bestimmte Folgen des Reichtums.

Reiche Menschen machen ihren Reichtum meist nur in Ansätzen sichtbar. Sie zeigen bestimmte Komponenten des Vermögens oder spezifische Formen der Verwendung ihres Reichtums. Immobilien, Privatflugzeuge und Yachten können abgebildet werden. Aktien, Wertpapiere und Unternehmensbeteiligungen lassen sich kaum zur Schau stellen und bleiben verborgen. Reichtum ist aber viel eher mit Unternehmensvermögen und Finanzvermögen verbunden. Doch gerade diese Vermögenskomponenten werden kaum sichtbar. Zu Bildern werden eher relativ harmlose Vermögenskomponenten wie Luxuskarossen.

Der amerikanische Ökonomienobelpreisträger James Meade erkannte hingegen eine wesentliche Eigenart von großem Vermögen. Vermögende Menschen haben Verhandlungsmacht, sie einigt ein Gefühl von Sicherheit, Unabhängigkeit und Freiheit. Er schrieb: »Sie brauchen nur mit den Fingern auf diejenigen zu schnippen, die sie für ihr Einkommen brauchen…«[51] Hier wird Überreichtum an den Möglichkeiten abgelesen, die aus dem Eigentum resultieren.

Wird Reichtum als amoralisch befunden, finden sich die Spuren dieses negativen Urteils meist bei moralischen Abwertungen von Luxus. In *Utopia* von Thomas Morus ist von einer »unsinnige(n) Verschwendungssucht« die Rede. Diese sei weit verbreitet und sei nicht auf die Reichen konzentriert: »Unter der Dienerschaft des Adels wie bei den Handwerkern, aber fast ebenso selbst bei den Bauern und in allen Ständen überhaupt findet man viel prahlerischen Aufwand an Kleidung und übertriebene Üppigkeit der Lebenshaltung.«[52]

Eine unternehmerische Möglichkeit des Reichtums besteht darin, sich Arbeitskräfte kaufen zu können. Dass sie Arbeitsplätze schaffen, dient Unternehmern oft als Rechtfertigung. Als Narrativ würde sie nicht nur affirmativ, sondern auch kritisch funktionieren, weil sie die gegenteilige Argumentation, dass Reichtum auf der Ausbeutung von Arbeitern beruht, befeuern könnte. Crassus konnte sich in der Antike mit seinem geschätzten jährlichen Vermögenseinkommen von 12 Millionen Sesterzen etwa 32 000 Arbeitskräfte kaufen.[53] Ein Bild hierzu wäre etwa ein zur Hälfte mit Menschen gefülltes Kolosseum.

Reichtum wird über solche Bilder oder über Homestorys in den Medien inszeniert. Auch die klassische Reichenfotografie ist von Stereotypen gekennzeichnet: schöne Menschen in luxuriösem Ambiente, Schmuck und Champagner, schnelle Autos, Yachten und Privatflugzeuge. Doch Reichtum über Luxusausgaben, etwa für Champagner und Austern zu kennzeichnen, verkleinert ihn unzulässig. Luxus bezeichnet oft Konsummöglichkeiten, die teilweise auch der Mitte offenstehen und die viele gerne hätten. Bei Übereichtum hingegen geht es um exklusive Möglichkeiten.

Die meisten Darstellungen von Reichtum beleuchten nur Formen und nicht Möglichkeiten des Überreichtums. Sie erlauben ambivalente Gefühle, weil sie nicht so eindeutig wie Armutsdarstellungen sind. Sie rufen aber kaum Ekel und Abscheu hervor, wie die Darstellung von Krankheit und Not. Es kann auch Faszination oder Neid bei den Betrachtern geweckt werden. Wird Reichtum in ästhetisch ansprechender Form dargestellt, dann stößt das eine positive Wahrnehmung an. Und Bilder prägen das eigene Urteil stärker als abstrakte Daten. Sichtbar wird Luxus und nicht Reichtum und schon gar nicht Überreichtum. Diese Begriffe dürfen daher nicht vermengt werden. Es ist zwar das große Vermögen, veranlagt meist in Aktien und Unternehmensbeteiligungen, das einen luxurösen Lebensstil erlaubt. Doch Luxuserfahrungen auf einem niedrigeren Niveau sind auch weniger reichen Menschen möglich und werden auch von Armen angestrebt. Im Gegensatz zu Reichtum hat Luxus etwas Subversives an sich. Er widerstrebt funktionalen Imperativen und beinhaltet das Versprechen der Überflüssigkeit. Adorno schrieb in »Veblens' Angriff auf die Kultur«, dass Luxus auch zur »Verwendung von Teilen des Sozialprodukts« genutzt werden könne, »die weder mittelbar noch unmittelbar der Widerherstellung verausgabter Arbeitskräfte dienen«.[54] Daher kann die Freude an Luxus uns verbinden, während Überreichtum eine Gesellschaft stets scheidet.

Laut dem US-amerikanischen Philosophen Thomas Nagel sollen auch in einer egalitären Gesellschaft Haute Cuisine oder Haute Couture erlaubt sein. Es sei unvermeidbar, dass einige wunderbare Dinge höchst selten sind und spiegle demnach ein Freiheitsmoment wider. Und es sei eine Tatsache, dass »die Menschen eine Art kommissarische Lust empfinden an der Kontemplation des freudvollen Lebens anderer inmitten ihrer herrlich verschönerten Landgüter und weitläufigen Häuser, ihrer Haute Couture und exquisiten Möbel, privaten Kunstsammlungen und dergleichen mehr«.[55] Hinsichtlich der wirtschaftspolitischen Folgerungen ist Nagel dann aber ratlos.

Manche Menschen ziehen allein Lust aus der Beobachtung des luxuriösen Lebens anderer. Im Roman *Der große Gatsby* von Fitzgerald wird diese Leidenschaft an materiellen Dingen veranschaulicht. Gefeiert werden flüchtige Momente der Sehnsucht. Diese Sehnsucht klebt an hedonistischen Festen in den Palästen von Long Island, an Luxustextilien und an exquisiten Speisen. Luxus löst Passionen aus, die mit Reichtum eng verbunden sind, aber darüber hinausgehen: »Ihre Stimme klingt nach Geld«, so charakterisierte Gatsby leidenschaftlich seine Geliebte Daisy.[56]

Adam Smith hatte im Luxus hingegen eine Möglichkeit erkannt, aus gutem Grund zu protzen. Dies erleichtere anderen Menschen, mit uns zu sympathisieren. Smith meinte, dass wir weit stärker geneigt seien, die Freude anderer Menschen mitzufühlen als deren Leid. Es ist angenehmer mit glücklichen Menschen mitzufühlen als mit unglücklichen Personen.

Bernard Mandeville war es, der Luxus nicht über sichtbare Annehmlichkeiten charakterisierte, sondern die Notwendigkeit von Lastern in seiner *Bienenfabel* ökonomisch zu argumentieren suchte. Mit Tugend komme man nicht weit. In seinem Lehrgedicht heißt es: »Stolz, Luxus und Betrügerei muss sein, damit ein Volk gedeih«.[57] Gedeih bedeutete kapitalistischer Fortschritt. Mandeville hatte ein instrumentelles Verständnis von Lastern. Dass er verpönte Laster zu rehabilitieren suchte, brachte ihm enorme Aufmerksamkeit und moralisierende Gegnerschaft ein.

Arme Menschen müssen, so ist in diesem Kapitel deutlich geworden, ihre privaten Ressourcen gegenüber der Bürokratie des Sozialstaates offenlegen, bevor sie Hilfe erhalten. Überreichen Menschen hingegen wird in den meisten Ländern ein unglaublich hohes Maß an Geheimhaltung zugestanden. Im Hinblick auf ihre Vermögensverhältnisse herrscht Datenarmut. Reichtum wird über Vermögen gemessen und Vermögen wird meist in freiwilligen Haushaltsbefragungen eruiert. Mit der Abschaffung von Vermögenssteuern ging in vielen Ländern eine wichtige Datenquelle verloren. Die Datenqualität von Haushaltserhebungen reicht für eine solide wissenschaftliche Analyse von Überreichtum nicht aus.[58]

Überreichtum bleibt für die meisten Menschen ein fernes Phänomen. Vermögende inszenieren sich durch wortreiche Relativierungen des eigenen Überreichtums, über eine tugendhafte Rahmung der privaten Vermögensverwendung oder mittels einer gefälligen Darstellung von Luxus. Dabei müssen sie ihre Vermögensverhältnisse nicht offenlegen.

Datengeleitete Aufklärung über die Vermögenskonzentration ist aber wichtig für eine rationale Sicht auf die Gesellschaft. Doch hinreichend für eine Veränderung zu einer gleicheren Verteilung ist sie nicht. Denn Überreichtum und eine ungleiche Gesellschaftsordnung sind über zu unspezifische Gerechtigkeitsprinzipien (Kapitel 2), eine Politik der Verachtung (Kapitel 3), Rechtfertigungen zum Verdienst (Kapitel 4) und Gefühle (Kapitel 5) abgesichert.

## Kapitel 2

# Was ist ungerecht am Überreichtum?

Gerechtigkeit wird gern hochgehalten. Dennoch tun sich viele Menschen schwer damit zu sagen, was genau sie unter Gerechtigkeit verstehen. Außerdem variieren die Vorstellungen natürlich stark: Was die einen als gerecht empfinden, halten andere für eine große Ungerechtigkeit.

Ideengeschichtlich setzten Gerechtigkeitsfragen in der Regel bei Armut und nicht bei Reichtum an. Dadurch wurde das Augenmerk auf Bedarf und Notwendigkeiten gelenkt. So stand historisch meist die Frage im Mittelpunkt, ob den Armen Barmherzigkeit entgegengebracht werden soll.[1] Überreichtum und exzessive Macht vermögender Menschen gerieten seltener in den Blick.

Unsere Gerechtigkeitsvorstellungen bestimmen, welches Maß an Reichtum wir für gerecht oder für ungerecht halten. Dabei ist auch von Belang, welche Rolle Gerechtigkeit in unserem Wertesystem einnimmt. Gerechtigkeit ist nur ein Wert neben anderen. Es ist kein Wert, für den Menschen ihr Leben geben würden. Auch Liebe und Freundschaft verdrängen gesellschaftliche Gerechtigkeitsüberlegungen. Und viele Menschen streben sowieso eher Sicherheit an, sogar wenn das eine ungerechte Gesellschaft zu festigen hilft.

Ein viel zitierter Satz von Augustinus lautet: »Was also sind Königreiche, wenn ihnen Gerechtigkeit fehlt, anderes als große Räuberbanden?« Doch auch Räuberbanden funktionieren und erweisen sich wenigstens eine Zeitlang als stabil. Augustinus erwähnt eine Anekdote von der Begegnung eines Seeräubers mit Alexander dem Großen: »Denn als der König den Mann fragte, was ihm einfalle, daß er das Meer unsicher mache, erwiderte dieser mit freimütigem Trotz: Und was fällt dir ein, daß du das Erdreich unsicher machst? Freilich, weil ich es mit einem kleinen Fahrzeug tue, heiße ich Räuber. Du tust es mit einer großen Flotte und heißt Imperator.«[2]

Bei der Einhaltung von Gerechtigkeitsstandards geht es darum, dass alle Menschen einbezogen werden müssen, denn soziale Gerechtigkeit bestimmt, wie eine Gesellschaft geordnet sein soll.[3] Was schulden wir einander? Das ist eine zentrale Frage.

Gleichheit ist ein Ziel von Gerechtigkeitsbestrebungen und Ungleichheit ist begründungspflichtig. Ökonomischer Egalitarismus bedeutet, »dass jeder über dieselbe Höhe an Einkommen und Vermögen (kurz gesagt ›Geld‹) verfügen soll«.[4] Doch der indische Nobelpreisträger Amartya Sen hatte 1979 in einem berühmt gewordenen Artikel gefragt: Gleichheit wovon?[5] Ein bloß einkommensorientierter oder vermögensorientierter Fokus wäre für ihn verfehlt. Zur Beurteilung von sozialer Ungleichheit sollten Lebensstandard, Bildung, Lebenschancen und Glück herangezogen werden. Das Vermögen, das über die Frage von Überreichtum entscheidet, spielt hierbei keine besondere Rolle. Im *Human Development Index* der Vereinten Nationen wurden seine Überlegungen teilweise operationalisiert.[6] Doch die empirische Umsetzung seiner theoretischen Überlegungen blieb vom Messbaren dominiert. Multidimensionalität erweitert zwar das Spektrum, doch das Problem der Indexbestimmung bleibt: Was ist wichtiger im Leben, Einkommen oder Vermögen, Glück oder Bildung?

Bei Reichtumsfragen geht es primär um Vermögen und wenn von Gleichheit die Rede ist, dann ist nicht gemeint, dass alle gleich viel haben oder alle das Gleiche haben sollen. Dass alle Menschen gleich viel besitzen sollen, wurde auch historisch nur selten gefordert. Nicht einmal als Utopie taucht diese Forderung häufig auf, da geht es eher um die Abschaffung von Privateigentum. Die Visionäre erhofften sich eine Gemeinschaft von Gleichen.

Sogar unter der hypothetischen Vorstellung, dass Vermögen gleich verteilt wäre, würde sich im nächsten Moment wieder Ungleichheit ergeben, weil Menschen mit ihrem Vermögen unterschiedlich umgehen. Manche Menschen geben es aus, andere verlieren es und einige nehmen es anderen weg. Eine Kritik des Überreichtums auf Basis von Gerechtigkeitsüberlegungen fordert nicht, dass alle gleich viel an Vermögen haben sollen, sondern es geht um das Übermaß, also um den Exzess des Reichtums. Und es geht um Begründungen der Abweichungen vom Gleichheitsideal. Eine begründete Ungleichheit kann auf Unterschiede in der Leistung, beim Bedarf oder bei erworbenen Rechten verweisen.[7]

Im antiegalitären gesellschaftlichen Umfeld des Individualismus werden Gerechtigkeitsanliegen hingegen oft kritisiert.[8] Und in der Ökonomie dominiert ein positivistisches Wissenschaftsverständnis, das beansprucht, Normen und Fakten streng voneinander trennen zu können. Eine vorgeblich objektive Sachlogik wird gegen philosophische Gerechtigkeitsüberlegung ausgespielt. So sind viele Ökonomen der Überzeugung, dass die Frage, was gerecht ist, nicht geklärt werden kann.

Es macht aber einen wesentlichen Unterschied aus, ob Überreichtum als ungerecht kritisiert wird oder nur als dem Wirtschaftswachstum unzuträglich gesehen wird. Im letzteren Fall treffen Experten eine Einschätzung und die Bevölkerung hat kaum etwas mitzureden. Gerechtigkeitsfragen werden häufig dem subjektiven Befinden anheimgestellt. Wer eine zu hohe Vermögenskonzentration als nachteilig für die Entwicklung des Wirtschaftswachstums bezeichnet, hat das BIP als Maßstab gewählt und damit bereits eine wichtige Wertung vollzogen. Die fragwürdige Hintergrundannahme ist, dass das BIP pro Kopf als Wohlstandsindikator wichtiger ist als Gerechtigkeitsvorstellungen. Doch Gleichheit wäre aus moralischen, sozialen und politischen Gründen relevanter als das statistische Maß des BIP.[9]

Anreiz ist ein beliebter Begriff unter Ökonomen, wenn es um die Begründung von Ungleichheit geht. Anreize müssten gesetzt werden, um zu Leistungen zu motivieren. Schon im Hinblick auf Arbeitseinkommen ist die Rede von Anreizen wenig überzeugend. Bei Spitzengehältern sind Leistung und Erfolg nur lose miteinander verknüpft. Bestimmte Marktentwicklungen sind weder absehbar noch zurechenbar. Zudem wird Menschen mit hohem Einkommen meist ein hohes Maß an gesellschaftlicher Anerkennung entgegengebracht. Monetäre Anreize sind da eher nebensächlich. Es gibt hinreichend andere Motivationen.

In der Welt der Vermögen sind Anreize aber noch unwichtiger als in der Einkommenswelt. In Arbeit steckt Leistung, für Erbschaften und Schenkungen gilt das in der Regel nicht. Um eine Schenkung oder eine Erbschaft zu bekommen, reicht meist das Verwandtschaftsverhältnis. Leistungsanreize wären hier nur in begrifflichen Verrenkungen denkbar. Ein strategisches Verhalten gegenüber dem Erblasser ist vorstellbar. Mit Leistung hat Erbschleicherei aber schon begrifflich nichts zu tun. Und in der Wirtschaftspolitik sind Anreize wieder anders gelagert. Hinsichtlich der Ausgestaltung des steuerlichen Rahmens zu Vermögensfragen ist die Schieflage zugunsten der Vermögenden evident. Die Bevorteilung von Unternehmen ist aus Grafik 3 zu den Körperschaftssteuersätzen abzulesen.

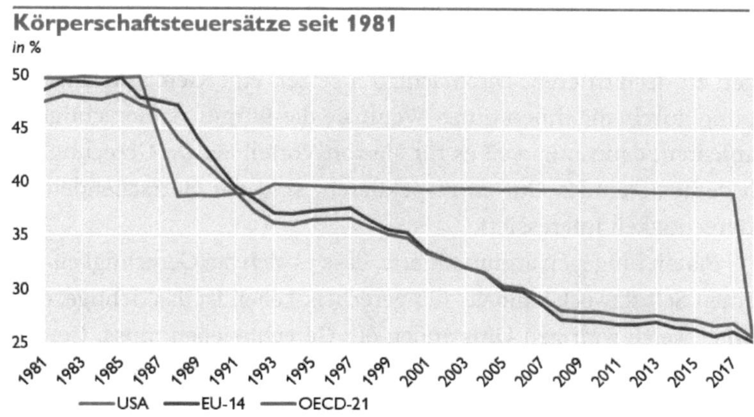


*Quelle: OECD Tax Database, "Table II.1. Corporate Income Tax Rate," 2019. http://www.oecd.org/tax/tax-policy/tax-database.htm#C_CorporateCapital*

*Anmerkung: Grafik repräsentiert die kombinierten zentralen und sub-zentralen Körperschaftsteuersätze. EU-14 und OECD-21 zeigen den einfachen Mittelwert der 14 EU- und 21 OECD-Mitgliedstaaten, für die Daten für alle dargestellten Jahre verfügbar sind.*

Grafik 3: Körperschaftssteuersätze seit 1981

Die Anreizfrage bei sozialer Ungleichheit engt das Gerechtigkeitsthema zu stark ein. Platon hingegen hatte es in seiner Komplexität aufgespannt und bei ihm findet sich eine Vielzahl jener Gerechtigkeitsfragen behandelt, mit denen sich philosophische Theorien und öffentliche Debatten zu Reichtum auch heute noch beschäftigen. In *Der Staat* wird Gerechtigkeit in der Form eines Dialogs von Proponenten verschiedener Gerechtigkeitszugänge abgehandelt. Der Sophist Thrasymachos von Chalkedon vertritt das Recht des Stärkeren. Auch Kalikles von Archanai hält Gerechtigkeit hoch und wendet die gewöhnliche Begriffsbedeutung ins Gegenteil. Die Gerechtigkeit der Natur gebe den Starken ein Recht auf ihre Privilegien. Gesetze seien nur zum Schutz der Schwachen gemacht und laufen daher dieser Art von Gerechtigkeit zuwider.

Thrasymachos und Kalikles scheinen antike Geistesverwandte mancher moderner Reicher zu sein. Kalikles sieht sich seinen Mitmenschen in jeder Hinsicht überlegen. Gleichzeitig nimmt er sich als Opfer von Schwächeren wahr, die sich zusammengetan haben, um seine Überlegenheit zu hintertreiben. Und Thrasymachos sucht Gerechtigkeit als Täuschung der Ohnmächtigen durch die Mächtigen zu dechiffrieren. Die Mächtigen setzen eine Gerechtigkeitsordnung durch, die ihnen nutzt. Wenn sie die Bürger zu Gerechtigkeit anhalten, dann nur, weil es für sie von Vorteil ist. Da Gerechtigkeit bedeutet, fremdes Gut zu respektieren, sind die Herrschenden an Gerechtigkeit interessiert.

Platon hingegen argumentierte, dass es sich bei Gerechtigkeit um einen Selbstzweck handele. Ein gerechtes Leben ist das richtige, egal unter welch widrigen Umständen der Gerechte leben muss. Gerechtigkeit bezeichnet jenen harmonischen Zustand, in dem der Einzelne, entsprechend seiner Anlagen, seine Aufgaben für die Polis erfüllt. Bei Gerechtigkeit geht es Platon um Personen und nicht nur um einzelne Handlungen. Gerecht ist ein charakterlich gefestigter Mensch.

In der Antike galt Gerechtigkeit als Tugend. Ungerechte Personen haben eine unharmonische Seele und können sich keines guten Lebens erfreuen. Bei Platon sind die Überreichen daher die eigentlich zu bedauernden Geschöpfe. Menschen, die Ungerechtigkeiten durch die Überreichen erleiden, erfahren hingegen keine Beachtung. Die »Wahrheit über den Reichtum« sei, dass »der Reichtum nur um des Lebens willen da ist und der Leib nur um der Seele willen. Und da nun Körper und Seele Güter sind und der Reichtum seine natürliche Bestimmung darin hat, diesen zu dienen, so kommt ihm erst die dritte Stelle zu, indem die Tüchtigkeit des Körpers und der Seele ihm vorangehen.«[10]

Platon war eigentumskritisch und trat für das Ideal einer Gütergemeinschaft ein. Diese galt aber nur für einen Teil der Gesellschaft. In seinem *Staat* gab es drei Stände: die Herrscher, die Wächter und die Handwerker. Dies entsprach den drei Teilen der Seele: der Vernunft, dem Mut und dem Begehren. Nur der niedrige Stand der Handwerker hatte Vermögen. Für die Herrscher und Wächter galt: »Erstens darf keiner irgendwie eigenes Vermögens besitzen, außer dem allernotwendigsten, sodann darf keiner eine Wohnung oder Vorratskammer von der Art haben, daß nicht jeder, der will, Zutritt dazu hätte«.[11]

Der staatstragende Teil der Bevölkerung sollte in einer Gütergemeinschaft leben. Damit war den im Staat entscheidenden Personen der Erwerb von Immobilieneigentum verwehrt. Ihre Wohnungen standen offen. Für die Wächter war Gold kein materieller Schatz, sondern eine Eigenschaft der Seele und wurde ihnen von den Göttern zugeteilt. Die Herrschaftsschicht unterliegt weltlichen Versuchungen. So könnte sie sich mehr um ihr eigenes Geld und ihre Familie sorgen als um das Wohl des Staates. Deswegen sieht Platon vor, dass die herrschende Schicht weder Privateigentum noch Familie haben soll. Seine Begründung ist aus heutiger Sicht ungewöhnlich. Die herrschende Schicht habe schon die Macht, wieso soll sie zudem auch noch den materiellen Reichtum haben? Diese Überlegung hätte auch heute weitreichende Schlussfolgerungen für die politische Teilhabe reicher Menschen.

Aristoteles problematisiert die Überlegungen Platons, dass es keinem Bürger gestattet sein soll, »mehr als das Fünffache des kleinsten Besitzes zu erwerben«.[12] Und er schwächte sie in entscheidender

Weise ab. Bei ihm gibt es keine Limitierung des Reichtums mehr. Rechtlich stellt Aristoteles das Privateigentum auch nicht infrage, sondern formuliert ein ethisches Postulat. Der Ansatz von Aristoteles sucht jene Streitigkeiten zu vermeiden, die sich bei einer Kollektivierung zwangsläufig ergeben würden und hat die Harmonie der Bürgergemeinde im Auge. Die Reichen sollen den Nutzen an ihrem Eigentum durch Freigiebigkeit vergemeinschaften. Ihre Lebensklugheit dämpft die Habgier. Bei der Lebensklugheit geht es um Selbstachtung und Achtung durch Freunde und nicht darum, immer mehr haben zu wollen. Die Früchte des Reichtums sollen mit einer generösen Grundhaltung verbunden werden. Ob mit dieser privaten Großzügigkeit auch Wohltätigkeit gegenüber Armen gemeint gewesen ist, muss bezweifelt werden. Denn es geht Aristoteles, ähnlich wie Platon, um den Charakter der Reichen, nicht um die Leidtragenden einer ungerechten Verteilung. Es ist eine aristokratische Ethik der Selbstvervollkommnung.[13]

Der Ungerechte ist bei Aristoteles schlicht der Habgierige. Dessen Laster besteht darin, sich nie zu begnügen. Die Ursache der Ungerechtigkeit in der Gesellschaft liegt folglich im schlechten Charakter von Menschen. Dass der Mensch nicht mehr habgierig sein soll, ist ein hehres Ziel. Es prägt auch heute noch viele Debatten zu Reichtum und verharmlost die Schlussfolgerungen aus der gesellschaftlichen Schieflage. Allein das Übermaß des Begehrens wäre dann die Problemursache.

Aristoteles vertrat die These, Privateigentum sei natürlich. Zu einem guten Leben gehöre Privateigentum und Reichtum bezeichne die dazu passende Menge an Gütern. Nur eine habgierige Anhäufung lehnte er ab. Worauf Aristoteles achtete, war nicht eine gleichere Vermögensverteilung, sondern eine Erziehung zur Mäßigung und eine Kontrolle der Maßlosen. Es müsse zwischen guten und schlechten Menschen unterschieden werden. Die Guten lehrt man nicht mehr haben zu wollen als angemessen für sie ist und auf die Schlechten wird aufgepasst, damit sie nicht mehr bekommen können. »Denn es ist wichtiger die Begierden zu regeln als die Vermögen, das ist aber nicht möglich, wenn die Bürger nicht angemessen durch Gesetze erzogen werden.«[14]

Gleichheit beim Vermögen sei ohnedies kein sinnvolles Ziel, denn dieses könne auf einem zu niedrigen oder einem zu hohen Niveau liegen. Und auch eine zu egalitäre Verfasstheit der Gesellschaft könne ein Problem werden. Wenn aus Reichen Arme werden, dann führe dies dazu, dass die ehemals Reichen Unruhe stiften. Denn der Mann von Ehre rebelliere, wenn dem Plebs das Gleiche wie ihm zugestanden wird. Gleichheit motiviert den Mann von Ehre zum Aufstand. Die Vielen begehren hingegen auf, wenn sie weniger erhalten. »Auch zum Aufruhr schreitet man nicht bloß wegen Ungleichheit des Besitzes, sondern auch wegen Ungleichheit der Ehren; beide Male aber ist der Hergang entgegengesetzt: die Menge wird aufrührerisch wegen der Ungleichheit des Besitzes, die besseren Männer werden es der Ehre wegen, wenn sie für alle nur gleich sind.«[15]

In der alltäglichen Begrifflichkeit wird öfter von einem guten Menschen als einem gerechten Menschen gesprochen. In der *Nikomachischen Ethik* erklärte Aristoteles seine Tugenden als Mitte zwischen Lastern. Auch die Gerechtigkeit ist eine Mitte, aber sie ist eine vollkommene Tugend, weil sie die Mitte erst schafft, »so wunderbar schön, daß nicht der Abend- und nicht der Morgenstern gleich ihr erglänzt«.[16]

Kant hat in der *Metaphysik der Sitten* diese aristotelische Lehre von der vernünftigen Mitte kritisiert, weil es sich um kein Kontinuum von zwei Lastern und einer Tugend in der Mitte handeln könne. Durch eine Verminderung der Verschwendung werde man nicht allmählich geizig, sondern die beiden Laster haben eigene Prinzipien.[17] Doch bei Aristoteles liegt Tapferkeit zwischen Feigheit und Tollkühnheit, Mäßigung zwischen Maßlosigkeit und Gleichgültigkeit.

Eine lebenspraktische und ironische Deutung von Gleichheit hatte der französische Romancier Anatole France geleistet. Er schmähte einen hohlen Gleichheitsbegriff in gesellschaftskritischer Absicht: »Die Armut ist dem Reichtum unentbehrlich, der Reichtum ist der Armut notwendig. Diese beiden Übel entstehen eines aus dem andern und unterhalten sich gegenseitig. Man soll das Los der Armen nicht verbessern, das Los der Armen muß aufhören. Ich werde die Reichen nie dazu verleiten, Almosen zu geben, denn ihr Almosen ist vergiftet. Almosen tun den Gebern gut, nicht den Empfängern. Der Reichtum ist schon an und für sich grausam, er soll sich nicht noch obendrein in das trügerische Gewand der Sanftmut kleiden. Da Sie wünschen, daß ich eine Geschichte für die Reichen schreibe, so werde ich ihnen sagen: unter der majestätischen Gleichheit des Gesetzes, das Reichen wie Armen verbietet, unter Brücken zu schlafen, auf den Straßen zu betteln und Brot zu stehlen.«[18]

Bei einer sich auf Gerechtigkeitsüberlegungen stützenden Kritik sozialer Ungleichheit geht es praktisch nie darum, alle mit den gleichen Ressourcen auszustatten. Nicht alle sollen gleich viel und nicht alle sollen das Gleiche haben. Denn nicht alle sind gleich. Es geht um Überfluss und Mangel. Jean-Jacques Rousseau führte dies zum Urteil, »daß eine Handvoll Leute überfüllt ist mit Überflüssigem, während die ausgehungerte Menge am Notwendigsten Mangel leidet«.[19] Die Gleichzeitigkeit von Armut und Überreichtum empört.

Um Verteilungskonflikte zu Vermögen und Einkommen zu vermeiden, suchte der amerikanische Philosoph John Rawls eine Grundstruktur festzulegen. Seine normative Gerechtigkeitstheorie wollte Urteile darüber fällen, welche Verhältnisse gerecht sind. Dafür benötigte er Grundsätze, an deren Einhaltung die Gerechtigkeit beurteilt werden kann. Dem rawlsschen Ressourcenansatz zufolge soll es Menschen nicht an bestimmten Gütern mangeln. Gleich zu Anfang seines Klassikers *Eine Theorie der Gerechtigkeit* formuliert er: »Die Gerechtigkeit ist die erste Tugend sozialer Institutionen, so wie die Wahrheit bei Gedankensystemen.«[20] Rawls rückt folglich das öffentliche Regelsystem ins Zentrum seiner normativen Theorie.[21] Er kritisiert utilitaristische Ansätze, die auf eine Maximierung des Gesamtnutzens zielen. In seinem Ansatz muss jeder Mensch zwei Gerechtigkeitsgrundsätzen unter der Perspektive des eigenen Wohlergehens zustimmen können.

Der *erste Grundsatz* verlangt das größtmögliche Maß an gleichen Grundfreiheiten für alle. Zu diesen Grundfreiheiten zählen das Recht auf Leib und Leben, das aktive und passive Wahlrecht, Gedanken- und Meinungsfreiheit. Dazu zählt aber auch das Recht auf persönliches Eigentum, weil es die Funktion hat, »eine ausreichende materielle Basis für einen Sinn von persönlicher Unabhängigkeit und Selbstachtung zu gewähren, die beide für die Entwicklung der moralischen Vermögen unentbehrlich sind«.[22]

Der *zweite Grundsatz* bezieht sich auf die sozialen Verhältnisse. Soziale Ungleichheiten sind nur dann gerecht, wenn sie dem am wenigsten Begünstigen die größtmögliche Verbesserung bringen. Es müssen gleiche Chancen für alle damit verbunden sein, damit Positionen, die solche Vorteile bringen, auch tatsächlich jedem offenstehen.[23] Diese Grundfreiheiten dürfen nicht aufgrund wirtschaftlicher oder kultureller Erwägungen eingeschränkt werden. Nur solche Begrenzungen sind erlaubt, die das System der Grundfreiheiten jedes Einzelnen stärken.

Rawls hatte folglich eine Kombination von wirtschaftlicher Effizienz und gerechten Institutionen im Auge. Um Probleme des Reichtums ging es ihm nicht gesondert. Mit seinem Ansatz lag er nahe bei sozialdemokratischen Gesellschaftsvorstellungen. Die Effizienz war über den Markt gewährleistet. Da dieser aber beträchtliche Ungleichheit zulässt, sollte über Steuern umverteilt werden. Der Staat stellt ein angemessenes Minimum für seine Gesellschaftsmitglieder bereit. Angesetzt wird am unteren Ende der Einkommensverteilung. Rawls wurde so zum Philosophen des Wohlfahrtsstaates.

Den theoretischen Gegenpol besetzte der österreichische Ökonom und Philosoph Friedrich August von Hayek. Die ungleiche Wirklichkeit erlaube nur Gleichheit vor dem Gesetz, jene Gleichheit, die Anatole France der Lächerlichkeit preisgegeben hat. Hayek hat die Entwicklung der neoliberalen Theorie maßgeblich geprägt und 1974 den Nobelpreis für Ökonomie erhalten. Sein Werk ist bestimmt von einem tiefen Vertrauen in den Markt und einem abgründigen Misstrauen gegenüber dem Staat: »Aus der Tatsache, dass die Menschen sehr verschieden sind, folgt, dass gleiche Behandlung zu einer Ungleichheit in ihren tatsächlichen Positionen führen muss und dass der einzige Weg, sie in gleiche Positionen zu bringen, wäre, sie ungleich zu behandeln.«[24]

Verteilungsgerechtigkeit ist für Hayek eine »Fata Morgana« und Ungerechtigkeit ist ein notwendiges Element menschlichen Handelns. Zwar macht Hayek die Armen nicht für ihre Armut verantwortlich und er behauptet auch nicht, dass die Kluft zwischen Arm und Reich gerecht sei. Aber soziale Gerechtigkeit sei eben kein Thema der Wirtschaftspolitik. In der *Verfassung der Freiheit* schrieb er 1971 dramatisierend: »Es ist eine der großen Tragödien unserer Zeit, dass die Massen glauben, ihren hohen Standard materieller Wohlfahrt dadurch erreicht zu haben, daß sie die Reichen heruntergezogen haben, und daß sie fürchten, die Erhaltung oder Entstehung einer wohlhabenden Schicht würde ihnen etwas nehmen, das sie sonst bekämen und das sie als ihr Recht ansehen.«[25]

Im Gerechtigkeitsverständnis von Rawls hingegen geht es um Menschen, die keinen *hohen Standard materieller Wohlfahrt* erreicht haben und denen es an Einkommen mangelt, um ein menschenwürdiges Leben zu führen. Ein gesellschaftlicher Konsens darüber, auf wen das zutrifft, ist aber schwer vorstellbar, denn es gibt unzählige Problemlagen von Armut, Behinderungen, Missachtungen und Ausgrenzungen. Auch gibt es in der sozialen Gruppe der Einkommensärmsten Studierende, die womöglich nur vorübergehend mit wenig Geld auskommen müssen. Diese Gruppe hat wenig mit Menschen zu tun, die ein Leben lang unter Armut leiden.

Die Überreichen werden in dieser Sichtweise grundsätzlich vernachlässigt, weil die Gesellschaft vorrangig von der Armutsperspektive aus betrachtet wird. In der Gesellschaft sind sie die *Meistbegünstigten* und wären den *Schlechtestgestellten* gegenüber zu positionieren.[26] Analysen des Überreichtums müssen sich auf das Vermögen konzentrieren, nicht auf das Einkommen, wurde zuvor bereits argumentiert. Vermögensreiche Menschen sind zuweilen sogar einkommensarm. Ein Schlossbesitzer hat vielleicht in einer bestimmten Lebensphase ein geringes Einkommen. Reich ist er trotzdem.

Daneben gibt es auch Statusunterschiede in einer Gesellschaft, die nicht zwangsläufig die Einkommens- und Vermögensverhältnisse widerspiegeln. Ein Wissenschaftler in einem prekären Beschäftigungsverhältnis wird Respekt und Achtung in einer Gesellschaft finden und seine Lebenssituation ist vielleicht besser als jene eines Facharbeiters, der ein höheres Einkommen hat. Das verweist auf konkrete Fragen und Einschätzungen. Doch für solche Details ist die Gerechtigkeitstheorie von Rawls zu abstrakt.

Theoretische Debatten zur Gerechtigkeit in der politischen Philosophie wirken manchmal artifiziell und selbstbezogen. Es gibt also berechtigte Einwände gegen abstrakte Gerechtigkeitstheorien, die Gerechtigkeitsnormen unabhängig von den sozialen Gegebenheiten der jeweiligen Gesellschaft zu konstruieren suchen.[27] Eine bloße Fixierung auf normative Gerechtigkeitsprinzipien übersieht die Bedeutung von sozialen Auseinandersetzungen. Soziale Gerechtigkeitstheorien konzentrieren sich meist auf Einkommensfragen und seltener auf Vermögen. Vermögensgerechtigkeit ist nicht einmal als theoretisches Konzept bekannt, meist ist von Einkommens- oder Steuergerechtigkeit die Rede. So wird die gesellschaftliche Problematik des Überreichtums übersehen und Verteilungsdebatten kreisen oft um vergleichsweise geringe Arbeitseinkommensdifferenzen, während die ungleichen Eigentumsverhältnisse vergessen werden. Gerechtigkeitsüberlegungen, die allein auf Einkommensvergleiche zielen, haben in der Regel das Einkommen von Managern, Sportlern oder Politikern im Auge. Die höhere Transparenz bei Daten zu Arbeitseinkommen und die geringere Transparenz bei Vermögensdaten lenken den Blick auf vorhandene Informationen. Debatten zu den Überreichen geraten rasch in den Verdacht, unwissenschaftlich zu sein, da es an Daten mangelt. Diesen Umstand hätte die Politik zu verantworten. Der Rechtfertigungsdruck, dem Menschen mit hohen Einkommen in der Privatwirtschaft unterliegen, fällt weit bescheidener aus als etwa in der Politik. Die Geschäftsführer kleiner Kreissparkassen in Deutschland haben ein höheres Salär als die deutsche Bundeskanzlerin und einen geringeren Rechtfertigungsdruck als Politiker. Die Politik und nicht der Markt bildet den Austragungsort für Gerechtigkeits- und Verteilungskonflikte. Politiker bieten sich als Projektionsfläche für Neidgefühle an und erfüllen auf diese Weise eine systemstabilisierende Rolle. Eine nüchterne Datenbeurteilung würde zeigen, dass sich bei Einkommensvergleichen die Unterschiede etwa in Grenzen von 1 zu 30 bewegen. So groß diese Distanz zwischen einkommensarm und einkommensreich auch scheinen mag, hat sie nichts zu tun mit den enormen Differenzen beim Vermögen. Hier gehen die Unterschiede ins Milliardenfache.[28]

Während Sozialdemokraten und Liberale Gerechtigkeitsfragen in den Mittelpunkt rücken, hatten Marxisten und Anarchisten stärker auf die Frage des Privateigentums gezielt.

Eine verteilungsorientierte Perspektive, sowohl auf Einkommen als auch auf Vermögen, birgt Nachteile. Wer soll die Instanz sein, die eine gerechte Verteilung des Vermögens vornimmt? Eine paternalistische Vorstellung von einer wohlwollenden Umverteilungsinstanz wäre verfehlt. In der Gesellschaft gibt es keine interessensneutralen Akteure. Auch der Staat ist kein uneigennütziger Wohltäter, der für Gerechtigkeit sorgen will. Und der noch gravierendere Nachteil einer verteilungsorientierten Sicht ist, dass die Vermögensentstehung unbeachtet bliebe.

Karl Marx hielt daher wenig von auf Verteilungsfragen ausgerichteten Gerechtigkeitsdebatten. In seiner Moralkritik relativierte er Gerechtigkeitsfragen, weil für ihn die Verfügung über die Produktionsmittel das beherrschende Thema in der kapitalistischen Gesellschaft war.

Und politische Radikalität war historisch selbst bei bloß verteilungsorientierten Maßnahmen gegen die Vermögenskonzentration selten. Vorschläge, die privaten Ressourcen zu begrenzen, blieben oft auf ein Maximaleinkommen beschränkt. Vermutlich werden solche Ideen zur Begrenzung in naher Zukunft auch beim Vermögen aber wieder häufiger diskutiert werden.[29] Obergrenzen für privates Vermögen wären eine weitreichende wirtschaftspolitische Maßnahme, weil sie an den Wurzeln der Vermögensakkumulation ansetzen. Ist erst einmal ein großes Vermögen vorhanden, entfernt es sich quasi von selbst durch eine höhere Rendite von den Wachstumsraten des Arbeitseinkommens.

Die politische Philosophie sollte nicht abgekoppelt werden von der Gesellschaftsanalyse und an die konkrete Kritik der Beteiligten anknüpfen. Sie muss aufmerksam sein für individuell empfundene Beschämung und Erfahrungen der Missachtung. Gesellschaftskritik zu Überreichtum setzt an versagter Anerkennung und Missachtung menschlicher Würde an.[30] Einkommen und Vermögen ermöglichen nicht nur Konsum, sondern sie sind gesellschaftlicher Maßstab von Anerkennung. Wertgeschätzt wird nicht nur eine spezifische Leistung, sondern zugleich der Mensch, der eine Leistung erbringt, missachtet wird nicht nur die Leistung der Armen, sondern sie selbst. Armut wird häufig auf individuelles Versagen zurückgeführt und Ansprüche der Armen werden mit Neid erklärt.

Auch Gerechtigkeitstheoretiker messen dem Neid besondere Aufmerksamkeit bei. Ronald Dworkin spricht von einem »Neidkriterium«, das eine gerechte Gesellschaft erfüllen muss. Er konzipierte eine hypothetische Auktion, bei der alle Ressourcen versteigert werden. Die Teilnehmer gehen in dieses Auktionsverfahren mit der gleichen Ressourcenausstattung. Die Gleichheit, die Dworkin vorschwebt, ist eine Gleichheit der Ressourcen. Gerechtigkeit ist erreicht, wenn der Neid erlischt. John Rawls hingegen konstatiert, dass die Einkommensungleichheit so extrem werden könne, dass Neid unvermeidlich wird: »Ist der Neid die Reaktion auf den Verlust der Selbstachtung, unter Umständen, unter denen es unvernünftig wäre, andere Gefühle zu erwarten, dann nenne ich ihn entschuldbar.«[31] Keineswegs ist aber ausgemacht, dass Gerechtigkeitsurteile für die Politik überhaupt maßgeblich sind. Wenn Reichtum als verdient betrachtet wird, finden begründete Forderungen nach mehr Gleichheit kaum Gehör. Ist das Ansehen der Überreichen, aus welchen Gründen auch immer, in der Gesellschaft hoch, dann gilt die diagnostizierte Ungerechtigkeit als ein nachrangiger Einwand gegen die Ungleichheit.

Die Ideale der Gerechtigkeit und Brüderlichkeit leben zwar sogar unter Banditen fort, aber über ihre Form ist nie definitiv entschieden: »Sogar jene, die Ausbeutung, Unterdrückung und Unterworfensein als die Norm menschlichen Lebens anerkennen, träumen von einer Welt, die anders ist: eine Welt der Gleichheit, Brüderlichkeit und Freiheit, einer gänzlich neuen Welt ohne Übel.«[32] Doch trotz ihrer Träume war »der offenkundigste Aspekt der Karriere eines erfolgreichen revolutionären Banditen [...] der Aufstieg zum Grundbesitzer – genau wie bei den Besitzenden«.[33] Die Balladen über Robin Hood reichen bis ins 14. Jahrhundert zurück. Ab dem 16. Jahrhundert wird er als Held dargestellt. Egal ob er tatsächlich gelebt hat, seine Figur entspricht dem Ideal eines edlen Räubers. Er beschützt die Schwachen, macht Unrecht wieder gut und bringt Gerechtigkeit. Der *edle* Räuber stellt nach Eric Hobsbawm die primitivste Form sozialen Protests dar. Für Hobsbawm ist Robin Hood kein Revolutionär. Dafür hatte dieser zu bescheidene Ziele. Er sucht nur begangenes Unrecht wieder gut zu machen, aber nicht die Verhältnisse umzuwälzen. Sein Ziel sei es gewesen, dass es »in einer Gesellschaft der Unterdrückung fair« zugehe.[34] Ein Einzelner weigert sich, seinen Rücken zu beugen und zeigt den Armen, dass sie nicht demütig und sanft bleiben müssen.

## 2.1 Die Bedeutung von Ungerechtigkeitsgefühlen

Bei Ungerechtigkeitsurteilen müssen auch psychologische Faktoren beachtet werden. Ein Ungerechtigkeitsgefühl nährt sich aus Erfahrungen. Es ist lebensweltlich verankert. Der marxistische Philosoph Gerald Cohen formulierte es so: »Ich glaube, dass die Teilung zwischen Arm und Reich zum Teil auch deshalb hassenswert ist, weil die Armen angesichts dieser Teilung ein verständliches Gefühl der Ungerechtigkeit verspüren.«[35]

Solche Ungerechtigkeitsgefühle können verfehlt sein und manche Menschen mögen zu Unrecht Ungerechtigkeit empfinden. So vermutet der deutsche Philosoph und Gerechtigkeitstheoretiker Wolfgang

Kersting: »Jede Gruppe kann ihre Besserstellungswünsche als Gerechtigkeitsforderung tarnen. Dieser hemmungslose Gebrauch des Gerechtigkeitsbegriffs wird durch den Umstand begünstigt, dass der Begriff der sozialen Gerechtigkeit keine feste Bedeutung hat.«[36]

Hier wird Gerechtigkeit als bloßer Wunsch nach Besserstellung gedeutet. Zu bedenken ist aber: in einer Gesellschaft, in der die Macht ungleich verteilt ist, wird Menschen, die sich in einer abhängigen Position gegenüber ihren Arbeitgebern oder gegenüber dem Staat befinden, ohnedies kaum Raum gegeben, ihre Ungerechtigkeitsgefühle zu artikulieren. Die Diagnose von Kersting von einem *hemmungslosen Gebrauch des Gerechtigkeitsbegriffes* mutet daher ideologisch und wirklichkeitsfern an.

Ungerechtigkeitsempfinden betrifft oft Leistung. Die Leistungskategorie ist tief im gesellschaftlichen Wertemuster verankert und bleibt trotz ihrer inhaltlichen Vagheit wirkungsmächtig. Die Selbstwahrnehmung der Menschen ist quer durch alle Gesellschaftsschichten von einem positiven Leistungsverständnis geprägt. Menschen leisten etwas und sie wollen Anerkennung dafür. Schlimm ist es, wenn die eigene Leistung von anderen, die als wichtig betrachtet werden, nicht wertgeschätzt wird. Doch nicht alle Philosophen nehmen eine solche relationale Perspektive ein.

Dem Philosophen Harry Frankfurt, einem der wichtigsten Vertreter einer bedarfsorientierten Gerechtigkeitsvorstellung, geht es nicht um das Ausmaß der Ungleichheit zwischen Menschen, sondern um die Frage, ob die wichtigsten Bedürfnisse der Menschen abgedeckt sind. Frankfurt spricht von einer »doctrine of sufficiency«. Ungleichheit könne gerechtfertigt sein, solange alle genug haben. Dieser bedarfsorientierte Zugang nimmt Überreichtum als Problem nicht in den Blick. Die gesellschaftspolitische Herausforderung bildet dann nicht soziale Ungleichheit, sondern Armut. Und den Armen fehlen schlicht bestimmte Ressourcen. Die Idee des Genughabens würde die Idee der Gleichheit überflüssig machen. Montaigne hat es in den *Essais* so formuliert: »Die Frucht des Reichtums ist Fülle, Fülle aber zeigt sich im Genughaben.«[37]

*Nonegalitaristen* messen folglich der Gleichheit keinen zentralen Wert bei, denn Ungleichheiten ergeben sich notwendigerweise aus den Handlungen der Menschen. Sie können nicht vermieden werden und müssen daher auch nicht gerechtfertigt werden. Kompensiert werden müssen sie sowieso nicht. Es ist ein Modell, das beim naturwüchsigen Zustand der Ungleichheit ansetzt.

Frankfurt will mit seiner Argumentation zeigen, dass wer mehr als eine Grundausstattung für die Armen erreichen wolle, sich irre oder neiderfüllt sei. Auch der Begründer der Psychoanalyse Sigmund Freud hatte die Forderung nach Gleichheit in der Gesellschaft als eine Umkehrung eines feindseligen Neidgefühls in ein soziales Gefühl verstanden.[38] »Keiner soll sich hervortun wollen, jeder das gleiche sein und haben. Soziale Gerechtigkeit will bedeuten, daß man sich selbst vieles versagt, damit auch die anderen darauf verzichten müssen, oder was dasselbe ist, es nicht fordern können. Diese Gleichheitsforderung ist die Wurzel des sozialen Gewissens und des Pflichtgefühls.«[39]

Wie Rawls richtig bemerkte, ging es Freud nicht um eine Verkleidung des Neids als Gerechtigkeitsanliegen, sondern um die Energie, die den Gerechtigkeitssinn antreibe und aus der des Neides stamme. Das soziale Gefühl ruht demnach auf der Umwendung eines feindseligen Gefühls. Freuds Spekulation lag die Hypothese zugrunde, dass einige Gruppenmitglieder ihren Vorteil eigensüchtig schützen wollen. Die weniger Begünstigten werden von Neid auf diese erfasst und wollen den Begünstigten ihre Vorteile entreißen. Um die feindseligen Einstellungen zu beenden, einigen sich alle auf eine Gleichbehandlung.

In der sozialen Wirklichkeit gibt es diese Gleichbehandlung aber nicht. Und die enorme Ungleichheit zeigt, dass Neid neben Apellen zu Genügsamkeit fortbestehen kann.

Was ist genug? Reiche Menschen haben oft nicht dasselbe Sättigungsgefühl wie arme Menschen. Bei ihnen gilt eher: Genug kann nie genügen. Im Spielfilm *Wallstreet* von Oliver Stone wird der Protagonist Gordon Gekko, ein reicher Investmentbanker, gefragt: »Hinter wie vielen Yachten kannst du noch Wasserski laufen? Wann hast du endlich genug?« Gekko antwortet: »Darum geht es doch gar nicht, Freundchen. Es ist keine Frage von genug.«

Mit den Arbeiten von Kate Pickett und Richard Wilkinson hat sich ein sozialwissenschaftlicher Forschungszweig etabliert, der Ungleichheitsprobleme nicht mehr auf das Armutsproblem begrenzt, sondern empirisch belegt, wie Einkommensungleichheit für die gesamte Gesellschaft nachteilig ist.[40] Insbesondere der Statuswettbewerb um Anerkennung wirkt sich negativ auf die Lebenserwartung und die psychische Konstitution der Menschen aus. Ungleichheit begünstigt Fettleibigkeit, Depressionen und andere Krankheiten.[41]

Interessanterweise taucht eine vermutete Ursache der Fettleibigkeit sogar im nonegalitaristischen Ansatz von Frankfurt auf. Reichtum sei, schreibt Harry Frankfurt, »einer Art ökonomischen Fressgier geschuldet. Sie ähnelt der Gefräßigkeit derer, die beim Essen mehr hinunterschlingen, als für ihre Sättigung oder für ein befriedigendes Maß an gastronomischem Genuss erforderlich ist. Abgesehen von den schädlichen psychischen Folgen für das Leben der Fresssäcke selbst bietet die wirtschaftliche Unersättlichkeit einen lächerlichen und abstoßenden Anblick.«[42]

*Fresssäcke* wissen nicht, wann genug ist. Doch wer könnte ihnen ihre Lächerlichkeit verständlich machen und bieten sie tatsächlich einen abstoßenden Anblick? Ohne eine konkrete Wahrnehmung des Überreichtums ergeben sich kaum Konflikte. Je abgeschotteter überreiche Menschen leben, desto weniger Möglichkeiten hat der Rest, sich zu empören. So bleiben neiderfüllte Vergleiche oft beschränkt auf Einkommensvergleiche zwischen inländischen Mindestrentnern und ausländischen Asylbewerbern. Ein solch eingezäunter Ungerechtigkeitsdiskurs, also etwa Vergleiche zwischen Armen und Noch-Ärmeren, bewegt sich im Rahmen von Ungerechtigkeitsgefühlen und nicht in jenem von rationalen Gerechtigkeitsargumentationen.

Aus gesellschaftskritischer Sicht müssen rationale Gerechtigkeitsüberlegungen um eine Bezugnahme auf Gefühle ergänzt werden: »for inequality to be overcome there needs to be a revolution in feeling or motivation as opposed to (just) economic structure«.[43] Cohen verweist auf Gier und Furcht, die das Verhalten am Markt bestimmen. Andere Menschen werden als mögliche Quellen zur Bereicherung oder als Bedrohung für den eigenen Markterfolg empfunden. Im ersten Fall leitet die Gier und im zweiten Fall die Furcht das Handeln. In beiden Fällen wird ein instrumenteller Umgang mit anderen Menschen gepflegt. Für Cohen gehen große Unterschiede zwischen Arm und Reich ohnehin nicht mit einem Gemeinschaftsgefühl zusammen und er sah sogar relativ geringe Differenzen zwischen armen und reichen Menschen als problematisch an. Verdient eine Person zehnmal mehr als eine andere, dann teilen sie keine gemeinsame Welt mehr. Das zeige sich in ganz alltäglichen Dingen. Während der eine im vollbesetzten Bus zur Arbeit fahren muss, kann der andere sein Auto nutzen. Und wenn die wohlhabendere Person doch einmal mit öffentlichen Verkehrsmitteln unterwegs ist, werde sie nicht über die als unangenehm empfundene Drängerei im Bus mit dem Ärmeren jammern können, weil diese für den anderen alltäglich ist.[44]

Die beiden Gerechtigkeitsprinzipien der Leistung und der Gleichheit werden durch Überreichtum massiv verletzt. Allein Gerechtigkeit ist nicht die einzige und vielleicht auch nicht die zentrale gesellschaftskritische Perspektive zu Überreichtum. Ungerechtigkeitsempfinden ist in unser aller Leben präsent, es folgt keinen abstrakten Gerechtigkeitstheorien, sondern ist gefühlsgeleitet. Zorn, Wut, Neid und Ohnmacht prägen Gefühle in Ungerechtigkeitsfragen. Im Ungerechtigkeitsempfinden von Menschen verbergen sich Fehldeutungen, unzureichende Informationen und Vorurteile. Grundsätzlich können sich in einer Gesellschaft alle ungerecht behandelt fühlen. Sogar überreiche Menschen können glauben, zu wenig zu bekommen.

## 2.2 Dynastischer Überreichtum: Familienwerte

»Das individuelle Eigentum ist das Eigentum, das mit dem Individuum beginnt und endet. In Wirklichkeit steht die Möglichkeit, sein

Eigentum durch testamentarische Verfügung oder anderweitig zu vererben im Widerspruch zum Geist des Individualismus.«[45] Diese These des Soziologen Emile Durkheim hatte der französische Politiker Mirabeau bereits 1791 im Nationalkonvent ähnlich vertreten. Als Wortführer in der berühmten französischen Erbrechtsdebatte vertrat er die Ansicht, dass ein Eigentumsrecht auf Lebenszeit beschränkt sein solle. »Es scheint mir meine Herren zwischen dem Verfügungsrecht jedes Menschen über sein Vermögen zu Lebenszeiten und dem nach seinem Tode ein ebensolcher Unterschied zu bestehen, als zwischen Leben und Tod selbst. Wenn der Tod uns zunichte gemacht hat, wie könnten dann die an unsere Existenz gebundenen Verhältnisse noch fortbestehen.«[46]

Das Erbrecht ermöglicht den Erben, mit wesentlich besseren Ausgangsbedingungen als die Nichterben ins Leben zu starten. Hinzu kommt, Erbschaften sind höchst ungleich verteilt und sie kommen primär den Kindern und Enkelkindern der Überreichen zugute. Alle Daten zum Erbgeschehen belegen, dass der Matthäus-Effekt dominiert: »Denn wer hat, dem wird gegeben.« Die Erben werden von ihren Eltern mit Schenkungen und Zuwendungen zur Ausbildung unterstützt und bekommen in einer späteren Lebensphase auch noch Vermögen transferiert.

Was am Ende eines Lebens vom Reichtum bleibt, ist Vermögen in Privatstiftungen oder im Familiennachlass. Wenn die Überreichen bereits verstorben sind, wirkt ihr hinterlassenes Vermögen immer noch gleichheitszersetzend. Es sind gerade diese Möglichkeiten des Vermögens, die eine Demokratie und das Prinzip der Chancengleichheit unterwandern. Der französische Soziologe Durkheim sah im Erbrecht, einer zivilrechtlichen Regelung, eines der großen rechtlichen Mittel zur Verhinderung von Chancengleichheit. »Nach dem gegenwärtigen Zustand erfolgt die Verteilung des Eigentums durch Geburt (Institution des Erbrechts); der Austausch des solcherart verteilten Eigentums geschieht dann über Verträge, die jedoch aufgrund der konstitutionellen Ungleichheit, in der sich die Vertragsparteien aufgrund des Erbrechts befinden, notwendig zu einem Teil ungerecht sind. Diese grundlegende Ungerechtigkeit des Eigentumsrechtes kann nur in dem Maße verschwinden, wie die ökonomische Ungleichheit zwischen den Menschen allein auf die Ungleichheit ihrer Dienste zurückgeht.«[47]

Die Französische Revolution von 1789 führte ein gleiches Erbrecht von Söhnen und Töchtern ein. Die Betonung des Gleichheitsprinzips zwischen den Geschlechtern verhinderte aber nicht die Ungleichheit zwischen Erben und Nichterben. Ein Teil der feudalen erbrechtlichen Institutionen wurde abgeschafft. Ämter konnten nicht mehr vererbt werden und auch die Regelungen für Fideikommisse, etwa großer Landbesitz, der von Generation zu Generation vererbt wurde, ohne dass der Erbe das Land verkaufen durfte, wurden aufgehoben. Beim Vererben großer Vermögen ging es aber auch nach der Französischen Revolution weiterhin um die Sicherstellung von Macht und Herrschaft.

Da die Erbschaften so konzentriert sind, verfestigt dies etablierte Ungleichheitsstrukturen von Generation zu Generation. Das macht die problematische dynastische Komponente von Überreichtum aus. Der liberale politische Ökonom John Stuart Mill sah daher Vorteile in der Begrenzung von Vermögen: »Diejenigen Ungleichheiten des Eigenthums, welche aus ungleicher Erwerbthätigkeit, Mäßigkeit, Ausdauer, so wie aus der Verschiedenheit des Talents und selbst des Zufalls hervorgehen, sind von dem Prinzip des Privat=Eigenthums nicht zu trennen, und wenn wir ein Princip annehmen, so müssen wir uns auch die natürlichen Folgen desselben gefallen lassen. Ich sehe jedoch nichts Verwerfliches darin, daß man eine Grenze feststellt, bis zu der Jemand lediglich durch die Gunst Anderer solle erwerben dürfen, ohne irgendwelche Anstrengungen seiner eigenen Fähigkeiten, und daß man verlangt, er solle selbst dafür arbeiten, wenn er einen ferneren Zuwachs zu seinem Vermögen wünscht.«[48]

Doch im 21. Jahrhundert gewinnen Erbschaften in der Vermögensakkumulation wieder an Bedeutung.[49] In den USA und Europa gab es eine jahrzehntelange Periode ohne Kriege und Hyperinflation. Für Frankreich existiert eine zuverlässige Datenbasis des Erbschaftssteuerregisters, die eine Beobachtung über einen langen Zeitraum erlaubt. In Frankreich betrug der Anteil der Erbschaften am gesamten Vermögen noch 1910 um die 90 Prozent. Bis 1970 sank dieser Anteil auf unter 50 Prozent und wird Ende des 21. Jahrhunderts wieder in ähnliche Höhe wie im 19. Jahrhundert ansteigen.[50] Die jährlichen Erbschaften im 19. Jahrhundert betrugen zwischen 20 Prozent und 25 Prozent des Nationaleinkommens und sanken Mitte des 20. Jahrhundert auf etwa 5 Prozent, im 21. Jahrhundert stiegen sie wieder auf 15 Prozent des BIP.[51]

Da die Erbschaften ökonomisch wichtiger werden, dürfte geerbter Reichtum auch ideell aufgewertet werden und die mit Erbschaften verbundenen gesellschaftlichen Ideen finden wieder Gehör. Insbesondere zählt dazu die Bedeutung der Familie.

Um alle Menschen gerecht berücksichtigen zu können, müssten aber die engen Bindungen an die eigene Familie, die eigene Kultur und Nation aufgegeben werden. Liebe und Begehren dürfen dann nicht dominieren. In Platons idealem Staat wird Parteilichkeit vermieden. Die Familie darf keine besonderen Bindungen implizieren. Die Bürger haben sich in gleicher Weise um alle anderen Bürger zu kümmern. Eine Bevorzugung der engsten Familienmitglieder wäre dem Staat nicht zuträglich.

In der Familie gilt das Gerechtigkeitsprinzip der Leistung nicht. Bei monetären Zuwendungen an die Nachkommen zählen die Verbundenheit der Verwandtschaft und die Bedürfnisse mehr als Fragen des Fleißes und der Anstrengung. Diese Sonderstellung der Familie hat problematische Implikationen für die Gerechtigkeitsfrage. Gerechtigkeit wird unwichtiger. John Rawls hatte dies radikal so formuliert: »Außerdem läßt sich der Grundsatz der fairen Chancen nur unvollkommen durchführen, mindestens solange es die Familie in irgendeiner Form gibt.«[52]

Erben ist ein Vermögenstransfer, der meist von den Eltern zu den Kindern erfolgt. Erbschaften sind fundamental mit Identitäten in der Familie verbunden. Das geerbte Eigentum wird als eine Form von Familiensolidarität gesehen. Eine konsequent egalitaristische Position muss in allen Einflüssen der Eltern, welche die Lebenschancen der eigenen Kinder vergleichsweise verbessern, einen Widerspruch zum Prinzip der Chancengleichheit sehen. Eine moderatere Sicht hinsichtlich Gleichheit achtet nur auf die materielle Unterstützung durch Geschenke und Erbschaften. Allein aus einer solchen pragmatischen Perspektive wird man für eine progressive Erbschafts- und Schenkungssteuer plädieren müssen.

Geerbtes Eigentum ist leistungslos erworbenes Vermögen. Die Vererbung von Vermögen widerspricht dem Selbstverständnis einer Leistungsgesellschaft, da Erbschaften nicht durch eigene Anstrengung erwirtschaftet wurden. Im Falle des Erbens spielen die Tugenden des Einzelnen keine Rolle für den Vermögenserwerb. Ob er faul oder fleißig ist, ob er tüchtig oder unbegabt ist, ist unwichtig. Es zählt allein der Zufall, in die richtige Familie geboren zu sein.

Die US-amerikanische Gesellschaft hat im Gegensatz zur europäischen keine feudale Vergangenheit, sondern gründet auf individualistischen Prinzipien. Erbschaften werden deshalb in den Vereinigten Staaten traditionell als problematischer wahrgenommen.

Auch John Stuart Mill hatte Faulheit ins Zentrum seiner Überlegungen gerückt. Früher waren es die Grundeigentümer, die im Schlaf reicher wurden: »They grow richer, as if it were in their sleep, without working, risking, or economizing.«[53] Daher sprach für Mill nichts dagegen, ein Limit festzulegen, was man allein aufgrund eines Gefallens von anderen erwerben kann.[54]

Wenn es in einer Gesellschaft aber nicht mehr um Leistung, sondern um Erfolg geht, könnte gerade die Leistungsferne der Erbschaften ihre steigende gesellschaftliche Akzeptanz erklären. Je unbedeutender das Leistungsprinzip für die Legitimation des Reichtums wird, desto eher werden Erbschaften gesellschaftlich akzeptiert. Hayek hatte so eine Binnendifferenzierung zwischen Neureichen und Erben vor Augen: »Die gröberen Genüsse, denen sich die Neureichen oft hingeben, ziehen jene, die Reichtum ererbt haben, gewöhnlich nicht an.«[55] Ein »Ethos der Reichen« verlange, dass eine reiche müßige Klasse möglich sei. Es geht um den »unabhängigen Eigentümer von Vermögen«, der höheren Zielen nachgeht, die Lebenskunst vorantreibe und ohne materielle Sorgen immaterielle Werte hochhält.[56] Schon Aristoteles hatte die Neureichen geschmäht. Es sei eine schlimmere, weil »unkultivierte Ausformung des Reichtums«.[57]

Doch die Möglichkeit, Eigentum zu vererben, steht grundsätzlich in Widerspruch zum vorherrschenden Individualismus. Denn nicht um das Individuum geht es dann, sondern um die Familie. Der Konnex von Erbschaften und Familie wurde in der ersten katholischen Sozialenzyklika *Rerum Novarum* des Papstes Leo XIII. im Jahr 1891 betont. In *Über die Arbeiterfrage* stellte sich der Papst den gesellschaftspolitischen Herausforderungen der Sozialisten: »Ein dringendes Gesetz der Natur verlangt, daß der Familienvater den Kindern den Lebensunterhalt und alles Nötige verschaffe, und die Natur leitet ihn an, auch für die Zukunft die Kinder zu versorgen, sie gegenüber den irdischen Wechselfällen instand zu setzen, sich selbst vor Elend zu schützen; er ist es ja, der in den Kindern fortlebt und sich gleichsam in ihnen wiederholt. Wie soll er aber jenen Pflichten gegen die Kinder nachkommen können, wenn er ihnen nicht einen Besitz, welcher fruchtet, als Erbe hinterlassen darf?«[58]

Die Institution der Erbschaft folgt der Idee, dass die Familie als ein generationenübergreifender Sozialverband, die Keimzelle von Gesellschaft sei. Insbesondere die Vererbung von Wohneigentum nimmt eine Schlüsselstellung im Rahmen familiärer Unterstützungen ein. Pierre Bourdieu zitiert in seinem Werk *Der Einzige und sein Eigenheim* Veron von 1866: »Erbe! Dies ist ein neuer Begriff in der Geschichte der Arbeiterfamilie. Ja, die Kinder werden das Eigentum des Vaters erben; sie werden selbst einmal Herr dieses hübschen Gartens, Zeuge ihrer Kindheit, und dieses Heims, in dem sie sich des Lächelns ihrer Mutter erinnern werden.«[59] Familienwerte werden gern affektiv überhöht. So wird etwa der Begriff des Familienunternehmens in ideologischen Bildern zu einem arbeitsintensiven Kleinbetrieb, auch wenn es sich in Wirklichkeit um ein an der Börse notierendes Imperium mit tausenden Arbeitnehmern handelt.

Aber auch Besitz und Eigentum werden im alltäglichen Sprachgebrauch manchmal synonym verwendet. Doch die Unterschiede sind substanziell. Mieter besitzen ihre Wohnung, während Immobilieneigentümern ihr Wohnsitz gehört. Letztere können die Immobilie im Gegensatz zu Mietern vererben oder verschenken, sie können sie aber auch verkaufen oder vermieten. Abstrakt formuliert: Besitz wird zu Eigentum durch eine Handlungsregel zwischen Personen hinsichtlich einer Sache. Diese Handlungsregel ist mit rechtlichen Sanktionen im Fall einer Verletzung verbunden. Sprechen wir von Vermögen in einem rechtlichen Sinn, dann ist Eigentum gemeint. Der Eigentumsbegriff bezieht sich auf die rechtlich abgesicherte Verfügungsgewalt über Gegenstände. Eigentum besteht demnach nicht allein in Dingen, sondern in verbindlichen Regeln zu Gütern. Der Eigentümer hat Kontrollbefugnisse und Nutzungsprivilegien. Eigentum richtet sich auf das Verhältnis zwischen Menschen und ist nicht naturgegeben. Nur in rechts-libertären Ansätzen wird Eigentum als ein absolutes natürliches Menschenrecht konzipiert. Hätte Robinson Crusoe sicher sein können, dass nie ein Mensch, weder Freitag noch sonst jemand, auf seine einsame Insel kommt, so wäre es für ihn sinnlos gewesen, von Eigentum zu sprechen.[60] Eigentum gibt es nur in Gesellschaften. Der Rechtsstaat sichert privates Eigentum. Erst ein staatlicher Rechtsrahmen gestattet den rechtmäßigen Erwerb von Eigentum und damit Gewinnmöglichkeiten. Eine Institution muss bei Konflikten sanktionieren können.[61] Eigentumsschutz festigt eine ungleiche Verteilung. Wer Privateigentum für sakrosankt erklärt, hat wenig Raum für soziale Gerechtigkeitsüberlegungen zur ungleichen Vermögensverteilung. Bezeichnungen des Privateigentums als *absolut*, *heilig* und *unverletzbar* deuten in diese Richtung.

Die Kritik der Vermögensungleichheit muss sich dann auf Appelle an die Barmherzigkeit der Reichen und an eine Mäßigung bei ihrer Vermögensanhäufung beschränken.

Eigentum gilt in der klassischen politischen Theorie als Garant von Freiheit, als ein Recht, das die individuelle Autonomie schützt. Privateigentum sichert die Unabhängigkeit des Eigentümers und hält den Staat auf Distanz: »Nichts gibt einer Person mehr soziale Mittel in die Hand als rechtlich garantiertes Eigentum.«[62] Mit diesem Schutz vor dem Staat hat es für viele Liberale schon sein Bewenden. Doch ein politisches Ziel kann es darüberhinausgehend sein, die Macht der Eigentümer zu berücksichtigen, denn Eigentum ist eine entscheidende Quelle von Macht. Und als Machtquelle muss die Legitimität von Eigentum hinterfragt werden, da die Freiheit der Eigentümer, die Freiheit der Nicht-Eigentümer beeinträchtigt. »Diese Eigentümerschaft darf aber nicht unbegrenzt sein, weil sie in erster Linie ein Rechtsgeschöpf ist und einem öffentlichen Zweck dient – der Streuung der Macht.«[63]

Im hobbesschen Naturzustand gab es für niemanden gesicherte Eigentumsrechte. Ohne den Staat hatten die Menschen nichts. Die Menschen unterwarfen sich dem Leviathan, dem allmächtigen Staat aus Furcht vor einem gewaltsamen Tod. In Thomas Hobbes' Gesellschaftsvertrag wurde das leidenschaftliche Streben nach Reichtum ausgeglichen durch die Furcht vor dem Tod. Denn es fand sich nur »tausendfaches Elend, Furcht, gemordet zu werden, stündliche Gefahr, ein einsames, kümmerliches, rohes und kurz dauerndes Leben«.[64]

Die Eigentumsfeinde bildeten in der Geschichte stets eine Minderheit. Zu ihnen zählten die Kyniker, die Kirchenväter, die Franziskaner, aber auch Anarchisten und Frühsozialisten wie Pierre-Joseph Proudhon. Er ließ den Diebstahl schon beim Privateigentum beginnen und ist bis heute eine Referenz in Eigentumsdebatten für all jene, die Ideen zur Vermögenssteuer vorab desavouieren wollen. Denn Enteignung ist gegenwärtig eher ein Kampfbegriff von Eigentümern, der gegen eine Besteuerung von Wohlhabenden oder eine Beeinträchtigung bei der Nutzung von Eigentum in Anschlag gebracht wird: »The feeling of natural entitlement produced by an unreflective sense of what are in fact conventionally definded property rigths can encourage complaceny about the status quo, as something more or less self-justifying.«[65]

Ernst wurde es mit Enteignungsideen meist in historischen Ausnahmesituationen. Der französische Revolutionär Francois-Noel Babeuf argumentierte, dass der Boden von Natur aus allen gehöre. Der Staat habe keine Autorität, eine Aufteilung der Flächen zu sanktionieren. Babeuf argumentierte, dass Eigentum erst durch positive Gesetze geschaffen sei: »Im Gefolge ihrer furchtbaren Anfangsvereinbarungen bringt unsere Gaunergesellschaft alle Arten von Lastern und Verbrechen hervor, gegen die sich einige redliche Männer umsonst zusammenschließen, um ihnen einen Kampf anzusagen, den sie nicht gewinnen können, weil sie das Übel nicht bei der Wurzel greifen, sondern nur Linderungsmittel anwenden, die sie aus falschen Vorstellungen von unserer organischen Verderbnis schöpfen. Aus allem Gesagten geht deutlich hervor, dass alles, was einer über seinen persönlichen Anteil an den Gütern der Gesellschaft hinaus besitzt, Diebstahl und widerrechtliche Aneignung ist. Es ist also gerecht, es ihm wieder wegzunehmen.«[66]

Babeuf rechtfertigte die Notwendigkeit eines revolutionären Umsturzversuches vor Gericht damit, dass er ihm als letzte Möglichkeit erschien, die Gleichheit aller durchzusetzen. In der Anklage gegen ihn wurde von der Staatsanwaltschaft die Essenz seiner Doktrin so zusammengefasst: »Die Natur hat jedem Menschen das gleiche Recht auf den Besitz aller Güter gegeben. [...] Niemand kann sich die Güter der Erde oder der Industrie für sich allein aneignen, ohne zum Verbrecher zu werden. In einer Gesellschaft, die diesen Namen verdient, darf es weder Reiche noch Arme geben.«[67]

Unter dem Titel »Plünderung des Eigentums« wurde gezielt gegen Babeuf mobilisiert. Seine Lehren wurden als ein Konglomerat von »Verwüstung, Banditentum, schreckliches System, grausamer Plan, Abkehr von aller Kultur« bezeichnet. Fast ein Jahrhundert blieb die Verteidigungsrede von Babeuf unveröffentlicht. Seine Gedanken müssen tiefe Ängste im Bürgertum und bei den Überreichen ausgelöst haben. Er hatte seine Position klar gemacht: »Die Reichen, die nicht zugunsten der Bedürftigen auf Überfluß verzichten wollen, sind die Feinde des Volkes.«[68] Viele Jahrzehnte später, 1864, betrug die Auflage seiner Verteidigungsschrift dreihundert nummerierte Exemplare.

Babeufs Argumentation bildet eine Zäsur im Gerechtigkeitsdiskurs. Eine materielle Besserstellung der Armen wurde nicht als hinreichend verstanden, solange die Rechte der Armen nicht gewahrt sind.[69] »In einer wahren Gesellschaft darf es weder Reiche noch Arme geben.«[70]

Doch solche Radikalität ist selten. Häufiger anzutreffen ist Ambivalenz in der Beurteilung der Vermögenskonzentration. Die Sansculotten, die sich vorwiegend aus Pariser Handwerkern und Kleinladenbesitzern zusammensetzten, hatten in den ersten Jahren nach der Französischen Revolution radikale Vorstellungen zur Enteignung.[71] Doch radikale Programmatik und pragmatische Umsetzung bei privaten Vermögensbelangen gingen durchaus zusammen. Auf der einen Seite wollten die Sansculotten von der eigenen Steuerlast befreit werden, andererseits wollten sie sehen, dass die reichen Feinde der Revolution bestraft werden. Angetrieben von einem Vergeltungsgefühl bezogen sie sich auf das Prinzip der Leistungsfähigkeit, das eine stärkere fiskalische Belastung der Reichen erlaubte. Aber nicht um Mittel für die Ärmsten in der Gesellschaft ging es, sondern um finanzielle Notwendigkeiten des Krieges.[72] Die finanzielle Belastung der Reichen sollte eine Art Ausgleich bilden für die körperlichen Mühen und Gefahren, denen die Armen ausgesetzt waren. Die einen gaben ihr Blut und die anderen sollten wenigstens ihr Geld geben.

Doch ob die reichen Bürger Frankreichs auch ihr Eigentum abgeben sollten, war bereits Ende des 18. Jahrhundert eine umstrittene Frage. Die Sansculotten suchten die Freiwilligkeit und den guten Willen der Reichen wohltätig zu sein, zu deren Pflicht zu machen. Die Reichen wurden verdächtigt, die notwendige revolutionäre staatsbürgerliche Tugend nicht aufzubringen. Deshalb wurden steuerliche Beiträge der Vermögenden eingefordert. Aber es war »erstaunlich, in welchen gemäßigten Grenzen sich diese vom Volk vorgeschlagene Besteuerung gehalten hat«.[73]

Noch 1793 fühlt sich die französische Volksbewegung zu schwach gegenüber den Reichen. So hieß es in einem Beschluss der Vollversammlung der Sektion Temple, dass »alle Bürger freiwillig und entsprechend ihrem Vermögen, das sie selbst abschätzen mögen, zu den Bedürfnissen derjenigen unserer Brüder beisteuern sollen, die an die Front gehen«.[74] Das Volk wollte die Reichen nicht allzu sehr vor den Kopf stoßen. Eine Festlegung eines Vermögensmaximums und damit ein neuer Umgang mit privatem Eigentum gelangen nicht. So beschränkten sich die Reformen auf die Steuerpolitik. Zwar hätten viele Eigentumsbeschränkungen für die Reichen gewollt, aber die eigene Werkstatt, die kleine Landwirtschaft und der Kramladen sollten unbeschadet bleiben. Sie hatten kein gemeinsames Klasseninteresse. »Obwohl den Reichen und den Großen feindlich gesinnt, ist sie mit der bürgerlichen Ordnung untrennbar verkettet, weil sie selbst schon besitzend ist oder hofft es zu werden.«[75]

Karl Marx forderte programmatisch eine »Expropriation der Expropriateure« und nicht Gerechtigkeit. Ziel war die Aneignung der Produktionsmittel der Kapitalisten durch das Proletariat. Solidarität und Klassenbewusstsein waren die essentiellen Bestandteile einer solchen Revolution, mittels derer sich die Arbeiterklasse die politische und ökonomische Macht sichern sollte. Die reichen Eigentümer sollten enteignet und die Expropriateure zu *wahren Eigentümern* werden.[76] In seinen *Randglossen zum Gothaer Programm* schrieb Marx: »Was ist ›gerechte‹ Verteilung? Behaupten die Bourgeois nicht, dass die heutige Verteilung ›gerecht‹ ist? Und ist sie in der Tat nicht die einzige ›gerechte‹ Verteilung auf Grundlage der heutigen Produktionsweise? Werden die ökonomischen Verhältnisse durch Rechtsbegriffe geregelt, oder entspringen nicht umgekehrt die Rechtsverhältnisse aus den ökonomischen?«[77]

Von Gerechtigkeit erwartete sich Marx wenig und mit dieser Skepsis blieb er nicht alleine. Rosa Luxemburg ironisierte das Gerechtigkeitsanliegen in *Sozialreform oder Revolution* folgendermaßen: »Bestreben nach einer ›gerechten‹, ›gerechteren‹ ... einer ›noch gerechteren‹ ... Verteilung.« Der naive Plan bestehe darin, »die Arbeiter an dem gesellschaftlichen Reichtum teilnehmen zu lassen, die Armen in Reiche zu verwandeln«. [78]

Im theoretischen Denken von Marx ging es um eine Klasse mit gemeinsamem Bewusstsein und gemeinsamer Interessenlage. Der Kapitalismus ist durch den Antagonismus zwischen Arbeit und Kapital gekennzeichnet. Am Beginn des Kapitalismus stand die gewaltsame Enteignung der Bauern. So bildete sich ein Heer von Lohnarbeitern, zwar ohne die feudalen Fesseln der Leibeigenschaft, aber auch ohne Eigentum an Produktionsmitteln. Die Arbeiter waren gezwungen, den Eigentümern der Produktionsmittel ihre Arbeitskraft zu verkaufen. Ihre Mittellosigkeit schwächte ihre Verhandlungsposition hinsichtlich ihres Lohnes. Marx nannte diese Epoche, die im 16. Jahrhundert einsetzte, die ursprüngliche Akkumulation.

Von einer Abschaffung des Privateigentums und der damit verbundenen Hoffnung, dass dies die Gesellschaft friedlich machen würde, hielt der Begründer der Psychoanalyse, Sigmund Freud, nichts. Er verortete das Problem der Aggressivität in der menschlichen Natur: »Mit der Aufhebung des Privateigentums entzieht man der menschlichen Aggressionslust eines ihrer Werkzeuge, gewiß ein starkes und gewiß nicht das stärkste.«[79] Damit wandte sich Freud gegen die Idee des Kollektiveigentums im Kommunismus, aber auch gegen Gemeinschaftsvorstellungen im Anarchismus.

Auf dem Ziel der Umverteilung von Reich zu Arm beruhende Vorstellungen sozialer Gerechtigkeit hatten sich gegen Ende des 19. Jahrhundert herausgebildet. Sie waren auf Basis politischer und kultureller Entwicklungen entstanden. Sozialismus und Liberalismus, militante Gewerkschaften, anarchistische und kommunistische Bünde stellten eine Bedrohung für etablierte Parteien dar und führten zu Reformen aus Angst vor revolutionären Bewegungen.[80] Auf Angst bezog sich auch Friedrich Engels in *Zur Lage der arbeitenden Klasse in England* von 1845. »Der Krieg der Armen gegen die Reichen, der jetzt schon im einzelnen und indirekt geführt wird, wird der blutigste sein, der je geführt worden ist.«[81]

Engels hatte die Lebensbedingungen des Proletariats untersucht, aber seine gesellschaftspolitischen Prognosen blieben spekulativ. Geschichtlich zeigt sich, dass es selten zu sozialen Kriegen kam. Kriege haben viel öfter nationalistische Ursachen. Es geht um Rohstoffausbeutung oder um ethnische Auseinandersetzungen. Die soziale Frage rangiert bei den Kriegsgründen weit hinten. Aber in der

Angst der Bürger vor einem gewalttätigen Mob manifestiert sie sich eindrücklich. Und in der Erinnerung an die Guillotine der Französisichen Revolution scheint sie von Generation zu Generation tradiert zu werden. Dies veranlasst die Politik die Angst in der Bevölkerung für die Unterstützung der Überreichen zu nutzen.

Gerechtigkeitsprinzipien nötigen zu einer Kritik des Überreichtums. Die Ungleichheit der Vermögensverteilung ist eklatant und Leistung bietet keine Kategorie, die für eine rationale Begründung herangezogen werden kann. Das Prinzip der Leistungsgerechtigkeit wird durch den exzessiven Reichtum geradezu ad absurdum geführt. Doch Befragungen zeigen, eine Gleichverteilung der Privatvermögen ist kein Ziel der Bevölkerung. Bei Gerechtigkeitsforderungen geht es um eine gleichere Verteilung. Doch Gerechtigkeitsprinzipien bieten kein archimedisches Fundament zur Beurteilung von Überreichtum. Sie lassen sich nicht übersetzen in direkt anwendbare wirtschaftspolitische Rezepte.

Rechtfertigungen des Überreichtums in Demokratien müssten für alle Menschen Geltung haben. In Wirklichkeit wird dieser Anspruch nie erfüllt. Gerechtigkeitstheorien stellen zwar wenigstens sicher, dass die Überreichen nicht im Glauben belassen werden, ihr Reichtum sei gerechtfertigt. Doch Gerechtigkeit ist ein Wert neben vielen anderen. Und in ihrem Handeln folgen die wenigsten Menschen philosophischen Gerechtigkeitskonzepten. Und auch jene, die dies versuchen, werden oft von Gefühlen geleitet, die sie kaum zureichend reflektieren können. Prominent unter diesen Ungerechtigkeitsgefühlen sind Zorn und Empörung.

Philosophische Argumentationen bewegen sich meist von den Leidenschaften zur Vernunft. Gefühle spielen aber eine persistente Rolle bei konkreten Gerechtigkeitsurteilen. So spricht man vom gerechten Zorn und einer begründeten Empörung. Gefühlte Ungerechtigkeit verschwindet nicht nach einem rationalen Gerechtigkeitsurteil. Und noch seltener können abstrakte Gerechtigkeitstheorien Gefühle wie Neid oder Barmherzigkeit verdrängen.

# Kapitel 3
# Überreichtum als Herausforderung für die Politik

Zwischen Demokratie und Vermögenskonzentration besteht ein Spannungsverhältnis. Steigende Vermögensungleichheit schwächt eine Demokratie entscheidend. Auch wenn Überreiche eine gesellschaftliche Minderheit bilden, setzen sie oft ihre Interessen durch. Für den früheren US-Präsidenten Jimmy Carter ist der Befund klar: »Heute ist Amerika eine Oligarchie, wo unbegrenzt politische Bestechung herrscht, welche die Grundlage für Nominierungen zur Präsidentschaftswahl bzw. für die Aufstellung der Präsidentschaftskandidaten darstellt.«[1]

Die sozialen Verhältnisse zwischen Arm und Reich sind heute ähnlich polarisiert, wie von Platon einst beschrieben: »Die Stadt entzweit sich in die Gruppe der Überreichen, die in ihrer Geldbesessenheit keine Steuern zahlen, und in die der Bettelarmen, die mittellos dastehen.«[2]

Die Frage, inwieweit Oligarchen die Politik in den USA und in Europa bestimmen, steht am Beginn vieler Gesellschaftsanalysen.[3] Die zunehmende Kapitalmobilität seit den 1980er Jahren hat die politische Machtposition wohlhabender Bürgerinnen und Bürger jedenfalls gestärkt und ihren Fluchtdrohungen eine größere Glaubwürdigkeit verschafft. Steueroasen bieten vermögenden Menschen eine attraktive Alternative zur Vermeidung von Vermögensbesteuerung.[4] Es wäre in den letzten Jahrzehnten freilich möglich gewesen, politisch einzugreifen und rechtliche und steuerliche Instrumente zu nutzen. Neben einer direkten Gestaltung der Eigentumsverhältnisse könnte die Vermögensverteilung fiskalpolitisch über Steuern beeinflusst werden.[5] Doch mit der Aufgabe der Kapitalkontrollen gaben die Nationalstaaten ein entscheidendes Instrument aus der Hand und neoliberale wirtschaftspolitische Reformen setzten sich rasch durch.

Richtet man den Blick auf die Entwicklung der privaten und öffentlichen Vermögen sind weitreichende Verschiebungen zwischen beiden Sektoren erkennbar. Seit den 1980er Jahren stiegen durch Privatisierungen, Deregulierung und Finanzglobalisierung die privaten Vermögen an, während das öffentliche Vermögen zurückging. Und so verringerten sich auch die Spielräume des Wohlfahrtsstaates zur Unterstützung Bedürftiger.

Das Vermögen wuchs schneller als das Wirtschaftswachstum. Die Erträge von Aktien, Anleihen oder Immobilien lagen in einer langfristigen Betrachtung etwa im Bereich von fünf Prozent, während das BIP jährlich durchschnittlich um weniger als zwei Prozent wuchs. Das Einkommen aus Arbeit hielt nicht Schritt mit dem Einkommen aus Vermögen. Da auch die Besteuerung zuungunsten von Arbeit ausfiel, musste die Kluft zwischen Arm und Reich wachsen.

Zur Frage, wie sehr sich die Politik von Anliegen der Reichen leiten lässt, liegen Daten für die USA, aber auch für Deutschland vor.[6] Page, Bartels und Seawright untersuchten die Politikpräferenzen der Top-1-Prozent der Vermögensverteilung in den USA. Menschen mit einem Nettovermögen von mehr als 40 Millionen US-Dollar haben andere Ansichten zur Wirtschaftspolitik als der Rest der Bevölkerung. Sie wollen weniger an Regulierung und wenden sich eher gegen eine Nachlassbesteuerung. In einer neueren Untersuchung zeigen Gilens und Page, dass die Politik stärker auf die Vorstellungen ökonomischer Eliten reagiert als auf die Wünsche der restlichen Bevölkerung.[7] Dies führt zu einer politischen Schieflage und befördert ökonomische Ungleichheit.

Mitte des 20. Jahrhunderts war die Vermögensungleichheit in Europa und den USA für einige Zeit gesunken. Die beiden Weltkriege hatten unternehmerisches Vermögen vernichtet und die nationale Wirtschaftspolitik zielte auf eine Besteuerung der Vermögenden.

Doch diese Gesellschaftsordnung blieb eine historische Ausnahme. Der Kollektivismus verlor spätestens Ende der 1970er Jahre an Bedeutung und wurde abgelöst durch eine Konzeption des Individualismus. Politische Akteure, die sich für Gleichheit einsetzten, sind in den letzten Jahrzehnten in vielerlei Hinsicht geschwächt worden. Die Mitgliederzahlen der Gewerkschaften gehen zurück und ihre Macht bei Lohnverhandlungen schwindet. Sie haben die Themenführerschaft verloren und in Parteien fanden sie kaum noch loyale Verbündete. Der reale Sozialmus, der bis Ende der 1980er Jahre in Systemkonkurrenz zum Kapitalismus stand, und diesen zu sozialpolitischen Reformen nötigte, ging unter.

Die Politik vermag der Wirtschaft immer weniger Regeln zu setzen. Sie orientiert ihre Gestaltung der Gesellschaft stark an den Vorstellungen von Überreichen. Der amerikanische Philosoph Ronald Dworkin bringt es so auf den Punkt: »Der lächerliche Traum eines fürstlichen Lebens wird durch ethische Schlafwandler am Leben erhalten, die wiederum die Ungerechtigkeit weiter stützen, weil ihre Selbstverachtung eine Politik der Verachtung der anderen hervorbringt.«[8]

Die politischen Ziele sind bescheiden und oft symbolischer Natur. Der frühere US-Präsident Barack Obama formulierte anschaulich: »You will still be able to ride on your corporate jet. You're just going to have to pay a little more.«[9] Die Leistungsfähigkeit der Reichen, gemessen an ihrem Privatvermögen, hätte seines Erachtens einen kleinen Extrabeitrag für die Staatskasse erlaubt. Besänftigend wurden die Reichen aber vorab auf die Petitesse der finanziellen Zumutung hingewiesen. Sowohl in den USA als auch in Europa lassen sich ähnliche Entwicklungen ausmachen, die in den folgenden Abschnitten erläutert werden.

## 3.1 Reichensteuer: Symbolische Bekämpfung des Überreichtums

In einer Demokratie sollten Politiker aufklärerisch wirken, einen langen Atem haben und rationale Entscheidungen treffen. Symbolische Politik hingegen bleibt bewusst vage. Ein Beispiel: Ohne zu wissen, wer reich ist, bleibt eine Reichensteuer begrifflich offen für jede Interpretation. Gemeint sein können Einkommensreiche, Vermögensreiche, *High Net Worth Individuals* (Personen, die ein Finanzvermögen von mehr als einer Million US-Dollar besitzen) oder *Ultra High Net Worth Individuals* (Personen mit einem Nettovermögen von mehr als 30 Millionen US-Dollar). Denkbar sind aber auch Luxussteuern auf Yachten oder andere Luxusgüter.

Bleibt das Konzept einer Reichensteuer vage, ist eine ernsthafte Diskussion zu ihrem möglichen steuerlichen Aufkommen und zu den möglichen Ausweichreaktionen der Vermögenden kaum möglich. Die Rede von einer Reichensteuer zielt auf große Einkommen oder Vermögen, ohne zu klären, was unter groß zu verstehen ist.

Die Idee einer Reichensteuer knüpft an ein Ungerechtigkeitsempfinden in der Bevölkerung an. Viele Menschen verspüren angesichts der ungleichen sozialen Verhältnisse ein Gefühl der Empörung. Empörung fordert politische Eliten aber nicht direkt heraus, weil kein organisierter Protest hinter der artikulierten Wut steht. Der Umgang der Politik mit Wut in der Bevölkerung kann sich in einem geheuchelten Verständnis der Wütenden erschöpfen oder zu politischen Maßnahmen führen, die sich nicht gegen Reiche, sondern gegen Arme richten. Oft ist es auch nur ein instrumenteller Egalitarismus, dem es nicht um mehr soziale Gleichheit geht, sondern der einen gewaltbereiten Pöbel fürchtet.

Doch gewaltbereit gegen die Reichen erwies sich die Bevölkerung bislang nicht. Und je geringer die Angst vor einem Aufbegehren, desto schwächer ist grundsätzlich auch die Bereitschaft zu Reformen. Die Empörung in der Bevölkerung angesichts von Ungerechtigkeit kann umgelenkt werden, sich etwa gegen Flüchtlinge, Arbeitslose oder Bettler richten.

Eine Steuer wird nicht wohlwollend gewährt. Folglich unterscheidet sie sich maßgeblich von milden Gaben. Grundsätzlich wollen Vermögende den Zweck und die Höhe einer wohltätigen Spende lieber selbst bestimmen als eine Steuer zu entrichten.

*Steuerbeitrag* ist daher ein seltsames Wort. Steuern werden schließlich nicht beigetragen, sondern müssen bezahlt werden. Das Wort Beitrag bezieht sich auf eine Gemeinschaft. Sobald Reiche etwas beitragen, würden sie Teil einer Gruppe werden. Ein Beitrag der reichen Philanthropen signalisiert Verantwortung und Teilhabe. Wer Steuern zahlt, ist nicht außergewöhnlich, wer hohe Beträge spendet schon.

Die gesellschaftliche Sonderstellung der Überreichen ist bei Steuern schwerer zu inszenieren und eine Repräsentation ihres Reichtums unklarer als bei Philanthropie. Die absolute Höhe der Steuer könnte – anders als bei einer Spende – nicht als Ausdruck individueller Leistung dokumentiert werden. Eine hohe Steuerlast würde schlicht ein hohes Vermögen reflektieren. Hingegen soll bei Spenden privates Vermögen in seiner Bedeutung für das Gemeinwohl sichtbar werden. Dies ermöglicht gesellschaftliche Anerkennung. Reiche suchen durch Freigiebigkeit eine Bestätigung ihres superioren sozialen Status. Wenn sich die Spenden von der Steuer absetzen lassen, finanziert letztlich die Allgemeinheit einen Teil jener Wohltätigkeit, den sich die Überreichen auf ihr Banner schreiben.

Da die Vermögensunterschiede zwischen den Überreichen und dem Rest so groß sind, bedeutet ein *kleiner* Steuerbeitrag noch keine Minderung der Ungleichheit, sondern nur ein geringeres Ansteigen der Ungleichheit. Ein Beispiel: Ein Vermögenssteuersatz von einem Prozent mit einem Freibetrag von einer Million Euro muss am Anstieg der Vermögensungleichheit nichts ändern. Hat A ein Vermögen von 100 000 Euro und B eines von zwei Millionen Euro, zahlt nur B Steuern in der Höhe von 10 000 Euro. Bei einer angenommen Rendite von drei Prozent legt das Vermögen von A jährlich um

3 000 Euro zu, das Vermögen von B hingegen legt nach Abzug der Steuer um 50 000 Euro zu. Die Vermögensungleichheit wächst also.

Eine Politik, die programmatisch niedrige Steuersätze vorsieht, will demnach die Vermögensubstanz der Reichen nicht schmälern. Nur deren Vermögenserträge würden geringer ausfallen. Eine solche symbolische Politik akzeptiert, dass Überreiche absolut und relativ reicher werden. Und diese Steuerkonzepte billigen eine wachsende Kluft zwischen Arm und Reich. Bei einer Reichensteuer mit Steuersätzen im Bereich von einem Prozent kann nicht von *Enteignung*, ja nicht einmal von Substanzbesteuerung gesprochen werden.[10] Zudem gilt, dass minimale Reichenssteuern auch nicht die gesellschaftlichen Gestaltungsmöglichkeiten der Überreichen beschneiden.

Doch wäre eine bescheidene Reichenssteuer nicht dennoch ein Beitrag zu mehr Gerechtigkeit? Thomas Nagel und Liam Murphy zeigen in ihrem Buch The *Myth of Ownership*, dass von einer *gerechten Steuer* überhaupt nicht die Rede sein sollte. Suggeriert werde sonst, dass das Vermögen allein am Markt entsteht. Der Markt funktioniert aber nur mit einer politischen Rahmensetzung. Marktgleichgewichte werden nicht durch staatliche Umverteilung torpediert, sondern es ist das gesamte System zu betrachten, das die Verteilung bestimmt. Eine ungerechte Marktverteilung würde sonst als natürlich hingenommen und erst danach würde nach gerechten Korrekturmechanismen gesucht werden.

In fast keinem Bereich der Volkswirtschaftslehre herrscht so große Einhelligkeit wie beim Befund, dass Vermögenssteuern und Erbschaftssteuern Leistungsanreize weniger verzerren als Belastungen des Faktors Arbeit.[11] Trotzdem gibt es nur in wenigen Ländern vermögensbezogene Steuern und deren Zahl schrumpft immer weiter.[12] Eine Erbschafts- oder Nachlasssteuer gibt es nur noch in den USA, in Großbritannien, Deutschland, Dänemark, Finnland, Frankreich, Italien und den Niederlanden. Und die Historie der Vermögenssteuer – und damit auch die aktuellen Möglichkeiten einer Besteuerung – wird vergessen. Zwischen 1930 und 1980 lag der Grenzsteuersatz auf die höchsten Einkommen durchschnittlich bei 81 Prozent in den USA und der Nachlasssteuersatz auf die höchsten Nachlässe bei 74 Prozent. Den Kapitalismus hat das nicht zerstört.[13]

In Frankreich wurde 2012 bei der Einführung einer Reichensteuer auf das Einkommen und nicht auf das Vermögen gezielt. Der damalige französische Ministerpräsident François Hollande sah eine Reichensteuer von 75 Prozent für Einkommen über eine Million Euro vor. Die fehlende Ernsthaftigkeit des Unterfangens des sozialistischen Regierungschefs war wenigstens an drei Punkten zu erkennen. Eine Million Euro beim Jahreseinkommen markierte eine extrem hohe Grenze. Nur wenige Menschen erreichen solche Gehaltshöhen. Betroffen waren angeblich rund 1 000 Manager in Frankreich.[14] Das zugrundeliegende Verständnis von Reichtum war diffus, weil die Steuer auf Arbeitseinkünfte zielte. Damit wurde der entscheidende materielle Interessensbereich der Reichen, ihr Privatvermögen, nicht tangiert. Konsequenterweise ließ die Steuer lediglich geringe Einnahmen in die Staatskasse fließen.

Und ein Problem, das sich die französische Politik einhandelte, war ein Konflikt mit einer sich in besonderem Ausmaß über Leistung definierenden Schicht der Bevölkerung. Sport ist eine Domäne der Meritokratie, wo es vorrangig um Leistung und nicht um Herkunft oder soziale Netzwerke geht. Erfolgreiche Sportler zählen in der Gesellschaft zu jenen Millionären, denen ihr Einkommen und Vermögen am wenigsten geneidet wird. Reiche Fußballer etwa sind oft untypische Millionäre, weil sie auch aus bescheidenen Verhältnissen kommen.

Seit 2015 wird die Reichensteuer in Frankreich nicht mehr erhoben. Symbolisch bedeutete das eine entscheidende Niederlage im Bemühen um eine egalitärere Gesellschaft. In Frankreich wurde bei diesem verfehlten Unterfangen das Unvermögen der Politik augenscheinlich. Nicht einmal ein zaghaftes Zeichen gegen Überreichtum ließ sich langfristig etablieren. In vielen europäischen Ländern wurde erst gar kein Versuch unternommen.

Präsident Macron schaffte die Vermögenssteuer ab. Diese Steuer war erst ab einem Nettovermögen von 1,3 Million Euro fällig. Macron rangiert nicht, wie etwa der US-Präsident Trump, auf einer Reichenliste, aber er wird gern »Präsident der Reichen« genannt.[15] Beibehalten wurde lediglich eine Immobiliensteuer. Die Zahl der Steuerzahler halbierte sich und die Einnahmen gingen um 3,2 Milliarden Euro jährlich zurück. Im Protest der sogenannten Gelbwesten seit Ende 2018 spielte diese überreichenfreundliche Wirtschaftspolitik eine maßgebliche Rolle.

Die Abschaffung der Vermögenssteuer hatte einigen Protest hervorgerufen, auch in der Bewegung des französischen Präsidenten *La République en Marche*. Der Umstieg von einer Vermögenssteuer auf eine Immobiliensteuer zeigte die Begünstigung Wohlhabender deutlich. Zur Dämpfung der Empörung wurde als kosmetischer Ersatz daher eine Luxusteuer auf Yachten eingeführt. Einen sichtbaren Teil des Vermögens der Überreichen zu besteuern, den unsichtbaren Teil aber nicht mehr, offenbarte die Inkonsistenz des fiskalpolitischen Vorhabens. Doch um politische Vernunft ging es wohl von vornherein nicht. Das medial mit Staunen und Spott begutachtete Ergebnis war: Im Jahr 2017 wurde eine einzige französische Luxusyacht besteuert. Die meisten Yachten waren außerhalb Frankreichs registriert.[16]

Eine Milliardärs-Steuer wurde lange Zeit weder in den USA noch in Europa ernsthaft diskutiert. In den USA beginnt im Vorfeld zu den Präsidentschaftswahlen 2020 eine zögerliche Debatte. Auch bei geringen Steuersätzen wären beträchtliche Einnahmen zu erwarten.[17] Theoretisch gäbe es für den Umgang mit steuerunwilligen Überreichen eine Vielzahl an möglichen Sanktionen. Der Entzug der Staatsbürgerschaft und damit die Umkehrung des Prinzips aus dem amerikanischen Unabhängigkeitskrieg »no taxation without representation« zu »no representation without taxation« wäre vermutlich die wirksamste politische Maßnahme.

## 3.2 Steuer auf Überreichtum ohne Leistung

Die Gretchenfrage beim Erben lautet plakativ formuliert: Wieso soll das Erbe des Sohnes eines Milliardärs geringer versteuert werden als das Arbeitseinkommen einer Lehrerin?

Zur Beantwortung dieser Frage müssen Werte, Interessen und Gefühle einbezogen werden, ansonsten kann die weitverbreitete Ablehnung einer Erbschaftssteuer nicht verstanden werden.[18]

Die Erbschaftssteuer ist eine alte Abgabe, die bereits im antiken Rom bekannt war. In angelsächsischen Ländern existiert die Tradition einer Nachlassbesteuerung. Besteuert wird das Vermögen der Verstorbenen. Die meisten anderen Länder mit Erbschaftssteuern haben eine Erbanfallsteuer, wo beim Erben besteuert wird.

Eine Gesellschaft sorgt für die jeweiligen Rahmenbedingungen (Eigentumsschutz, Regeln, Konventionen, Vertragssicherheit) der Vermögensakkumulation. Da die Gesellschaft immer an der Entstehung von privatem Vermögen beteiligt ist, sind auch Ansprüche der Gesellschaft an das privat vererbte Vermögen begründet.

Dass Erbschaften heute häufig steuerfrei ermöglicht werden, erinnert an feudalistische Strukturen. Angesichts einer hohen Vermögenskonzentration belasten Erbschaftssteuern nur eine reiche Minderheit. In Ländern, in denen Nachlass oder Erbe besteuert werden, zahlt trotzdem fast niemand diese Steuer. In den USA beträgt der höchste Steuersatz zwar 43 Prozent, wegen hoher Freibeträge gab es 2018 aber nur 1 700 steuerpflichtige Nachlässe. Das Aufkommen betrug trotzdem 23 Milliarden Dollar. Donald Trumps Administration will den Freibetrag der Nachlasssteuer auf 11 Millionen US-Dollar erhöhen; dies würde die Zahl der Steuerpflichtigen weiter reduzieren.[19]

Von den jährlich 1,6 Millionen Erbfällen in Deutschland kommen nur 23 000 potenziell in die Erbschaftssteuerpflicht. Das sind 1,5 Prozent aller Erben. Um erbschaftssteuerpflichtig zu sein, muss man mehr als 500 000 Euro erben. Nur 1 200 Fälle mit Erbschaften über 5 Millionen Euro machten immerhin 14 Prozent des gesamten Erbvolumens aus. Trotz hoher Freibeträge und vieler Steuerausnahmen ergeben sich bei den Erbschaftssteuereinnahmen beträchtliche Summen. Die Steuereinnahmen in Deutschland lagen 2015 bei 6,3 Milliarden Euro. Eine Zahl belegt die Ungleichheit beim Erben anschaulich: In den Jahren 2011 bis 2014 wurde auf 90 Kinder im Alter von unter 14 Jahren ein Vermögen von fast 30 Milliarden Euro übertragen.[20]

Gemessen am Gesamtsteueraufkommen sind die Einnahmen aus der Besteuerung von Erbschaften marginal. Die Erbschaftssteuer wird auch als *Bagatellesteuer* bezeichnet. Während bei der Philanthropie der Überreichen die Höhe der gespendeten Beträge in den Medien fasziniert, ist es bei der Erbschaftssteuer umgekehrt: Steuersätze, die bei Arbeit akzeptiert werden, werden beim Erben als Enteignung verstanden.

Empirische Daten zum Erbgeschehen werden politisch kontextualisiert. Es wird der Eindruck geweckt, dass es eine vorgeordnete natürliche Vermögensverteilung mit Erbschaften und Schenkungen gibt, die erst nachträglich durch den Staat verändert wird. Doch das Vererben ist stets rechtlich und institutionell gerahmt.

Bei der Erbschaftssteuerbelastung wird meist der Verwandtschaftsgrad berücksichtigt. Familien werden steuerlich bevorzugt. Je enger das Verwandtschaftsverhältnis, desto geringer fällt die Steuerbelastung aus. Dies wird dem besonderen Moment der Zuwendung im familiären Rahmen zugeschrieben.

In kritischen Erbschaftsdiskursen wird in der Regel hingegen mit Leistungsgerechtigkeit argumentiert. Erbschaften laufen dem Leistungsprinzip zuwider, weil man nichts für das Glück der reichen Geburt kann. Das Leistungsgerechtigkeitsprinzip ist in seiner faktischen Bedeutung für die steuerliche Ausgestaltung aber schwach. Kohärent argumentiert verlangt es, dass selbst eine kleine Erbschaft, die manche von ihren einkommensarmen, aber sparsamen Eltern bekommen, besteuert wird. Denn auch eine geringe Erbschaft ist *unverdientes Vermögen*. Auch in ihr steckt keine eigene Leistung.

Eine Erbschaftssteuer ist theoretisch betrachtet ein liberales wirtschaftspolitisches Instrument, das den Leistungsgedanken ernst nimmt. Die These von Erbschaften als unverdientem Vermögen leitet aber schnell über zu moralischen Fragen. Das Ungerechtigkeitsempfinden vieler gegenüber einem Staat, der sich auch noch am Ende des Lebensweges einmischt, der das Privateste verletzt und Familienbande unterminiert, ist größer als die Befürwortung von Leistungsprinzipien.

Erbschaftssteuern treffen wegen der hohen Freibeträge nur die Top-Perzentile. Menschen denken aber nicht nach dem *Florianiprinzip*, sonst würde sich der überwiegende Teil der Bevölkerung für eine Erbschaftssteuer aussprechen. Sowohl vermögende als auch weniger vermögende Menschen haben vielfältigere Anschauungen. Ihr Ungerechtigkeitsempfinden und ihre Wertorientierung folgen nicht unbedingt der Höhe ihres Einkommens oder Vermögens.

Werte und Überzeugungen spielen bei Urteilen zu gesellschaftspolitischen Fragen eine wichtige Rolle. Sonst hätten Heterosexuelle keine Meinung zur Ehe für alle, Nichtraucher keine Ansicht zur Tabaksteuer und Abstinenzler keine Präferenzen bei der Alkoholsteuer. Überzeugungen sind oft gefühlsbasiert und können Eigeninteressen zuwiderlaufen.

Egoistische Interessen überreicher Erblasser und Erben allein können die weitverbreite Ablehnung von Erbschaftssteuern nicht erklären.[21] Im Gegenteil, es gibt Überreiche, die konsequente Befürworter einer Nachlasssteuer sind. So wurde der entsprechende Diskurs in den USA von Warren Buffett und Bill Gates vorangetrieben. Sie fanden in den Medien Gehör, gerade weil ihre Positionen ihren materiellen Interessen zuwiderlaufen. Überreiche, die für eine Erbschaftssteuer eintreten, präsentieren sich als erfolgreiche Menschen, die jenseits egoistischer Motive handeln. So meint Warren Buffett, man könne nicht ein Leben lang eine Art Sozialhilfe erhalten, nur weil man aus der richtigen Gebärmutter komme.

Soll der Staat überhaupt ein Recht zur Besteuerung von Erbschaften haben? Soll die Familie in der Gesellschaft eine privilegierte Rolle einnehmen? Das sind zwei grundlegende Fragen zum Erben. Denn bei Erbschaftssteuerdebatten streiten Menschen vorrangig über ihre Werte.[22] Sie gewichten subjektiv Leistung, Familie und soziale Gerechtigkeit.

Eine Erbschaftssteuer zielt auf ein Vermögen, das mit vielen privaten Fragen verknüpft ist. Eine gemeinsame familiäre Identität von Erblasser und Erben begründet eine emotionale Stresssituation, die zu jenen Leidenschaften beiträgt, die sich in Erbschaftsstreitigkeiten und Erbschaftssteuerdiskussionen äußern. In der Wahrnehmung mancher Erben gibt es so etwas wie eine Leistung der Familie, die das Erbe ermöglicht. Was man unter einer Familienleistung verstehen soll, erschließt sich rational nicht. Wieso ein fleißiger Vater ein Steuerprivileg des Sohnes begründen kann, ist unklar. Leistungen einer Person können nicht an eine andere Person vererbt werden. Doch erst eine Beachtung solcher Überzeugungen, die rationalen Argumenten zuwiderlaufen, macht die verbreitete Ablehnung der Erbschaftssteuer verständlich.

Aus Gerechtigkeitsüberlegungen ist es höchst fragwürdig, sowohl arme als auch reiche Familien steuerlich zu bevorzugen. Eine Beschneidung wohlfahrtsstaatlicher Leistungen belastet besonders arme Familien.Für sie ist der Zusammenhalt in ihren Familien in Krisen wichtig. Familien sind in Notlagen letzte Hilfsinstanz. Erbschaften spielen hingegen bei besonders reichen Familien eine große Rolle. Eine Befürwortung der Bevorzugung von Familien bedeutet für Arm und Reich nicht einmal annähernd das gleiche. Auch Unternehmervereinigungen werben für familiäre Werte. Sie warnen vor einem möglichen Ruin der Familienbetriebe bei einer Erbschaftsbesteuerung. Doch sogenannte Familienunternehmen sind oft Konzerne und sogar wenn für die Begleichung der Erbschaftssteuer Aktien verkauft werden müssen, wäre das kein Hinderungsgrund. Die grundsätzliche Frage, ob jeder Unternehmersohn ein geborener Unternehmer ist, wird selten gestellt und noch seltener beantwortet. Thomas Paine, einer der Gründerväter der Vereinigten Staaten, schrieb in seiner Streitschrift *Die Rechte des Menschen*: »Ich muss im Stillen lächeln, wenn ich daran denke, wie tief die Literatur und alle Wissenschaft sinken würden, wären sie der Erbfolge unterworfen. [...] Ich weiß nicht, ob Homer oder Euklid Söhne hatten, getraue mir aber zu behaupten, daß wenn es der Fall war und die Väter ihre Werke unvollendet gelassen hätten, keiner dieser Söhne sie zu vollenden im Stand gewesen wäre.«[23]

Solange Arbeiten besteuert wird, müsste auch Erben besteuert werden. Betrachtet man die Geschichte der Erbschaftsbesteuerung in den USA und in Europa, so wird aber deutlich, dass fast nie eine substanzielle Umverteilung von Vermögen durch Erbschaftsbesteuerung stattgefunden hat.[24] Trotz zum Teil hoher nominaler Steuersätze war die faktische steuerliche Belastung von geerbtem Vermögen nie so hoch, dass die Vermögenskonzentration dadurch radikal beschnitten worden wäre. Die Kluft zwischen radikaler Gerechtigkeitsrhetorik und bescheidenen Steuervorstellungen war eklatant.

Die Geschichte der Erbschaftsbesteuerung kennt nur eine kurze Phase, in der eine Umverteilung mittels dieser Steuer angestrebt wurde: die 1930er Jahre unter Präsident Roosevelt in den USA. Nach der Finanzkrise Ende der 1920er Jahre in den USA wollte Roosevelt durch drastische Steuererhöhungen die Kriegsfinanzierung sichern.[25]

Die progressive Erbschaftssteuer ist ein Instrument der Wirtschaftspolitik des 20. Jahrhunderts. In Deutschland existiert diese Steuer seit 1906 und in den USA wurde die Nachlasssteuer 1916 eingeführt. Zwischen 1916 und 1945 gab es elf Steuerreformen. Am Ende des Zweiten Weltkriegs lag der Spitzensteuersatz bei 77 Prozent.

Im Jahr 1972 versuchte der demokratische Präsidentschaftskandidat McGovern in den USA mit seinem Vorschlag eines Steuersatzes von 100 Prozent auf jenen Teil der Erbschaften, der 500 000 US-Dollar übersteigt, Wähler für sich zu gewinnen. Zustimmung zu diesem vernünftigen Vorschlag fand er in der Bevölkerung kaum. Auch Niedrigeinkommensbezieher, die in ihrem Leben nie so viel sparen hätten können, wandten sich gegen diesen Vorstoß.

Gerade vielfach benachteiligte Menschen richten ihre Hoffnung oft darauf, dass es wenigstens ihren Nachkommen besser gehen soll.

Eine Erbschaftsteuer muss ihnen daher als eine weitere Benachteiligung erscheinen, auch wenn sie kein Vermögen zu vererben haben. Erbschaften sind bei armen Menschen mit Vorstellungen von sozialer Mobilität verbunden, während sie wegen ihrer dynastischen Komponente zu einer Verfestigung der Vermögensungleichheit führen. Sie können für Arme das Gegenteil suggerieren: Aufstiegschancen und soziale Mobilität.

Erbschaften werden durch ihre Verbindung mit dem Tod des Erblassers zu etwas Bedeutungsvollem. Erblasser sehen möglicherweise in dem vererbten Vermögen ihr Fortleben in der Familie symbolisch gewährleistet und die Erben betrachten den Vermögenstransfer nicht einfach als zufälligen Vermögenszuwachs, sondern als Ausdruck familiärer Bande. Vermögen erlaubt ein ideelles Fortleben im Eigentum.

In den USA wird die Nachlassteuer auch *Todessteuer* genannt. Beim Nachdenken über Vor- und Nachteile einer Erbschaftssteuer wird immer auch Bezug auf die eigene Sterblichkeit genommen. Bei reichen Menschen geht es dann nicht nur um ein Hinterlassen von Vermögen, sondern um eine Weitergabe von Werten. Interessanterweise sind es beim Erben aber genau nicht die im Kapitalismus hochgehaltenen Werte von Leistung, sondern die Privilegierung der eigenen Nachkommen.

Zwar betrifft die steuerliche Belastung nur Wohlhabende, doch ohne die Verwendung der möglichen Erbschaftssteuereinnahmen zu klären, mag es so scheinen, als wandere nur Geld von den Reichen zum Staat. Und dies wird für arme Menschen, die eher von der staatlichen Bürokratie als von fernen Überreichen gedemütigt werden, kein Herzensanliegen sein.

Erst wenn sich Menschen nicht mehr um die Zukunft ihre Kinder ängstigen, werden sie die eigenen Nachkommen – vielleicht – nicht zu bevorzugen suchen. Ein Staat, dem von armen Menschen Misstrauen entgegen gebracht wird, schwächt die Kraft von rationalen Gerechtigkeitsargumenten zur Erbschaftsbesteuerung. Ohne den Glauben an eine gerechte und solidarische Gesellschaft, in der die Erbschaftssteuereinnahmen für gesellschaftlich nützliche Dinge verwendet werden, schätzen Menschen den familiären Zusammenhalt für wichtiger ein. Eine Ablehnung von staatlichen Eingriffen in die private Lebensgestaltung kann folglich arme und reiche Menschen einen. Und sogar Gleichheitsargumente lassen sich wenden. Dann erscheint ein steuerlicher Fokus auf die Überreichen als Ungleichbehandlung und als Diskriminierung einer Minderheit. Dies erleichtert Überreichen, sich als politisch verfolgte Minderheit darzustellen. Und da ein guter Teil der amerikanischen Bevölkerung irrtümlich glaubt, selbst irgendwann zu den Reichsten zählen zu können, könnten sie auch befürchten, dass die Nachlasssteuer sie treffen wird. Dies ist bizarr, da es in den USA im Jahr 2018 nur 1 700 steuerpflichtige Nachlässe gegeben hat.

Karl Marx hielt einen politischen Fokus auf Erbschaften für verfehlt, weil so von der Produktionsseite abgesehen werde und die Arbeiterklasse sowieso nichts erbe. In realsozialistischen Staaten fand die Vergesellschaftung des Privatvermögens weniger mittels des Erbrechts als durch Verstaatlichung und Verhinderung privater Vermögensbildung statt. Erbschaften und ihre Besteuerung bilden ein Kernthema der Überreichen. Eine Besteuerung läuft ihren Interessen zuwider. Viel lieber wird in der Öffentlichkeit daher über Bildung und Chancengleichheit diskutiert.

## 3.3 Bildung als Ablenkung von Überreichtum

Gegen die soziale Kluft zwischen Arm und Reich wird in den USA und in Europa nur wenig unternommen. Gerade noch »Aufstiegschancen« sollen »hart arbeitenden Menschen« eröffnet werden, wünschte sich der ehemalige US-amerikanische Präsident Barack Obama.[26] Das ist weit weniger ambitioniert als der von Franklin D. Roosevelt in den 1930er Jahren initiierte New Deal.

Bestimmte Verhaltensweisen armer Menschen können als Bildungsprobleme oder als Ressourcenprobleme verstanden werden.

Wenn Menschen kontinuierlich mehr Geld ausgeben, als ihr Einkommen eigentlich zulässt, überschulden sie sich. Ob die Notlage auf ein geringes Einkommen oder ein unvernünftiges Ausgabeverhalten zurückgeht, ist dabei noch nicht gesagt. Die neoliberale Ideologie hat allerdings vorab eine Erklärung parat: Die Armen handeln unverantwortlich.

Bei den heutigen sozialen Aufstiegshilfen geht es folglich nur um »deserving poor«. So werden jene Armen bezeichnet, deren geringes Einkommen nicht auf Verhaltens- und Charakterschwächen wie Faulheit oder Alkoholismus zurückgeführt wird. Unverdient Armen weise Bildung den Weg aus der Armut. Den »deserving poor« hingegen könne, so die Überzeugung, nur karitativ geholfen werden.

Bildung ist ein beliebtes gesellschaftspolitisches Streitthema. Gerungen wird vor allem um die Ausgestaltung der Bildungssysteme und nur selten um die grundsätzliche Bedeutung von Bildung. Sie folgt meritokratischen Prinzipien einer Gesellschaft. Lernerfolg scheint, oberflächlich betrachtet, vom Bemühen jedes Einzelnen abzuhängen. Diese ideologische Sicht wird zwar durch zahlreiche empirische Befunde widerlegt, aber sie hält sich hartnäckig. Die Bildungswege von Kindern sind in erster Linie vom Bildungshintergrund und den finanziellen Möglichkeiten des Elternhauses abhängig.[27] Gebildete Eltern sind häufig weit mehr an der Bildung ihrer Kinder interessiert. Dadurch entstehen von Anfang an kaum aufzuholende Nachteile für Kinder aus armen Elternhäusern. Ausgehend von der gegenwärtigen Ungleichheit und der intergenerationalen Mobilität können die Nachteile einer armen Herkunftsfamilie erst in der fünften Generation aufgeholt werden. Mit anderen Worten: Es dauert 150 Jahre, bis die Nachkommen aus einkommensschwachen Familien das durchschnittliche Einkommensniveau in ihrer Gesellschaft erreichen.[28]

Bildung kann anders als Vermögen nicht umverteilt werden. Immobilienvermögen etwa ist binär verteilt: Eigentümer haben es, Nichteigentümer müssen mieten. Bei Bildung hingegen gibt es ein Mehr und ein Weniger. Die Grenzen zwischen ungebildet und gebildet sind fließend. Ein Ruf nach mehr Bildungschancen kann konsequenterweise eher auf einen gesellschaftlichen Konsens stoßen als eine Umverteilungsforderung. Die Bildung der Gebildeten sinkt auch nicht, wenn andere Menschen höhere Bildungsabschlüsse erwerben. Bildung bietet aber keine Lösung für ein Überreichtumsproblem. Sie wirkt zu langsam. Schulbesuche und Ausbildungen dauern Jahre. Von heute auf morgen können sich foglich keine Änderungen bei der Verteilung einstellen. Bildung ist ein zentrales Thema der gesellschaftlichen Mitte. Primär konkurrieren aufstiegsorientierte Familien mit abstiegsängstlichen Familien der Mittelschicht. Mit der Welt der Vermögenden haben gesellschaftliche Bildungsthemen wenig zu tun, denn die Überreichen sichern den Bildungserwerb ihrer Nachkommen privat ab.

Die Ermächtigung des Einzelnen durch Bildung ist auch ein Ziel, das alle teilen können. Die Politik gibt gerne bildungsfreundliche Lippenbekenntnisse ab. Insbesondere wenn die budgetären Spielräume für die Wirtschaftspolitik eng sind, hat das eher motivierenden als ermöglichenden Charakter. Daher agiert die Mitte so angestrengt. Sie hat ihre verminderten Chancen in einer ungleicher werdenden Gesellschaft realisiert und kämpft um die Zukunftsaussichten der eigenen Kinder. Jüngere Menschen können heute deutlich langsamer Vermögen aufbauen als frühere Generationen. Daher wird bereits akkumuliertes Vermögen relativ zum Arbeitseinkommen bedeutsamer. Vermögende Eltern werden zum Schlüssel für eigenen Wohlstand.

Auch werden Inhalte von Bildungsmaßnahmen mit großer Selbstverständlichkeit unter die Vorgabe einer Marktkompatibilität gesetzt. Die erworbenen Kompetenzen sollen sich am Markt verkaufen lassen. Bei einem marktförmigen Bildungsbegriff geht es um jene Fähigkeiten und Qualifikationen, die von der Wirtschaft nachgefragt werden und nicht um emanzipatorische Kompetenzen, die an der Grundfestung der ungleichen Gesellschaft rütteln ließen. Bildung fordert Überreichtum nicht heraus, sondern lenkt davon ab.

Damit Chancengleichheit in der Gesellschaft nicht nur ein leeres Schlagwort ist, müssten die eklatanten Nachteile armer Kinder in der Gesellschaft umfassend kompensiert werden. Arbeiterkinder etwa halten sich selbst für schwächere Schüler als Akademikerkinder. Ihnen fehlt das Vertrauen in die eigenen Fähigkeiten. Diese habituellen Faktoren sind von großer Bedeutung, sowohl beim Bildungserwerb als auch beim Umsetzen von Bildung in beruflichen Erfolg. Die gläserne Decke, an die soziale Aufsteiger oft stoßen, basiert auf habituellen Klassengrenzen. Die Anforderungen des Bildungssystems kommen eher den kulturellen Gewohnheiten der Mittelschicht entgegen. Auch bedeutet ein Mehr an Bildung für Arme nicht zwangsläufig eine höhere soziale Stellung oder einen Ausweg aus einer finanziellen Misere. Der Bildungssektor ist ein meritokratisches Kampffeld, auf dem die Mittelschicht mit Aufsteigern rivalisiert.

## 3.4 Mitgefühl mit der Mitte

Gefühlspolitik spielt insbesondere in wirtschaftlichen Krisenzeiten eine Rolle. Denn in wirtschaftlich schwierigen Zeiten wird der legitimatorische Boden brüchig. Wenn die Mär, *die Wirtschaft sind wir alle*, ausfranst, wird die Erzeugung und die Lenkung von Gefühlen in der Bevölkerung wichtig. Wenn die Stabilität des kapitalistischen Systems in Gefahr ist, haben Moral und Gefühle Hochkonjunktur. Meinungen und Ressentiments zu Überreichtum, gefühlte Ungerechtigkeiten und wahrgenommene Verdienste der Übereichen werden folglich für die Politik zu einer wichtigeren Entscheidungsgröße als Aufklärung.

Die Datenlücken zu Vermögen sind seit langem bekannt und wären leicht zu schließen. Wenn Politiker eine fehlende Datenbasis zu Reichtum beklagen, dann bedauern sie Vermögensungleichheit, ohne etwas für deren Aufhebung zu tun. Über Reiche will die Politik nichts Genaues wissen. Die notwendigen Daten für eine seriöse Wirtschaftspolitik fehlen absichtlich.

Die Politik bleibt lieber beim Sujet der gefühlten Ungleichheit. Bereits Aristoteles suchte in seiner *Rhetorik* jene Techniken der Redekunst zu beschreiben, die es erlauben, Gefühle zu beeinflussen.[29] In der aristotelischen Rhetorik wurde Herrschaft durch geeignete Techniken einer Gefühlspolitik abgesichert. Die Jugend bedurfte einer Gefühlsbildung und der Einübung in richtige Urteile. Dann würde sie diese habitualisiert einsetzen können. Aristoteles unterteilte die Gefühle nicht in gute und schlechte, sondern jedes Gefühl hat einen Gegenpart. Zorn galt ihm etwa als schmerzhaft, aber die Hoffnung auf Rache ist süßer als Honig.

Auch der Aristotelikerin Martha Nussbaum geht es um Emotionen, die vom Staat geweckt werden sollen.[30] Sie tritt für eine verstärkte Umverteilung ein, und will das Mitgefühl in der Gesellschaft ausweiten, Neid und Konkurrenzdenken zurückdrängen. Nussbaum meint, eine »liberale Gesellschaft fordert die Menschen auf, sich für übermäßige Gier und Egoismus zu schämen«.[31]

Wenden wir uns der realen Gesellschaft in Europa und den USA zu, so sehen wir, dass Neid der Armen auf die Ärmsten politisch angespornt wird, dass Mitgefühl selten oder nur kurz geweckt wird. Eine Gefühlspolitik, die eine Umverteilung und eine egalitärere Gesellschaft anstreben würde, ist nicht in Sicht.

Es ist aber nicht nur der Staat, der bestimmte Aktionen (Reden, Gedenkveranstaltungen, Feiern) setzt, um emotionale Wirkungen in der Bevölkerung zu erzeugen. In Gesellschaften, in denen die Überreichen dominieren, muss auch deren Gefühlspolitik besprochen werden. Die Finanzkrise 2008 wird oft mit der Großen Depression der 1930er Jahre verglichen. Bislang unbemerkt blieben Ähnlichkeiten in der Gefühlspolitik in beiden Phasen der Krise.

Während der Krise in den USA in den 1930er Jahren war Präsident Franklin D. Roosevelt mit einer Vielzahl an ökonomischen Problemen konfrontiert. Hohe Arbeitslosigkeit, weitreichende Verarmung und eine eklatante Vermögenskonzentration zählten zu den wichtigsten Herausforderungen. Die Ausgangsvoraussetzungen für ein progressives wirtschaftspolitisches Programm waren damals denkbar schlecht. Staatliche Programme zur Armutsbekämpfung zu initiieren, bildete in den Vereinigten Staaten ein gesellschaftspolitisches Novum, denn es gab keine Tradition eines Wohlfahrtsstaates. Ein besonderes Akzeptanzproblem entstand, weil einkommensschwache Gruppen nicht direkt von solchen Maßnahmen profitierten. Sie sollten zur Finanzierung von Projekten für noch Ärmere herangezogen werden, ohne unmittelbar einen eigenen Vorteil zu erkennen. Daher suchte die Regierung ihren Ansatz gefühlsmäßig abzusichern. Wirtschaftspolitische Projekte benötigen eingängige Narrative und Bilder. Erst das Evozieren von Gefühlen in der Bevölkerung macht wirtschaftspolitische Programme mehrheitsfähig.

Die Administration von Roosevelt deutete die widrigen ökonomischen Bedingungen als ein Unglück, das allen Amerikaner widerfahren war. Keinesfalls sollte es als Ungerechtigkeit verstanden werden. Dies hatte die Zielsetzung, dass es zu keinem »Streik der Reichen« kam, wie Berater des Präsidenten befürchteten.

Nach dem Börsencrash von 1929 standen in den USA Millionen Menschen vor dem Nichts. Ihre Angst vor einem unregulierten Markt, der ein menschenwürdiges Überleben nicht sicherstellen konnte, war groß. Roosevelt trachtete, Marktergebnisse via Staatsinterventionen zu korrigieren. Solange Arbeitslosigkeit und Armut aber als schicksalhaftes Ergebnis von Marktprozessen hingenommen wurden, konnte ein staatlicher Interventionismus auf keine Gegenliebe in der Bevölkerung stoßen.

Präsident Roosevelt musste viel an Überzeugungsarbeit leisten. Er entstammte selbst einer wohlhabenden Familie und war Millionär. Roosevelt wusste, dass ein großer Teil der Amerikaner arme Menschen für faul und verantwortungslos hielt und ihnen selbst die Schuld für ihre Notlage zusprach. Sozialpolitische Reformen mussten daher sogar in bescheidener Ausgestaltung radikal anmuten. In einem Land, in dem jeder seines Glückes Schmied sein soll, war ein Umverteilungsprogramm ein politischer Fremdkörper. Individualismus und Kollektivismus zu versöhnen, stellte sich daher als ein schwieriges Unterfangen dar.

Zuerst wurde in der Bevölkerung Mitgefühl für die Armen geweckt. Nur so war das wirtschaftspolitische Programm einer progressiven Besteuerung der Reichen und einer finanziellen Unterstützung der Armen abzusichern. Diese politische Zielsetzung wurde nicht über argumentative Überzeugungsarbeit verfolgt, sondern propagandistisch umgesetzt. Einer Emotionalisierung und Ästhetisierung kam dabei eine entscheidende Rolle zu. Martha Nussbaum beschreibt in ihrem Buch *Politische Emotionen* die zentrale Rolle, die dem Mitgefühl während der Zeit des New Deal zukam.

In der Politik spielen Emotionen nicht nur eine Rolle, weil sie Bestandteil der öffentlichen Kultur sind, sondern weil der Staat selbst erwünschte Emotionen zu fördern sucht.[32]

Roosevelts Administration beauftragte Fotografen wie Dorothea Lange, Walker Evans und andere mit der Darstellung von Armut in den USA. Danach wurden bestimmte Bilder ausgewählt und an die Medien weitergeleitet. So konnte die von den Fotografen eingenommene Perspektive auf Armut vor der Veröffentlichung der Fotos geprüft werden. Während Dorothea Lange eindrucksvolle Bilder von Streiks zeigte, wählten andere Fotografen des New Deals einen bei der Administration beliebteren Zugang. Sie zeigten Arme, die ruhig und geduldig in langen Schlangen für ein Stück Brot oder eine Suppe anstanden. Sie präsentierten Menschen, denen es am Nötigsten fehlte, Menschen, die ihre Grundbedürfnisse nicht stillen konnten, die aber trotzdem nicht aufbegehrten. Niemand unter den Hilfesuchenden sollte den Überreichen Vorwürfe machen.

Auf einem bekannten Bild von Dorothea Lange sind nur Männer mit Hüten zu sehen. Einzelne Personen konnten sich nicht auf Grund ihrer Physiognomie oder Mimik abheben.[33] Die Homogenität einer unschuldigen Menschenmenge und nicht die Besonderheit individuellen Leids war das vorherrschende Thema der Fotografien. Mütter erduldeten ihr Leid still, in aufrechter Haltung und mit einem klaren Blick, ohne jedwede Vorwürfe. Geschlussfolgert soll werden: Die Menschen sind einander im Verlust gleich geworden. Sie wurden von einer ökonomischen Katastrophe zu Boden geworfen, rappeln sich wieder auf und warten nun geduldig auf eine neue Chance. Ausgewählt wurden daher Fotografien von Armen, welche diese als schuldlose Opfer der Wirtschaftskrise zeigen.

Martha Nussbaum hält diese propagandistische Strategie der Roosevelt-Administration für gerechtfertigt. Aus einer deliberativen, demokratietheoretischen Perspektive hingegen ist das Vorgehen zu kritisieren. Es wäre selbst dann nicht gerechtfertigt, wenn es einer vermeintlich guten Sache dient. Denn die *gute Sache* müsste in der Öffentlichkeit erörtert werden. Roosevelt ging es nicht um eine wohlbegründete Befürwortung einer gerechten Umverteilung von Reich zu Arm. Es sollte nicht darüber diskutiert werden, wie viel an Vermögen von den Überreichen an die Armen gehen solle.

Für das Sujet des Überreichtums ist diese historische Episode wichtig, da das Projekt von Roosevelt die Kontraste zwischen Arm und Reich durch eine strikte Bezugnahme auf die Mitte vernebelte. Dies belegt Michele Landis Dauber in ihrer Untersuchung der Briefsendungen an die Präsidentengattin Eleanore Roosevelt. Die First Lady erhielt in den 1930er Jahren hunderttausende Briefe von Mitbürgern mit der Bitte um finanzielle Unterstützung. Dauber fand heraus, dass die zentralen Begründungen in den Briefen folgende waren: ein bedrohter Mittelklassestatus, Krankheit in der Familie und Bedürfnisse der Kinder.[34]

Roosevelt benötigte eine emotionale Unterstützung der Bevölkerung, um seine politischen Ziele erreichen zu können. Der US-Präsident ging nicht den mühsamen demokratischen Weg deliberativer Auseinandersetzung, sondern wählte die propagandistische Abkürzung über eine für seine Zwecke instrumentalisierte Kunst. Dies erklärt aber noch nicht, warum Roosevelt ein keynesianisches Projekt der Staatsinterventionen ausgewählt hatte.

In den 1930er Jahren war der politische Druck von einer gesellschaftskritischen Opposition stark und stellte eine echte Bedrohung für Roosevelts Karriere in der demokratischen Partei dar. Ein radikales und zu seiner Zeit mehrheitsfähiges Alternativprogramm lieferte Huey Long, ein demokratischer Senator aus Louisiana.

Huey Long hatte sich nicht mit Appellen an das Mitgefühl seiner Mitbürger begnügt. Er argumentierte, ein jeder Mensch habe das Recht auf einen fairen Anteil am Vermögen. Seine *Share Our Wealth Society* hatte 1935 über 7 Millionen Mitglieder. 1935 kandidierte Huey Long für die US-amerikanische Präsidentschaft, im selben Jahr verstarb er an den Folgen eines Attentats, im Alter von nur 42 Jahren.

Roosevelt hatte mit Huey Long einen gefährlichen politischen Konkurrenten in der eigenen Partei zu fürchten. Huey Long spielte nicht auf der Klaviatur der Barmherzigkeit, sondern er mahnte die Rechte der Entrechteten und eine Begrenzung des Überreichtums an: »We do not propose to say that there shall be no rich men. We do not ask to divide the wealth. We only propose that, when one man gets more than he and his children and children's children can spend or use in their lifetimes, that then we shall say that such person has his share. That means that a few million dollars is the limit to what any one man can own.«[35]

Mit Almosen für die Armen wollte Huey Long sich nicht begnügen. Das machte ihn für das reiche Establishment gefährlich. Seine Radikalität erinnert in Ansätzen an Gracchus Babeuf: »My voice will be the same as it has been. Patronage will not change it. Fear will not change it. Persecution will not change it. It cannot be changed while people suffer. The only way it can be changed is to make the lives of these people decent and respectable.«[36]

Für Roosevelt galt es daher, das Thema der Vermögenskonzentration politisch nach zwei Seiten abzusichern. Einerseits gegenüber den Überreichen, die ihre materiellen Interessen, ob der progressiven Besteuerung und der Nachlasssteuer, beeinträchtigt sahen, andererseits gegenüber Teilen der Armen und der Mitte, die radikalere Umverteilungsschritte befürwortet hätten.

Der deutsche Ökonom und Kathedersozialist Gustav Schmoller war der Überzeugung gewesen, jede Revolution sei durch eine zeitgemäße Reform zu verhindern. Der bismarcksche Wohlfahrtsstaat mit der Einführung der Sozialversicherung ist das klassische Beispiel eines solchen Reformismus aus Furcht vor einer Revolution.

Auch der New Deal ist in dieser Tradition zu sehen. Roosevelt setzte in seiner Gefühlspolitik auf eine Kombination von Individualismus und Patriotismus. Verherrlicht wurde der Einzelne und gefeiert wurden die US-amerikanischen Institutionen. Bereits in seiner Antrittsrede vermittelte Roosevelt einen Eindruck davon: »Die Geldwechsler sind von ihren Hochsitzen im Tempel der Zivilisation geflüchtet. Jetzt können wir diesen Tempel den uralten Wahrheiten wieder zurückgeben. Wie weit uns das gelingen wird, hängt von dem Ausmass ab, in dem wir soziale Werte schaffen, die edler sind als blosser geldlicher Gewinn. Das Glück liegt nicht im blossen Geldbesitz; es liegt im Stolz auf die erreichte Leistung und in der Freude an der schöpferischen Arbeit. Die Freude und der moralische Antrieb der Arbeit dürfen nicht länger über der hektischen Jagd nach vergänglichen Gewinnen vergessen werden. Diese dunklen Tage werden trotz allem ihren hohen Preis wert sein, wenn sie uns lehren, dass es nicht unsere Bestimmung ist, auf Hilfe zu warten, sondern uns und unseren Mitmenschen selbst zu helfen und zu dienen.«[37]

Martha Nussbaum sieht in dieser Rede ein Meisterstück emotionaler Motivierung, weil Gefühle geweckt werden, die für eine erfolgreiche Umsetzung des New Deal entscheidend waren.[38] Der innere Reichtum sei wichtiger als der äußere Reichtum, Werte seien wichtiger als persönliche Interessen und ein Gefühl wurde ausgezeichnet: Nationalstolz.

Das Vertrauen der US-Bevölkerung in ihre Nation sollte gestärkt werden: »Wir sind nicht besorgt um die Zukunft der echten Demokratie. Das Volk der Vereinigten Staaten hat nicht versagt.«[39] Die Rede des Präsidenten sollte verhindern, dass die Krise demoralisierend auf die Menschen wirke. Es handle sich um keine Wirtschaftskatastrophe und das amerikanische Wertefundament sei nicht erschüttert.

An keiner Stelle der Antrittsrede ist von Solidarität die Rede, nirgendwo wird von einer moralischen Schuld der Bessergestellten gegenüber den Benachteiligten gesprochen. Zudem warf er der Opposition vor, angstgeschüttelt zu sein.

Der gesellschaftspolitische Preis, den Roosevelt für seinen New Deal bereit war zu zahlen: Er schwieg darüber, dass die Überreichen gesellschaftliche Probleme induzierten. Ihr Vermögen wurde geschmälert und ihre Anteile am gesamten Vermögen gingen in den 1930er Jahren deutlich zurück. Doch politisiert wurde nicht diese wirtschafspolitische Maßnahme des Umverteilens, sondern die Sorge um das Gemeinsame. Damit kam der gesellschaftlichen Mitte eine große Bedeutung zu. Den Überreichen half solch eine Gefühlspolitik in Krisenzeiten, weil eine Begrenzung des privaten Vermögens oder eine Enteignung abgewehrt wurden. Negative Reaktionen der verarmten Bevölkerung aus dem Gefühlsspektrum wie Zorn und Neid ließen sich so leichter unterbinden.

## 3.5 Die Ehre des soliden Bankiers

Während der Finanzkrise 2008 wurden Banken und Aktionäre durch staatliche Hilfspakete massiv unterstützt. Wie weit kann der Staat in so einer Krise gehen?

Der Staat rettete die Überreichen unter dem programmatischen Titel: Das Finanzsystem ist der Blutkreislauf unseres Systems. Zirkuliert das Blut nicht, stirbt der Organismus, war die dramatische Botschaft. Die Wirtschaftspolitiker demonstrierten in der Krise, dass sie wussten, dass die Macht nicht in ihren Händen liegt. Sie bewegten sich kaum aus dem Schatten der mächtigen Finanzakteure, sondern übernahmen eine prozessbegleitende Rolle. Sie ermahnten Manager und debattierten über Einkommensungleichheit, aber kaum über Vermögenskonzentration. Es waren hohe Bonuszahlungen, die in der Finanzkrise zum Kristallisationspunkt für mediale Debatten zum Thema der Gerechtigkeit wurden.[40] Die extrem ungleichen Vermögensverhältnisse wurden in den ersten Krisenjahren nur selten in Frage gestellt. Vermögen ist aber für die materiellen Interessen der Reichen viel wichtiger als Einkommen.

Die hohen Gehälter leitender Bankmanager waren vor der Krise damit gerechtfertigt worden, dass es sich beim Finanzmarkt um einen Winner-take-all-Markt handle.[41] Der Großteil der Entlohnung müsse auf wenige Gewinner entfallen. Auf einem solchen Markt hänge der Erfolg der Menschen von ihrer relativen Leistung ab. Wie der Einzelne im Vergleich zu anderen abschneidet, bestimme die Höhe seiner Entlohnung. Das Ausmaß der Leistung ist dabei für die Entlohnung nicht maßgeblich. Umgangssprachlich ist von einem Pavarottieffekt die Rede, nach dem berühmten Operntenor. Doch zehntausende Investmentbanker mit Jahresgehältern über 2 Millionen US-Dollar allein in den USA waren doch recht viele Superstars. Die exorbitant hohe Managerentlohnung war das Ergebnis einer vorteilhaften Machtkonstellation. Begünstigt durch eine Orientierung am Shareholder-Value und eine neoliberale Wirtschaftspolitik der Liberalisierung und Deregulierung, konnten Finanzmanager den Preis der Nachfrage nach ihren Arbeitsleistungen zu einem erheblichen Teil selbst gestalten.[42]

Macht man soziale Ungleichheit vorrangig an der Bezahlung von Managern aus, bleiben Gerechtigkeitsfragen in der Einkommenswelt angesiedelt. Einkommen bildet traditionell die Bezugsgröße für Leistungsgerechtigskeitsdebatten. Ein Fokus auf Boni im Finanzsektor verengt die Diskussion. Vermögende Erben, erfolgreiche Rentiers und viele andere Typen von Überreichen geraten so aus dem Blick.

Den Politikern konnte in der jahrelangen Krise nach 2008 nicht klar sein, ob eine Lenkung des Ungerechtigkeitsempfindens auf die Boni wohlhabender Manager gelingen würde. Wenigsten kurz war der generalisierte Zorn auf *die da oben* groß gewesen. Die Ablenkungsmanöver mussten zudem eine Legitimation der staatlichen Intervention im Finanzsektor ermöglichen. Staatsinterventionen galten als verpönt; der Marktmechanismus hätte den Konkurs als Bestrafung vorgesehen. Diese Sanktionsmöglichkeit wurde ausgeschaltet und die Finanzinstitute sowie deren Gläubiger und Anleger gerettet.

In der Aufarbeitung der Verwerfungen am Finanzmarkt hätte es um eine konsequente Realisierung eines Leistungsprinzips gehen können. Ein Leistungsideal wird von einem Verantwortungsprinzip getragen und Verantwortung vereinzelt. Es sind bestimmte Menschen, die ihre Verantwortung nicht wahrgenommen haben. Eine generalisierende Zuschreibung von menschlicher Habgier ist hierfür kein Ersatz. Hätte am Finanzmarkt tatsächlich eine Meritokratie gegolten, dann hätte individuelles Versagen zum Einklagen von Ansprüchen führen müssen. Das Versagen einzelner Manager war aber nur selten Anlass zur Strafverfolgung und zur Verschärfung von Strafbestimmungen. Die Diskussionen konzentrierten sich eher auf moralische Fragen. Das Thema der strafrechtlichen Verantwortung wurde in den Hintergrund gedrängt. Neue Transparenzbestimmungen und Selbstverpflichtungen zur Einhaltung von ethischen Standards waren symbolische Reaktionen, die den Vermögenden im Finanzsektor wenig kosteten.

Die politischen Diskurse in der EU und den USA setzten auf Tugendhaftigkeit und moralisierten gegen das Laster der Gier. Schuld waren nicht einzelne Personen, sondern *die Banken* oder – noch weiter in der Ferne – die *menschliche Gier*. Diese Pauschalisierungen lenkten vom konkreten beruflichen Versagen einzelner Personen ab. Das Lamentieren über die Gier der Bankmanager und deren Spielraum zur privaten Bereicherung bediente geschickt die Empörung in der Bevölkerung. Der Bankier galt einst als Ehrenmann, nun tauchte die *Ehre des soliden Bankiers* in medialen Debatten als Referenz für richtiges Verhalten von Bankmanagern auf.[43]

In der Finanzkrise hatte sich das staatskritische Moment des Neoliberalismus, die Marktradikalität, als propagandistisch entpuppt. Letztlich waren reiche Aktionäre vollkaskoversichert gewesen. Die Vermögenden hatten ihre Vermögenszuwächse zuvor erzielt, weil sie hohe Risiken eingegangen waren. Je größer diese Risiken waren, desto höher waren tendenziell ihre Gewinne ausgefallen. Als die Risiken sich aber in Verlusten materialisierten, musste die Allgemeinheit einspringen. Der umgangssprachlich geläufige Ausdruck *Ban-*

*kenhilfspaket* war verräterisch ehrlich gewesen. Geholfen wurde den Banken und nicht deren Kunden. Die Konditionen der staatlichen Hilfe wurden teils sogar nach den Vorstellungen der Finanzinstitute gestaltet. Damit schmälerte der Staat seinen budgetären Spielraum und die Zukunftschancen des Restes der Bevölkerung.

Österreich bot ein Spezifikum im servilen Umgang mit Überreichen. Als einige überreiche Personen in der Finanzkrise für eine stärkere Besteuerung von Reichen eintraten, beschied ihnen der Finanzminister in einem Brief, dass das keine gute Idee sei und sie eher spenden sollen.[44]

Ein kleiner Steuerbeitrag der Reichen wäre für eine Reduktion der Vermögensungleichheit in der Gesellschaft nicht hinreichend gewesen. Doch die Steuereinnahmen hätten Mittel für gemeinwohlorientierte Ziele bereitstellen können. Aber sogar diese bescheidene Geste in der Krisenbekämpfung erwies sich als unmöglich und es kam nicht einmal zu geringen Besteuerungen der Überreichen. In Österreich wurde zwar eine Bankenabgabe initiiert, doch Bankenabgaben lassen sich leicht auf Kunden abwälzen. Eine Finanztransaktionssteuer, welche die Reichen gar nicht direkt betroffen hätte, fand in der EU keine politische Mehrheit.

Doch keineswegs alle Überreichen suchten nach symbolischen Gesten zur Demonstration ihrer Tugendhaftigkeit. Der CEO von Goldman Sachs, Lloyd Blankfein, bezeichnete sich in der Finanzkrise als »Banker, der nur Gottes Werk verrichtet«.[45] Mit diesem viel beachteten Ausspruch, der möglicherweise ein zynisch geratener Scherz sein sollte, legte Blankfein seine Wahrnehmung der Welt offen. Gleichzeitig warnte er seine Angestellten vor demonstrativem Luxuskonsum, da dies den Zorn der Bevölkerung wecken könnte. Blankfein reagierte adäquat auf die Politik, der es nur um eine symbolische Abstrafung der Bankeliten ging. Der Fokus der Vorwürfe war deren Maßlosigkeit, da viele trotz Krise auf ihren Boni insistierten.

Die materiellen Interessen der Überreichen waren auch in der Finanzkrise von 2008 nie gefährdet gewesen. Die Regierungen in den USA und in Europa, ob nun sozialdemokratisch oder konservativ, wussten, dass die überreiche Minderheit für sie wichtiger ist als die Mehrheit der Bevölkerung.

Aufgrund der eklatanten Schwächung des Staates seit den 1980er Jahren werden politische Interessen der Überreichen kaum mehr in Frage gestellt. Doch Überreichen geht es auch um gesellschaftliche Reputation. Die Überlegung von Adam Smith war, dass sie sich auf eine dauerhafte Sympathie des Rests der Bevölkerung stützen können. Die symbolische Abwertung, die Rede von tugendlosen Bankern oder gierigen Reichen zeigt, dass dem nicht immer so ist. Dies mag den Status der Eliten angekratzt haben. Doch es ermöglichte den Überreichen, billig durch die Krise zu kommen.

## 3.6 Eigentümergesellschaft

Politische Freiheitsvorstellungen brauchen ein Wir-Gefühl. Daher suchen politische Projekte Gemeinsamkeiten herzustellen. Im Wohlfahrtsstaat ist es ein Gefühl der Solidarität; unsere Gesellschaft wird getragen von Mitgefühl und bietet Sicherheit, insbesondere in schwierigen Zeiten.

Die Eigentümergesellschaft ist ein Gegenprojekt zum Wohlfahrtsstaat. Jeder und jede strebe Privateigentum an und ein jeder könne ein wenig an Eigentum haben. In dieser Überzeugung liegt das Gerechtigkeitsproblem nicht darin, dass Wenige zu viel, sondern Viele zu wenig haben. Eine Eigentümergesellschaft begünstigt den Eigentumserwerb steuerlich. Über Wohnbauförderungen und andere Instrumente wird Immobilieneigentum attraktiver.

Die kleinen Eigentümer wollen von der Politik nicht viel. Sie leben behaglich und kümmern sich um ihr bescheidenes Vermögen. Ein Aufbegehren wird so unwahrscheinlich: »Heftige politische Leidenschaften vermögen wenig über Menschen, die mit ganzer Seele derart ihrem Wohlstand nachjagen. Der Eifer, mit dem sie die kleinen Geschäfte betreiben, dämpft sie gegenüber den großen.«[46] In einer Eigentümergesellschaft soll der Bürger als Privatmensch den Sieg über den Staatsbürger davontragen. Zielgenau prognostizierte der Sozialwissenschaftler Albert Hirschman, dass es auch geschichtliche Phasen gebe, in denen das Verfolgen privater Interessen mit dem zufriedenstellenden Gefühl einhergeht, dass man Teil einer Bewegung sei. »Die letzte ideologische Rache, welche die Privatsphäre an der öffentlichen nimmt, liegt in der Idee, daß das Schaffen von Reichtum (als Ziel privaten Handelns) dem Streben nach Macht, das nun als einziges Ziel öffentlichen Handelns betrachtet wird, grundsätzlich überlegen ist. Im Gegensatz zum Kampf um die Macht läßt sich die Erzeugung materiellen Reichtums als ein Spiel feiern, bei dem alle Beteiligten gewinnen können.«[47]

Die Bürger ziehen sich aus dem politischen Engagement zurück und widmen sich ganz den privaten Belangen. Freiheit ist der Schlüsselbegriff einer Eigentümergesellschaft. Freiheit wird verstanden als Wahlfreiheit und als Abwesenheit von staatlichen Einschränkungen. Die positive Idee von der Freiheit des Individuums ist am Markt angesiedelt. Sogar wenn vielen Menschen in der Eigentümergesellschaft das Privateigentum fehlt, hätten Arme in einer solchen Gesellschaft mehr Freiheit als in der Wohlfahrtsgesellschaft. Vermögen kann bei Existenzängsten eine vage Hoffnung markieren. Der österreichische Bundeskanzler Kurz empfahl Immobilieneigentum sogar als Ausweg aus der Altersarmut.[48] Nur ist der Weg zu Immobilieneigentum angesichts geringer Einkommen ein extrem steiler. Wer 200 Euro monatlich zur Seite legen kann, muss bei einer Verzinsung von drei Prozent über 45 Jahre lang sparen und kommt mit seinen Ersparnissen immer noch nicht zu einer durchschnittlichen Eigentumswohnung in München oder Wien.

Hayek hatte den Unterschied zwischen einem bevormundenden Wohlfahrtsstaat und einem freiheitsermöglichenden Markt zugespitzt. Die Dichotomie von Markt und Staat ist jedoch nur konstruiert. Sie dient dazu, eine angeblich ineffiziente Bürokratie von einem vorgeblich effizienten Markt abzugrenzen. In den USA und Europa dominierte spätestens seit den 1980er Jahren die Furcht vor einem interventionswütigen Staat, der sich in Belange einmischt, die nicht die seinen sind. Das Misstrauen Hayeks galt dem Staat. In *Der Weg zur Knechtschaft* beschrieb er die Institution des Privateigentums als wichtigste Garantie der Freiheit: »Wer würde nicht einsehen, daß ein Multimillionär, der mein Nachbar und vielleicht mein Arbeitgeber ist, weit weniger Macht über mich hat als der kleinste Funktionär, der die Zwangsgewalt des Staates ausübt und von dessen Belieben es abhängt, ob und unter welchen Bedingungen man mir zu arbeiten und zu leben erlaubt? Und wer wird leugnen wollen, daß die Welt, in der die Reichen mächtig sind, immer noch besser ist als eine, in der allein die bereits Mächtigen zum Reichtum gelangen können?«[49]

Der Sozialstaat, der existenzielle Gefahren abwendet und Risiken versichert, bleibt in Europa aber trotzdem für viele Menschen wichtig. Bei einem hinreichend hohen Arbeitseinkommen und einem funktionierenden Sozialstaat sind Ersparnisse nicht zwingend. Werden aber staatliche Schutzleistungen abgebaut, sind alle Menschen gezwungen, Vermögen aufzubauen. Dieser private Eigentumserwerb überfordert viele. Das ideologische Moment der Eigentümergesellschaft besteht darin, dass die Fähigkeit zum Eigentumserwerb auf Tugenden abstellt und nicht auf verfügbare Arbeitseinkommen. Der Erwerb eines Eigenheims erzieht zu oder setzt auf Sekundärtugenden wie Sparsamkeit und Beständigkeit. Schulden und Konsumverzicht kennzeichnen das Leben in einer Eigentümergesellschaft. Immobilieneigentum erfordert von jenen Menschen mit wenig Geld und ohne Erbschaften besonders viel Selbstdisziplin. Eine langfristige Lebensgestaltung wird unumgänglich, da sich die Laufzeiten eines Wohnbaukredits über 20 oder 30 Jahre erstrecken.

Die Vereigenheimung ist traditionell ein konservatives gesellschaftspolitisches Ziel.

Das Eigenheim der Familie war seit der Französischen Revolution in politischen Debatten der Restauration ein effektiver Schutz gegen kollektivistische Programmatik.[50] Friedrich Engels schrieb 1887 in *Zur Wohnungsfrage*: »Die gescheitesten Führer der herrschenden Klasse haben stets ihre Anstrengungen darauf gerichtet, die Zahl der kleinen Eigentümer zu vermehren, um sich eine Armee gegen das Proletariat zu erziehen.«[51] Bereits im 19. Jahrhundert versuchten bürgerliche Wohnungsreformer, Immobilienvermögen über einen Eigentumsgesellschaftsansatz zum Thema aller zu machen.

Das wirtschaftspolitische Projekt einer Eigentümergesellschaft in den 1990er Jahren wollte die Zahl der Immobilieneigentümer erhöhen.[52] Bislang wurde es zwar nicht einmal in den USA dahin gehend umgesetzt, dass tatsächlich alle Menschen über Immobilieneigentum verfügen, aber für eine kurze Zeit in den 2000er Jahren gab es in den USA sogar Eigenheimbesitzer ohne Einkommen, Geldvermögen und ohne Job. Mit Krediten war ihnen Eigentum auf Pump ermöglicht worden. Die Illusion von einem kreditfinanzierten Eigenheim, dessen Immobilienwert von selbst kontinuierlich steigt, verpuffte in der Krise 2008 spektakulär. Dass eine Wertsteigerung von Immobilien wohlstandsmäßig alle Immobilieneigentümer dauerhaft nach oben zu ziehen vermag, reflektierte ein naives Vertrauen in Marktkräfte.

Doch Immobilieneigentum ist auch in der Vorstellungswelt vieler Armer positiv besetzt. Den Kindern soll es einmal besser gehen, lautet ein weit verbreiteter Wunsch und vererbbares Eigentum bildet die Form dieser Familiensolidarität. Dass die meisten Menschen kaum Vermögen haben, widerlegt die Idee einer Eigentümergesellschaft nicht.[53] Gerade aus der Vermögenslosigkeit kann sich in einer von Arbeitslosigkeit, unzureichender Altersabsicherung und ungenügender Bildungs- und Gesundheitssysteme gekennzeichneten Welt, der Wunsch nach Privateigentum nähren.

Ein Staat, der eng mit den Interessen der Vermögenden verbunden ist, motiviert die Menschen zur Eigentumsbildung und privatisiert die Verantwortung für existenzielle Sicherheit. Die Befürworter der Eigentümergesellschaft sehen die Aufgabe des Staates nicht darin, Armut zu lindern oder mehr Gleichheit herzustellen; ihnen geht es vielmehr um Bürokratieverschlankung und individuelle Chancen.

Ohne bevormundenden Staat sollen die Menschen besser für sich selbst sorgen können: ein utopisches Projekt, das den Menschen mehr Freiheit verspricht, und die Überreichen fiskalisch entlastet.

Sowohl der Wohlfahrtsstaat als auch die Eigentümergesellschaft beanspruchen, Furcht zu nehmen und Sicherheit zu geben. Die einen verfolgen dieses Ziel über einen kollektiven Ansatz, die anderen über einen individualistischen Zugang. Wenn Menschen sich in einer Gesellschaft sicher fühlen, ist offen, welche Variante sie bevorzugen. Der Politik der Eigentümergesellschaft ging es folglich zuerst darum, Furcht zu erzeugen. Dann konnte der Anspruch gestellt werden, die Unsicherheit durch Vermögensbildung zu nehmen. Pflegenotstand, geringe Altersrente und ein fragiles Gesundheitssystem mussten als kaum lösbare Probleme präsentiert werden und Reformnotwendigkeiten signalisieren. Erst so konnte Eigentumsbildung als Lösung präsentiert werden.

## 3.7 Politik der Verachtung

Eine »Politik der Verachtung« (Dworkin) ist auch eine Politik, welche die Überreichen unterstützt und die Armen missachtet. Sie fördert Furcht und schafft Feindbilder. Zum konstruierten Widerpart der Armen in Europa und den USA werden aber nicht überreiche Menschen, sondern Flüchtlinge.

Jean-Jacques Rousseau hat in seinem 1755 für Diderots und D'Alemberts *Enzyklopädie* verfassten Text »Ökonomie des Staates« geschrieben, der Staat »ist ein starker Schutz für die unermeßlichen Besitztümer des Reichen und gönnt dem Armen kaum die Hütte, die er eigenhändig gebaut hat. Kommen nicht alle Vorteile der Gesellschaft den Mächtigen und Reichen zugute? Halten nicht sie allein alle einträglichen Ämter besetzt? Sind ihnen nicht alle Gnaden, alle Vorrechte vorbehalten? Und werden sie nicht von der öffentlichen Autorität begünstigt?«[54] John Stuart Mill hat in seinem Werk

*Der Utilitarismus* den gewichtigen Einwand vorgebracht, dass die Reichen »ohne Gesetze und Regierung weitaus besser für ihre Sicherheit sorgen könnten als die Armen und es ihnen wahrscheinlich sogar gelingen würde, die Armen zu ihren Sklaven zu machen«.[55]

Zu den traditionellen reichenfreundlichen politischen Instrumenten zählen Eigentumsschutz, Unternehmersubventionen und Unternehmenssteuersenkungen. In Krisen kommt noch Gefühlspolitik hinzu. Bei Roosevelt war es eine Politik des Mitgefühls verortet in der Mitte. Nach der Finanzkrise war es ein Diskurs gegen die Gier der Reichen. *Reichtum ohne Gier* heißt das Buch der Linken-Politikerin Sahra Wagenknecht.[56] Doch die Gier ist nicht der Kern des Problems.

Wo die Politik das Ziel der Gleichheit aufgibt und sich auf Unterstützung der Überreichen konzentriert, ist die Trickle-down-Theorie als Ideologie prominent. Sie wurde zuletzt von Papst Franziskus in einem apostolischen Schreiben *Evangelii Gaudium* heftig kritisiert.[57] Die umgangssprachlich auch als Pferdeäpfeltheorie bezeichnete Lehre besagt, dass Pferde mit gutem Hafer gefüttert werden müssen, damit sich die Spatzen dann aus dem Kot die Körner herauspicken können. Dass die Reichen immer reicher werden, sei folglich kein Problem, solange die Armen dadurch der Armut entkommen. Die steigenden Profite von heute seien die Investitionen und Arbeitsplätze von morgen. Es wäre falsch, hier Sand ins Getriebe zu streuen. Empirisch war dieses Ideologem nicht haltbar.

Die Mehrheit der amerikanischen Kongressmitglieder sind Millionäre.[58] Das Vermögen des US-Präsidenten wird auf 3,1 Milliarden US-Dollar geschätzt und auf der Forbes-Liste der reichsten Personen in den USA rangiert er auf Platz 248. Doch gerade Überreiche können sich als volksverbundene Antieliten präsentieren. Viele Politiker kürzen ihr eigenes Salär massiv oder verzichten ganz darauf. Auch Präsident Donald Trump bescheidet sich mit einem Jahreseinkommen von einem US-Dollar. Auf den ersten Blick ist das für den Staat günstig.

Doch finanzielle Zurückhaltung beim Einkommen in politischen Ämtern reflektiert nicht persönliche Bescheidenheit. Viel eher handelt es sich um eine symbolische Maßnahme. Geduldig kann entweder auf das große Geld in der Zeit nach der Amtszeit gewartet werden – oder das relativ bescheidene Salär in der Politik wird tatsächlich nicht benötigt, weil das eigene Vermögen so hoch ist und die sich durch die politische Tätigkeit ergebenen Kontakte genutzt werden können.

US-Präsident Trump hat verkündet, dass er in seinem Kabinett lieber reiche als arme Menschen habe.[59] Das haben wohl auch seine Vorgänger so gehandhabt, ohne es in dieser Form explizit zu machen. Eine solche Politik nötigt zur Einsicht, dass die Grenzen zwischen Demokratie und Oligarchie verschwimmen. Bereits im Frühkapitalismus zeigte sich eindrücklich die enge Verbindung von Reichtum und Politik. Thomas Morus rechnete in *Utopia* mit den Reichen und ihren politischen Dienern ab: »Ein guter Herrscher räumt ja nur ungern einem Privatmann Vorteile gegen die Interessen seines Volkes ein, d. h. also nur gegen viel Geld.«[60]

Da kaum ein Politiker es wagt, die Spitzengehälter und die Hungerlöhne in der Privatwirtschaft zu problematisieren, müssen sie sich selbst für neiderfüllte Vergleiche bereithalten. Im Vergleich zu den Überreichen wirken sie dann oft wie deren arme Verwandte: »Die Reichen glauben, durch noch mehr Reichtum ihr Leben verbessern zu können. Diesen Reichtum setzen sie in den Vereinigten Staaten und zahlreichen anderen Ländern politisch ein, um die Bevölkerung zu überzeugen, Politiker zu wählen oder hinzunehmen, die ihnen bei der Erreichung dieses Ziels behilflich sind.«[61]

Das politische Spiel bei Präsidentschaftswahlen in den Vereinigten Staaten lautet nicht Reich gegen Arm, sondern *meine Milliardäre gegen deine Milliardäre.* Es stehen einander nicht Repräsentanten unterschiedlicher sozialer Klassen gegenüber, sondern Repräsentanten von Fraktionen der Vermögenden. Bei den Präsidentschaftswahlen kandidieren keine Vertreter der Armen, die sich Repräsentanten der Reichen gegenüber sehen. Es bewerben sich vermögende Menschen, hinter denen oft noch vermögendere Menschen stehen. Ohne Milliardäre wird politisch nicht gespielt. Dies bedeutet aber, Geld allein entscheidet nicht die Wahlen.[62] Es bildet nur den Einsatz, um überhaupt spielen zu können. In den USA waren die Koch-Brüder bereit 2012 für die Präsidentschaftswahlen hunderte Millionen Dollar einzusetzen. Trotzdem hatte dies keinen Effekt gehabt.

Reiche Politiker können leichter gegen das Establishment auftreten, da sie diesem selbst angehören und deren kulturelle Codes und ihren Habitus kennen. Die Leidenschaften reicher Politiker zielen nicht nur auf Reichtum, sondern auch auf Anerkennung. Zum materiellen Erfolg soll das angenehme Gefühl kommen, es sich verdient zu haben. Die Frage der Tugendhaftigkeit wird auch hier der Schlüssel zum akzeptierten Reichtum.

Die gesellschaftliche Mitte unterstützt die Reichen und erkennt deren Verdienst an, weil sie fürchtet, dass egalitäre Prinzipien ihr Eigentum bedrohen könnten. Tocqueville hat das 1835 in *Über die Demokratie in Amerika* beschrieben: »Die Menschen aber, die in einem Wohlstand leben, der von Überfluss ebenso entfernt ist wie von Elend, legen auf ihren Besitz gewaltigen Wert. Da sie der Armut noch recht benachbart sind, sehen sie deren Härte aus der Nähe, und sie fürchten sie, zwischen ihr und ihnen steht nichts als ein kleines Erbe, auf das sich ihre Ängste und Hoffnungen alsbald richten.«[63]

Erbschaftssteuern und Vermögenssteuern, die den materiellen Interessen der Reichen zuwiderlaufen, werden in den USA und Europa gesenkt oder abgeschafft. Politisch wird Gleichheit über das Prinzip der Chancengleichheit zu einem Bildungsthema geschrumpft. Chancengleichheit meint dann nur die Möglichkeit, in die Mitte der Gesellschaft zu gelangen.

Franklin D. Roosevelts New Deal wurde in der ökonomischen Literatur oft als wirtschaftspolitisch radikales Unterfangen verstanden.[64] Tatsächlich war seine Ausrichtung getrieben von einer radikaleren programmatischen Konkurrenz und von einer verbindenden Gefühlspolitik. Der demokratische Senator Huey Long hatte sich in den USA für eine Vermögensbegrenzung eingesetzt und fand für seine Ideen enormen Zuspruch in der Bevölkerung. So zwang er Roosevelt dazu, sein Programm zu erweitern. Doch letztlich wurde so eine politische Radikalisierung in den USA eingedämmt, steuerpolitische Korrekturen der Ungleichheit waren zwar historisch weitreichend, aber in der politischen Debatte waren von Huey Long gravierendere Korrekturen der privaten Eigentumsordnung debattiert worden. So dominierte am Ende ein patriotisches Pathos den New-Deal-Diskurs.

Die Finanzkrise 2008 hat weder in den USA noch in Europa zu einer Diskussion über Eigentumsordnungen und Überreichtum geführt. Der Fokus der politischen Rhetorik lag auf einer Mäßigung der Reichen. Die Rettung des Finanzsektors auf Kosten der Allgemeinheit führte zu keinen sozialen Unruhen. Daher wurden weitere reichenfreundliche Maßnahmen wie eine Abschaffung von Vermögenssteuern und eine Abschwächung von Erbschaftssteuern möglich. Die gesellschaftliche Stellung der Überreichen wurde in der Krise entscheidend gestärkt.

## Kapitel 4

# Begründeter oder verdienter Reichtum

Es hat den Reichen nie an Erklärungen gemangelt, Reichtum zu rechtfertigen. Ob etwas als verdient angesehen wird, hängt maßgeblich von Gefühlen ab, insbesondere von Neid und Mitleid. Begründungen haben aber einen weitreichenderen Anspruch als Behauptungen zum verdienten Reichtum.

Rainer Forst präsentiert in *Das Recht auf Rechtfertigung* den zentralen Gedanken seiner konstruktivistischen Gerechtigkeitstheorie: Jedes Mitglied der Gesellschaft hat ein grundlegendes Recht auf Rechtfertigung und alle gerechtigkeitsrelevanten Ungleichheiten sind, insbesondere gegenüber den Benachteiligten, rechtfertigungsbedürftig. Die Bessergestellten schulden den Schlechtergestellten eine Rechtfertigung, inwiefern die bestehenden Verhältnisse legitim sind. Bei sozialer Ungleichheit geht es insbesondere um Begründungen der Abweichungen vom Gleichheitsideal. Ob eine Gesellschaft Reichtum erlaubt und wenn ja, in welchem Ausmaß, ist eine Sache der argumentativen Rechtfertigungen. Menschen müssen darüber reden, was gerecht sein soll. Sie müssen sich einigen, wer auf Basis welcher Begründung und in welcher Form Reichtum anhäufen oder behalten darf. Dieses rationale Ideal strebt weit mehr an als eine soziale Akzeptanz von Ungleichheit.

Die Legitimation von Reichtum erfolgt jedoch in einer von ungleichen Machtverhältnissen gekennzeichneten Gesellschaft und nicht im Rahmen eines zwanglosen Austausches von rationalen Argumenten. Reiche müssen nur selten Armen gegenüber Begründungen für ihre materielle Sonderstellung geben. In einer demokratisch verfassten Gesellschaft können reiche Menschen die Frage nach der Legitimation ihres Vermögens trotzdem nicht vollständig vermeiden. Schließlich benötigen sie eine gewisse soziale Akzeptanz ihrer gesellschaftlichen Besserstellung. Ein legal erworbenes Vermögen ist noch kein legitimiertes Vermögen. Und aus einer ökonomischen Perspektive lässt sich schon die Tatsache, dass Vermögen niedriger besteuert wird als Arbeit, kaum rational begründen.

Reichtum benötigt eine Legitimationsinstanz, um nicht zu Überreichtum zu werden. Ohne Legitimation bleibt er ein ungerechtfertigtes Privileg. Ein legitimierter Reichtum in einer Demokratie wäre ein Reichtum, der von allen Menschen in der Gesellschaft anerkannt wird und nicht nur von den Begünstigten. Erst in sozial akzeptierten Reichtumsbegründungen könnten Überreiche ihre Privilegien in berechtigte gesellschaftliche Sonderstellungen verwandeln.

Doch die Wege der Rechtfertigung von Reichtum sind verschlungen. Wenn es um die Legitimation von Arbeitseinkommen geht, wird der Markt als Instanz betrachtet, weil dort entschieden werden soll, was ein gerechtfertigtes Einkommen darstellt. Wie steht es um vererbte Vermögen und Immobilien? Vieles an Eigentum verbleibt im Familienverbund über Generationen und erreicht den Markt gar nicht.

Nach dem Zweiten Weltkrieg veränderte sich die soziale Struktur der Gesellschaft. Es entstand eine Mitte, die über Immobilienvermögen verfügte. Ausschlaggebend hierfür waren wirtschaftspolitische Maßnahmen, die eine Eigentümergesellschaft zu fördern suchten.[1] Das veränderte nicht nur die Sozialschichten, sondern auch deren Begründungsnotwendigkeiten. Es musste gerechtfertigt werden, wer in die Mitte auf- und wer absteigen soll. Die eklatanten Vermögensunterschiede und die zunehmende Wichtigkeit von Erbschaften widersprechen der geforderten sozialen Mobilität. Im Gegenteil: Sie stabilisieren soziale Positionen über Generationen hinweg.

Reichtum kann rational über seine Entstehung und seine Verwendung legitimiert werden. Eine Legitimation über Leistung zielt primär auf die Reichtumsentstehung und eine Begründung über

Philanthropie auf die Reichtumsverwendung. Sowohl die Entstehung von Reichtum als auch der Umgang mit Reichtum müssten gerechtfertigt werden. Doch das geschieht nur selten, eher werden reichenfreundliche Bilder oder pauschalisierende Karikaturen der Überreichen gezeichnet.

Adam Smith löste die Widersprüchlichkeit zwischen dem was richtig wäre und dem was ist, indem er ein Reich der Vernunft mit einem Reich der Natur kontrastierte: »Weise hat die Natur erkannt, daß die Rangeinteilung, der Friede und die Ordnung der Gesellschaft sicherer auf dem klaren und handgreiflichen Unterschied der Geburt und des Vermögens als auf dem unsichtbaren und oft unsicheren Unterschied der Weisheit und Tugend ruhen würde.«[2] Die Unterschiede von Geburt und Vermögen dominieren weiterhin. Aber gegenwärtig sind es nicht mehr die Unterschiede in Weisheit und Tugend, sondern jene von Leistung und Wohltätigkeit.

## 4.1 Legitimation des Reichtums über Leistung

Die Kategorie der Leistung nimmt eine prominente Stellung innerhalb des Kapitalismus ein. Leistung ist ein zentrales Gerechtigkeitsprinzip und wird zur Begründung von Einkommensunterschieden herangezogen. Galten im Feudalismus ständische Privilegien, so werden im Kapitalismus soziale Unterschiede über Leistung begründet. Die moderne Gesellschaft kennt ihrem Selbstverständnis nach keine ständischen Vorrechte. Für die Norm der Leistungsgerechtigkeit müssten die erbrachten Leistungen aber vergleichbar sein.

Vergleiche der Leistungen eines Obdachlosen mit der Leistung eines Vorstandvorsitzenden sucht man vergeblich. Wenn verglichen wird, dann in sozial nahen Referenzgruppen.

Reiche Menschen nehmen sich oft nicht als reich wahr. Und wer sich selbst ohnehin nicht als reich wahrnimmt, wird sich auch nicht vor anderen rechtfertigen wollen. Wer behauptet, mit seinem Vermögen in der Mitte der Gesellschaft zu stehen, wird seinen Reichtum nicht begründen müssen, solange ihm geglaubt wird, auch Teil der Mitte zu sein.

Nur Reiche, die um ihren Reichtum wissen, diesen auch gegenüber Dritten eingestehen und zudem nach sozialer Anerkennung streben, werden ihre Besserstellung gegenüber anderen zu begründen suchen. Der Oligarch, der nicht mehr begründet, sondern nur Vermögen akkumuliert, bildet einen Fluchtpunkt in den Überlegungen zur Legitimation. Macht, die in Gewalt umschlägt, hört auf zu begründen.

Zöge man Leistung zur Begründung der Höhe des Vermögens eines Milliardärs heran, würden vermögenslose Menschen daneben einfallslos, mutlos und risikoscheu erscheinen. Einigen Leistungsgiganten stünden Milliarden leistungsschwachen Menschen gegenüber. Jeder Blick auf das Leben armer Familien und auf deren Anstrengungen, das Lebensnotwendige sicherzustellen, belegt die Irrationalität solcher Legitimationen über Leistung.

Doch die Kategorie der Leistung zur Rechtfertigung von sozialer Ungleichheit spielt auch in der subjektiven Beurteilung der eigenen Anstrengung eine große Rolle. Leistung und die Anerkennung ihrer Leistung ist fast allen Menschen wichtig. Was aber überhaupt unter Leistung verstanden werden soll, kann nur als hegemoniales Ergebnis sozialer Kämpfe gesehen werden.

Arbeitseinkommensunterschiede können bis zu einem gewissen Maß verglichen und auch rational begründet werden. Es gibt Unterschiede in der Verantwortung, Ausbildung, Anstrengung, im Zeitaufwand und in der gesellschaftlichen Wertschätzung usw. Zwar wird sich kein Konsens über den angemessenen Abstand in der Entlohnung etwa zwischen einer Ärztin, einem Bauarbeiter und einem Investmentbanker einstellen, aber es kann vielleicht Verständnis geweckt werden für unterbezahlte Leistungen gesellschaftlicher Gruppen.

Bei der Begründung der gewaltigen Vermögenskonzentration implodieren Legitimationen über Leistungsunterschiede. Die gigantischen Vermögensunterschiede können nicht über Leistungsunterschiede begründet werden. Wenn ein paar Personen ein Milliardenvermögen haben und viele andere von der Hand in den Mund leben müssen, hat die Referenz auf Leistung nur noch eine ideologische Funktion. Vermögende können sich rational nicht als millionenfach leistungsstärker präsentieren und vermeiden deshalb auch solche Leistungsvergleiche – obzwar sie die eigene Leistung betonen. Deswegen werden Reiche gern als isolierte Untersuchungseinheit betrachtet. In der ökonomischen Forschung wird auf die Top-Anteile geachtet, ohne die relationale Perspektive hinreichend einzubeziehen.Wenn die Welten von Arm und Reich auseinanderfallen, dann wird nur noch innerhalb der eigenen sozialen Gruppe verglichen. Mandeville beschönigte dieses Auseinanderfallen der sozialen Welten von Arm und Reich in seiner *Bienenfabel* hingegen nicht:

> »Manch Reicher, der sich wenig mühte,
> Bracht' sein Geschäft zu hoher Blüte,
> Indes mit Sense und mit Schaufel
> Gar mancher fleißige arme Teufel
> Bei seiner Arbeit schwitzend stand,
> Damit er was zu knappern fand.«[3]

Doch viele Menschen bevorzugen das Narrativ von kühnen Unternehmern: Der Studienabbrecher Steve Jobs, der die Computerwelt revolutionierte, ist das Lieblingsbeispiel eines Selfmade-Milliardärs. Ein Charateristikum dieser innovativen Menschen ist ihre triumphale Entwicklung in einem von Herausforderungen geprägten Lebens. Kühne und unternehmerische Menschen haben am Markt Erfolg, der Rest der Bevölkerung soll sich damit begnügen, die Erfindungen der Leistungsträger zu genießen. Vergessen werden die Arbeiter und auch der Staat, der mit seinen vielfältigen Unternehmenssubventionen und der steuerfinanzierten Infrastruktur die Rahmenbedingungen stellt.

Daneben erfüllt der Typus des erfolgreichen sozialen Aufsteigers eine wichtige Funktion. Er zeigt, dass das kapitalistische Spiel wert ist, gespielt zu werden, weil es gewonnen werden kann. In einer Gesellschaft, die zwischen oben und unten polarisiert, können innovative und kühne Menschen aus unteren sozialen Schichten mit exzellenten Ideen nach oben gelangen und so belegen, dass es jeder schaffen kann. Anekdotische Evidenz zu ehemaligen Tellerwäschern unter den Überreichen bestätigt die Ausnahme von der Regel. Es gibt Menschen, die aus Favelas oder Slums erfolgreich den Weg zu den Vermögenden beschreiten – häufig passiert das nicht.

Dem Markt ist immer auch ein Element des Zufalls eigen. Und am Markt suchen erfolgreiche Menschen nicht nach Konkurrenz, sondern wollen diese ausschalten. Die Verschwörungen der Überreichen gegen den Markt sind allein deswegen evident, weil kein funktionierender Markt ohne Wettbewerbspolitik auskommt. Marktversagen und Marktunvollkommenheiten sind die Regel und nicht die Ausnahme. Da die Messung der Leistungen im Kapitalismus trotzdem an einem unvollkommenen Markt erfolgt, kann behauptet werden, dass mehr an Verteilungsgerechtigkeit in der Gesellschaft eben nicht zu haben sei. Der Markt erlaube es nicht.[4]

Weil der Markt von Anfang an auch als eine moralische Erziehungsanstalt konzipiert war, sollen sich die Menschen seinem Urteil beugen. Über Gerechtigkeit könne subjektiv räsoniert werden, allein das finale Urteil zu gerechtfertigtem Reichtum erfolge am Markt. Eine Leistungsbestimmung über den Markt ist aber zirkulär: Eine Leistung wird am Markt gemessen und dementsprechend entlohnt und die Entlohnung wird ihrerseits über die Leistung begründet.

Milliardäre verweisen lieber auf Innovationen, die allen zugutekämen oder auf Philanthropie, die den Bedürftigen helfe. Auch schwere Anfänge der eigenen Karriere sind hilfreich für legitimatorische Fabeln. Steve Jobs' Garage, in der alles anfing, ist ein eingängiges, aber beschönigendes Bild. Es markiert eine vorübergehende Einschränkung, die den nachfolgenden Triumph heller erstrahlen lässt. Beschönigend ist das Bild, weil es sich um eine harmlose Ressourcenknappheit handelte. Diese Lebensphase zählt zur transitorischen Armut, wie auch jene von Studierenden, die für einen relativ kurzen Zeitraum weniger haben und später mehr haben werden.

Gänzlich verloren geht die Legitimationsmöglichkeit über Leistung bei geerbtem Vermögen, das dem jeweiligen Erben ohne Anstrengung zufällt. Vermögenstransfers ermöglichen eine stabile soziale Privilegierung von Generation zu Generation, die sich den Zufälligkeiten des Marktgeschehens entzieht. Dies läuft dem meritokratischen Ideal der modernen Gesellschaft des 20. Jahrhundert zuwider.

In Beaumarchais' Komödie *Die Hochzeit des Figaro* (1784) möchte Figaro, der Diener des Grafen Almaviva, Susanna heiraten, die Dienerin der Gräfin. Der Graf will dem nicht zustimmen, denn auch ihm gefällt Susanna. Im Monolog des Figaro erhebt dieser Einspruch: »Susanna sollen Sie doch nicht finden! Weil Sie ein großer Herr sind, bilden Sie sich ein, auch ein großer Geist zu sein! Geburt, Reichthum, Stand und Rang machen Sie stolz. Was thaten Sie denn, mein Graf, um so viele Vorzüge zu verdienen? Sie gaben sich die Mühe, auf die Welt zu kommen; das war die einzige Arbeit ihres ganzen Lebens, dessen übrigen Theil Sie als ein ziemlich gewöhnlicher Mensch verpraßt und verprunkt haben!«[5] In diesem revolutionären Befund Ende des 18. Jahrhunderts wird der Meinung widersprochen, dass Privilegien in Leistung gründen. Weder feudale Vorrechte noch Reichtum liefern eine vernünftige Begründung von Anmaßungen.

### 4.2 Legitimation des Reichtums über Philanthropie

Als das vermutlich bekannteste Vorbild für eine generöse Spendentätigkeit reicher Menschen gilt wohl Andrew Carnegie (1835–1919), ein Räuberbaron seiner Zeit. Carnegie machte Ende des 19. Jahrhunderts in den Vereinigten Staaten ein enormes Vermögen in der Eisenbahn- und Stahlindustrie. Seine Eltern waren arme schottische

Immigranten. Sein Leben ist eine amerikanische Aufstiegsgeschichte wie aus dem Bilderbuch.

1889 argumentierte er in einem berühmten Artikel »The Gospel of Wealth«, dass reiche Menschen Pflichten gegenüber der Gemeinschaft hätten. Gerade Vermögende verfügten über besondere Qualitäten, die ihnen unternehmerische Erfolge ermöglichen, sie aber auch dazu verpflichten, gemäß philanthropischen Idealen zu leben: »The man, who dies thus rich, dies disgraced.«[6]

Carnegie betonte, dass individuell erworbenes Vermögen für die Entwicklung der Gemeinschaft eingesetzt werden solle. Seine Begründung von Philanthropie war dabei elitär: Reiche Menschen seien gleichsam auserwählt und deshalb auch der Mehrzahl der Menschen moralisch überlegen.

Der Homestead Strike 1892 in einem seiner Betriebe war eine der blutigsten Auseinandersetzungen zwischen Arbeitern und Kapitalisten in der Geschichte der USA. Er dauerte über vier Monate, brachte Aussperrungen und gewalttätige Auseinandersetzungen mit sich. Mehr als zehn Arbeiter starben und hunderte wurden verletzt. Die streikenden Arbeiter mussten schließlich den streikbrechenden Nichtgewerkschaftsmitgliedern weichen.

Einerseits sind diese Tatsachen in der Öffentlichkeit weniger bekannt als Carnegies wohltätige Stiftungen und Spenden. Andererseits mag gerade diese einschneidende Episode für Carnegie selbst prägend gewesen sein. Mochte er auch zu Lebzeiten für seine Arbeiter nur wenig übrig gehabt haben, mit seiner gemeinnützigen Stiftung zielte er ins Unendliche. Carnegie nutzte sein Vermögen zur Finanzierung von Bibliotheken und Universitäten. Im Lauf seines Lebens spendete er über 4 Milliarden US-Dollar. Bereits im Alter von 33 Jahren schrieb er: »The amassing of wealth is one of the worst species of idolatry. No idol is more debasing than the worship of money.«[7] Die Möglichkeit eines ideellen Weiterlebens macht einen Reiz gemeinnütziger Stiftungen aus.

Überreiche Menschen grundsätzlich für habgierig zu halten, wie es etwa Aristoteles tat, geht offensichtlich an der Realität vorbei. Bei der Philanthropie der Reichen beeindrucken die absoluten Zahlen der Spenden. In Wahrheit müsste jedoch die relative Höhe der Spenden in den Blick genommen werden. Aus moralischer Sicht wäre es angemessen, Spenden auf das Vermögen der Spender zu beziehen. Auch ein Milliardär, der etwa für die meisten Menschen unvorstellbare 999 Millionen Euro spendet, bleibt immer noch Millionär und hätte auch nach seiner riesigen Spende noch mehr als das Zehnfache eines mittleren Vermögens in Österreich. Die reichen Spender zeigen mit ihren großzügigen Spenden eher, dass sie märchenhaft reich sind als unvorstellbar generös.

Eine Diskussion dieser Thematik in einer breiteren Öffentlichkeit hat der deutsche Philosoph und Kulturwissenschaftler Peter Sloterdijk angestoßen, indem er eine »Umstellung des bestehenden Steuersystems von einem bürokratisierten Ritual der Zwangsabgaben zu einer Praxis freiwilliger Beiträge zum Gedeihen des Gemeinwesens« verlangte.[8]

So wie bei Leistung ein Leistungsvergleich möglich sein muss, damit von einer vernünftigen Begründung des Reichtums gesprochen werden kann, so muss bei einer Begründung der Philanthropie gezeigt werden, dass sie für die Gesellschaft vorteilhaft wäre.

Kürzt der Wohlfahrtsstaat seine Sozialausgaben, kann in der Öffentlichkeit dagegen argumentiert und demonstriert werden. Bei privaten Spenden überreicher Menschen hingegen kann nichts eingeklagt oder eingefordert werden. Die Begünstigten müssen stets fürchten, dass der Spendenfluss versiegt. Die Unsicherheit ist bei privater Finanzierung weit größer als bei öffentlicher.

Bei der inhaltlichen Auswahl der wohltätigen Projekte folgen Überreiche ihren jeweiligen Präferenzen. Diese reichen von Reputationsgewinnen für ihre Unternehmen über PR-Belange bis hin zu persönlichen Vorstellungen vom Guten. Ob ihr karitatives Engagement tatsächlich Armen zugutekommt oder auf Umwegen nur den Interessen privilegierter Gruppen, muss in jedem Einzelfall beurteilt werden.

Philanthropie ist für Überreiche funktional. Da Reichtum nicht über Leistung begründet werden kann, ist karitatives Handeln für den sozialen Status der Überreichen in einer Gesellschaft wichtig. Eine Legitimation über eine gemeinschaftsorientierte Reichtumsverwendung ist nützlich. Eine philanthropisch legitimierende Fraktion der Überreichen hilft, Überreichtum gegen das Begehr der Vermögenslosen abzusichern. Nüchtern betrachtet, schenken sie ihren Reichtum nicht her, sondern investieren einen Teil davon, meist mit steuerlichen Vorteilen, in seine Absicherung und in das eigene moralische Wohlbefinden.

Die negativen Folgen der Vermögenskonzentration für das Gemeinwesen sind weniger sichtbar als die Wohltaten der Überreichen. Ein neues Tiergehege für Pandabären im Zoo, neue Praxisräumlichkeiten für die Flüchtlingshilfe oder ein Operationssaal in der Klinik: All dies hilft unmittelbar und direkt. Doch solche Spenden helfen auch den Überreichen, ansonsten wären die Namensschilder der Mäzene kleiner und die berühmte Carnegie Hall in New York hieße dann vielleicht schlicht New York Citizen Hall.

Allein auf Funktionalität kann die Wohltätigkeit nicht beschränkt werden. Schließlich gibt es auch Reiche, die nichts spenden wollen. Aber zu bedenken ist, dass Philanthropie, die semantisch auf die Liebe zum Menschen verweist, nicht unter Mitgefühl zu subsumieren ist. Ihre Sichtbarkeit in der Gesellschaft belegt, dass es um anderes gehen soll. Der Rahmen ist meist kulturell konnotiert: Eine Galerie, ein Museum oder ein Klavierkonzert bilden einen sicheren Hafen für reiche Wohltäter, außerdem mehren sie dort ihr kulturelles Kapital.

Wenn demokratisch nicht legitimierte Reiche ihre gesellschaftlichen Vorstellungen jenseits staatlicher Politik umsetzen, tritt das freiwillige soziale Engagement von Vermögenden neben wohlfahrtsstaatliche Sozialpolitik. Den gesellschaftlichen Fluchtpunkt im 21. Jahrhundert bildet insbesondere in den USA eine hinreichende Güte der Überreichen, die staatliche Umverteilung obsolet machen würde. Der Wohlfahrtsstaat wird als ineffiziente Bürokratie geschmäht, aber mit einer Eigentümergesellschaft verträgt sich Philanthropie bestens. Friedrich Engels stellte sich die Überlegungen der Reichen in einer polemischen Zuspitzung so vor: »Wenn ich so viel an wohltätige Zwecke verwende, so erkaufe ich mir dadurch das Recht, weiter nicht behelligt zu werden, so verpflichtet ihr euch dafür, in euren dunklen Höhlen zu bleiben und nicht durch die offne Darlegung eures Elends meine zarten Nerven anzugreifen.«[9]

Der Schriftsteller Charles Dickens hatte diese dunklen Höhlen der Arbeiter besichtigt. Er sah im Gegensatz zu Engels aber in Wohltätigkeit einen Weg aus den Elendsquartieren. Dickens war ein Vertreter der sogenannten Pauperismusliteratur und berühmt für seine realistischen Beschreibungen der herrschenden Armut. Karl Marx und Friedrich Engels gehörten zu seinen Lesern. In Dickens' Romanwelt helfen reiche Philanthropen armen Waisenkindern, und es wird an aufrichtige Wohltätigkeit geglaubt. Bei Engels ist sie hingegen kaum mehr als eine leicht zu durchschauende Heuchelei.

Moralische Gefühle müssen bei einer Analyse eine besondere Beachtung erfahren, da sie für Narrative zu Reichtum so wichtig sind. Moralische Wertungen zu Reichtum finden sich schon bei der Wortverwendung von Vermögen. Menschen sprechen von den Reichen als den *besseren Leuten*. Und ihre Rede von den Höherstehenden deutet auf eine moralische Hierarchie hin. Georg Simmel schrieb im Jahr 1900, Reichtum gelte »sogar als eine Art moralischen Verdienstes [...]; was sich nicht nur in dem Begriff der Respectability oder in der populären Bezeichnung wohlhabender Leute als ›anständiger‹, als ›besseres Publikum‹ ausdrückt, sondern auch in der Korrelaterscheinung: daß der Arme behandelt wird, als hätte er sich etwas zuschulden kommen lassen, daß man den Bettler im Zorne davonjagt, daß auch gutmütige Personen sich zu einer selbstverständlichen Überlegenheit über den Armen legitimiert glauben.«[10]

## 4.3 Verdienter versus unverdienter Reichtum

In Debatten zu Reichtum spielt die Frage des Verdienstes eine zentrale Rolle. Und auch beim Moralisieren über das Skandalon eines Überreichtums geht es um die Frage des Verdienstes. Reichtum kann über Leistung begründet werden, aber auch über Wohltätigkeit. Viele Narrative suchen die Tugendhaftigkeit oder den herausragenden Charakter der Überreichen zu betonen und von verdientem Reichtum zu sprechen. Reiche wollen ihren Reichtum als Verdienst betrachtet sehen. So schrieb Max Weber in seiner *Religionssoziologie*: »Der Glückliche begnügt sich selten mit der Tatsache des Besitzes seines Glückes. Er hat darüber hinaus das Bedürfnis auch noch ein Recht darauf zu haben. Er will überzeugt sein, dass er es auch verdiene; vor allem im Vergleich mit anderen verdiene.«[11]

Doch was unter verdientem Reichtum zu verstehen sei, wandelt sich freilich. So hielten auch die aristokratischen Reichen des 18. und 19. Jahrhundert ihre Sonderstellung für verdient, aber sie verstanden darunter die eigene Arbeitsabsenz. Die US-amerikanischen Reichen im 19. Jahrhundert wandten sich gegen das allgemeine Wahlrecht. Sie schotteten sich in Clubs ab, waren Eigentümer riesiger Immobilienvermögen und wären gern dem englischen Adel nahegekommen. Um Leistung ging es den Reichen der New Yorker Gesellschaft nicht. trotzdem sahen sie die eigenen Privilegien als Verdienst an.

Der englische Adel hielt Reichtum, dessen Quellen Arbeit und Handel waren, für weniger maßgeblich als den eigenen Ruhm und den aristokratischen Lebensstil. Diesen Lebensstil suchte der wohlhabende Teil des Bürgertums mithilfe ihres Reichtums zu imitieren. Doch ihr Reichtum stammte aus der von der Aristokratie verachteten Arbeitswelt.

Das Prinzip des Verdienstes ermöglichte langsam jene Privilegien in die Gesellschaft zu überführen, die man gemäß des Prinzips der Erbfolge zuvor nur erben konnte. Das erklärt viel von der Verachtung, die der Bourgeois zu spüren bekam. Über aufstrebende Bürgerliche mokierten sich viele.

Im 20. Jahrhundert wurde dann nicht mehr das gemachte Nest hochgehalten, sondern – insbesondere in den USA – das Narrativ einer schwierigen Startposition, die den individuellen Erfolg zum Glänzen bringt. Als Königsweg zu verdientem Reichtum wurde hartes Arbeiten propagiert, auf Disziplin, Fleiß und Durchhaltevermögen kam es an. Aber auch Sparsamkeit, Innovation und Risikoorientierung galten als Reichtum ermöglichende Tugenden. Den Armen hingegen fehle es, entsprechend dieses Narratives, an Entschlossenheit, Fleiß und Risikobereitschaft.

Auch der Begriff des Selfmade-Millionär knüpft ideologisch an diese Vorstellungen an. Doch am Überreichtum ist wenig selbst gemacht. Staat und Gesellschaft schaffen die Rahmenbedingungen. Auch erben die Nachkommen der Überreichen nicht unbedingt deren Tugenden. Max Weber erinnerte in der *Protestantischen Ethik* an Theorien mancher amerikanischer Milliardäre, »dass man die erworbenen Milliarden nicht den Kindern hinterlassen solle, damit diesen die sittliche Wohltat, selbst arbeiten und erwerben zu müssen, nicht entzogen werde«.[12]

Dass reiche Menschen Leistungsträger sind, ist fragwürdig. Jean de La Bruyère schrieb in seinem Werk *Die Charaktere*: »Es gibt gänzlich stupide und sogar blöde Leute, die sich in die besten Stellen setzen und im Überfluß zu sterben verstehen, ohne daß man sie im geringsten verdächtigen darf, sie hätten durch ihre Arbeit oder auch nur einen Anflug von Fleiß dazu beigesteuert.«[13] Fleiß soll traditionell einen Weg zu Reichtum weisen. Doch Bruyère achtete auf den umgekehrten Weg: »Eine große Geburt oder ein großes Vermögen schreiten dem Verdienst voran und bewirken, daß man es eher bemerkt.«[14] Dass den reichen Menschen liebevolle Eigenschaften zugedacht werden, mache Vermögen für die Reichen attraktiv. Denn was »den Ehrgeiz eines Hohlkopfes rechtfertigt, ist die Sorgfalt, mit der man, wenn er ein großes Vermögen erworben hat, darauf ausgeht, für ihn ein Verdienst zu suchen, das er niemals gehabt hat, und das genau so groß ist, als er es zu besitzen glaubt«.[15]

Auch der Ökonom und Soziologe Thorstein Veblen bemerkte am Ende des 19. Jahrhunderts in seiner *Theorie der feinen Leute* diese Neigung, reichen Menschen günstige Charaktereigenschaften zuzuerkennen. »Reichtum, der einst nur als Beweis der Tüchtigkeit galt, wird nun in der öffentlichen Meinung zum Verdienst an sich.«[16] Für Veblen war das Ziel des Akkumulierens von Vermögen kein materielles, sondern es ging um Ansehen und Ehre. Und er spitzte die Überlegung zu: »Nur Verschwendung bringt Prestige.«[17] Hier ist Status das Ziel der Reichen. Eine Trennung zwischen gutem und schlechtem Reichtum wird so unterlaufen. Ob die Reichen Selfmade-Millionäre oder Trust Fund Babies sind, spielt dann keine Rolle bei der Beurteilung ihres Reichtums. Es wäre der Reichtum an sich, der dem Reichen Ehre verleiht, seine ausgezeichnete gesellschaftliche Stellung und seinen untadeligen Ruf ausmacht. »Reichtum bildet die unabhängige und endgültige Grundlage des Prestiges.«[18] Status kann in Form bestimmter Vermögenskomponenten zur Schau gestellt werden. Hierfür eignen sich manche Vermögenspositionen besser als andere. Gut eignet sich der Wohnsitz und eher ungeeignet ist das Aktienpaket. Die Verschwendung ist bei Veblen immer eine Angelegenheit der herrschenden Klasse. Vergrößert wurde der Status durch demonstrativen Konsum und demonstrativen Müßiggang. Dabei ging es dann nicht um die Befriedigung elementarer Bedürfnisse, sondern um die Erhöhung des sozialen Status.

Und es ist der Verlust des Reichtums, der zu gesellschaftlicher Missachtung und Isolation führt. Die vermutlich bekannteste literarische Variation zu Familienerben findet sich in Balzacs Roman *Vater Goriot*. Der Kleinbürger Goriot gewinnt während der Französischen Revolution ein Vermögen mit Getreidespekulationen. Er sucht seine Töchter in die adelige Klasse zu vermählen. Anastasie wird zur Gräfin Restaud und Delphine, die einen Bankier heiratet, zur Baronin Nucingen. Unter den Bourbonen, nach Ende der Herrschaft Bonapartes, mit einem neu gefestigten Feudalsystem, ist der Vater, ein kleinbürgerlicher Fabrikant, seinen Töchtern nur noch peinlich. Sein Vermögen hat er den Kindern bereits zu Lebzeiten vermacht. Den sterbenden Vater besuchen sie nicht mehr, sie haben das Interesse an ihm verloren. »Ach wenn ich reich wäre, wenn ich mein Vermögen behalten, dann wären sie bei mir und würden meine Wangen mit ihren Küssen ablecken. Ich würde in einem großen Haus wohnen, hätte schöne Zimmer, Dienerschaft, mein Feuer im Kamin. Und sie wären bei mir, in Tränen aufgelöst, mit ihren Männern und ihren Kindern. Ich hätte all das. Aber so habe ich nichts. Für Geld bekommt man alles, selbst Töchter.«[19] An seinem Totenbett sitzt der junge Eugenie Rastignac, der Vermögen und Tugend zu vereinen suchte, und nun erkennt, dass das große Vermögen uneingeschränkt herrscht.

Balzacs Verdacht, dass hinter jedem großen Vermögen ein Verbrechen steht, bleibt auch heute noch unwiderlegt. Vermögen versteckt die Form seiner Entstehung. Sichtbarer als die staatlichen Unterstützungen für Reiche sind die Sozialleistungen für die Armen. Während bei Einkommen die Quelle leicht identifiziert werden kann, ist das bei Vermögen schwieriger. Steueroasen und undurchsichtige Unternehmensverflechtungen erschweren die Identifizierung der Genese von Reichtum. Steueroasen erlauben Reichen eine steuerschonende Veranlagung. Für den Rest der Bevölkerung ist es umgekehrt: Ihre Oase ist der Wohlfahrtsstaat. Die Wüsten für sie bilden die Steuerhinterziehungsmöglichkeiten der Überreichen.

Die gesellschaftliche Akzeptanz von Reichtum hängt auch davon ab, wie seine Entstehung wahrgenommen wird. Reichtum anderer Menschen wird in der Gesellschaft natürlich nicht generell abgelehnt oder kritisiert. Durch Arbeit erwirtschafteter Reichtum etwa findet heute in der Regel gesellschaftliche Anerkennung. Die subjektiven Werturteile zu verdientem Reichtum können nicht aus der jeweiligen Stellung in der Vermögensverteilung abgeleitet werden, sie reflektieren nicht allein Klassenlagen; in den Urteilen kommen auch individuelle Werthaltungen zum Ausdruck.

Eine entscheidende Rolle bei der Akzeptanz von Reichtum spielt die Betonung der gesellschaftlichen Bedeutung der Mitte. Dies findet sich etwa bei Tocqueville:

»Die Reichen ihrerseits sind dünn gesät und machtlos, sie besitzen keine Vorrechte, die die Aufmerksamkeit auf sich ziehen, ihr Reichtum selbst, der nicht im Bodenbesitz verkörpert und durch ihn dargestellt wird, ist ungreifbar und sozusagen unsichtbar. So wie es keine Geschlechter von Armen mehr gibt, so sind auch keine Geschlechter von Reichen mehr da, diese entstehen täglich aus der Mitte der Masse und kehren fortwährend dahin zurück. Sie bilden also nicht eine Klasse für sich, die man leicht bestimmen und ausplündern kann, da sie durch zahllose geheime Fäden mit der Klasse ihrer Mitbürger verbunden sind, kann das Volk gegen sie keinen Schlag führen, ohne sich selbst zu treffen. Zwischen diesen beiden äußersten Grenzen der demokratischen Gesellschaft lebt eine unübersehbare Menge fast gleicher Menschen, die ohne geradezu reich oder arm zu sein, genug besitzen, um Ordnung zu ersehnen, und nicht genug, um Neid zu erregen.«[20]

Die US-amerikanischen Reichen mussten daher weder die Armen noch politische Versuche der Enteignung fürchten. Die sogenannte Kommerzaristokratie basierte auf Handel und Gewerbe und huldigte dem englischen Adel. Doch eine breite bürgerliche Schicht in einer Gesellschaft mit nur geringen Einkommensunterschieden half, Verkrustungen zu vermeiden.

Auch bleibt Verdienst eine moralisch und politisch umkämpfte historische Begriffskategorie. Die gängige Unterscheidung zwischen *verdienten Armen* und *unverdienten Armen* wird bei Reichen seltener verwendet. Der »unverdient Reiche« ist ein unüblicher Ausdruck in der öffentlichen Debatte zu sozialer Ungleichheit.[21] Unter »unverdientem Reichtum« könnte man ein großes Vermögen verstehen, das ohne eigenes Zutun entsteht: Erbschaften, Schenkungen, Börsengewinne und teilweise auch Immobilienwertsteigerungen. Doch gerade Erbschaften galten für lange Zeit als »verdienter Reichtum«, weil sie die Familienlinie über Generationen sicherten. Bei armen Menschen hingegen blieb das Urteil zu verdienter Armut über Jahrhunderte gleich. Die Armen sind seit Jahrhunderten eine Zielgruppe für erzieherische Maßnahmen des Staates. Es gibt Leistungsanreize,

Verbote für Bettler oder erzieherische Gesetze. Höchstens für unverschuldetes Leid darf es eine gesellschaftliche Kompensation geben.

Mandeville wetterte etwa gegen jene herzlosen Reichen, die ihr Vermögen wohltätig spendeten, anstatt es den rechtmäßigen Erben verdienterweise zukommen zu lassen.

Im 20. Jahrhundert galt, verdient seien die Früchte harter Arbeit oder hoher Risikobereitschaft. Offensichtlich fällt Menschen aus einem reichen Elternhaus Risikobereitschaft aber leichter, denn sie ist für sie weniger gefährlich. Der Unternehmersohn kann scheitern, auf die Unterstützung der Familie rechnen und es erneut versuchen.

Überreiche nutzen ihr Vermögen möglicherweise schamlos oder horten in geiziger Manier ihr Geld. All diese Verhaltensweisen decken aber das problematische Spektrum von Überreichtum nicht ab, denn das wäre über eine Verhaltenskorrektur einzelner Menschen zu ändern. Auch jene Überreichen, die mit ihrem Vermögen weder protzen noch den Staat zu ihren Gunsten unterminieren suchen, sondern großzügig den Armen helfen, sind für die Gesellschaft problematisch. Denn sie können ihr Verhalten ändern und ihre Macht missbrauchen. Der Möglichkeitshorizont markiert die Gefahren des Überreichtums.

## 4.5 Überreiche Opfer

Im Jahr 2012 erschien Thomas Franks Buch *Arme Milliardäre: Der große Bluff*, es wurde bald zu einem Bestseller. Der Autor entwickelt darin die These, dass es eine beliebte Strategie reicher Menschen sei, sich als Opfer darzustellen. Milliardäre klagten immer wieder darüber, dem Neid und Hass anderer Menschen ausgesetzt zu sein. »Dieses Land ist nicht gerecht«, lamentierte etwa der ehemalige italienische Ministerpräsident Silvio Berlusconi angesichts seiner Verurteilung, er habe doch »zum Reichtum des Landes beigetragen«.[22] Mit seinem Vermögen von 9 Milliarden Euro stand er 2010 mit den reichsten Menschen der Welt auf der Forbes-Liste. Doch in seinen Augen wurde ihm die entsprechende Anerkennung versagt.

Der Psychologe Wolfgang Schmidbauer vermutet in *Das kalte Herz*, dass mit wachsendem Vermögen die Ängste ansteigen. Wer nichts hat, muss nicht fürchten, etwas zu verlieren. Ein passender literarischer Befund dazu stammt aus Upton Sinclairs Roman *Boston* über das Schicksal der beiden Anarchisten Sacco und Vanizetti: »Die Bourgeoisie fällt gerne dem Irrsinn anheim, wenn ihre Besitzstände in Gefahr sind.«[23]

Da den Reichen aber real keine Enteignung droht, kann hinter den Klagen auch Kalkül stehen. Thomas Frank schreibt von einer »politischen Ökonomie des Selbstmitleids« der Reichen. In ihrer Inszenierung werden arme Milliardäre von Milliarden von Armen verfolgt. Angst ist im Gegensatz zur Furcht diffus. Millionäre können trotz ihres Reichtums, Angst vor dem Abstieg haben, auch wenn das wenig mit der Realität zu tun hat.

Dagobert Duck etwa ängstigte sich vor Panzerknackern, denen nie ein Überfall gelang. Und Leid wird gern entsprechend der jeweiligen Fallhöhe beurteilt. Montaigne fühlte stärker mit den Reichen mit, da diese mehr zu verlieren haben: »Jedenfalls scheint mir ein Reicher, der sich in seiner Haut nicht wohlfühlt, weil er von Geschäften und Geldsorgen bedrängt wird, übler dran zu sein als einer, der schlichtweg arm ist. Mitten im Reichtum Mangel leiden ist die ärgste Armut.«[24] Auch in der Lieblingslektüre vieler Überreicher und ihrer Bewunderer in den USA finden sich solche Deutungen.[25] *Atlas wirft die Welt ab* von Ayn Rand ist ein über tausend Seiten starker Roman aus dem Jahr 1957. Der Protagonist John Galt, ein innovativer Unternehmer, wehrt sich mit einer Gruppe von Wirtschaftsbossen gegen einen überregulierenden Staat. Sie treten in den Streik und legen das Land lahm. Im Radio erklärt Galt, dass alle, die in einer industriellen Gesellschaft leben wollen, den ethischen Grundsätzen der heroischen Unternehmer folgen müssen. Die herausragenden Tugenden der Reichen böten Vorteile für die Allgemeinheit: »Man hat uns zugeschrieben, dass der Unternehmer ein Parasit sei, dass seine Arbeiter ihn aushielten, ihn reich machten und seinen Luxus ermöglichte [...] und was ihm blühen würde, wenn sie die Arbeit niederlegten. Nun, gleiches Recht für beide. Die Welt soll selbst entscheiden, wer wen aushält, wer die Quelle des Reichtums ist, wer wessen Lebensunterhalt verbürgt und was wem geschieht, wenn jemand die Arbeit niederlegt.«[26] Der reiche Held aus Ayn Rands Universum ist eine beliebte Romanfigur bei Claqueuren des Status quo. Nicht die Arbeiter, sondern die Unternehmer mehren den Wohlstand. Daher gelte es, ihre Regeln zu akzeptieren. Die Larmoyanz des verkannten Genies ist spürbar, die ideologische Botschaft eindeutig.

Obwohl die reichen Helden meist gefeiert werden, wird selten sozialdarwinistisch argumentiert. So wird fast nie behauptet, dass Reiche reich seien, weil sie sich im Kampf gegen andere durchgesetzt haben. Eine Ausnahme bildete Ludwig von Mises, bekannter Vertreter der Österreichischen Schule in der Nationalökonomie und bekennender Anhänger Rands. In einem Schreiben an die Autorin lobte er: »Sie haben den Mut den Massen zu sagen, was ihnen kein Politiker gesagt hat. Ihr seid minderwertig und alle Verbesserungen eurer Situation, die ihr so selbstverständlich hinnehmt, schuldet ihr den Anstrengungen von Männern, die besser sind als ihr.«[27] Diese Zeilen zeigen, wie weit gefühlsbasierte Ressentiments von Ökonomen von ihren eigenen methodischen Rationalitätspostulaten abweichen können.

## 4.6 Heucheleien der Überreichen

Die Politologin Judith Shklar schrieb einmal, »Selbstgefälligkeit und Selbstzufriedenheit« seien »die Heucheleien der Reichen und Mächtigen, die es so meisterhaft verstehen, stets Elend anderer ohne Murren zu ertragen«.[28] Bei Heuchelei wissen wir nicht, ob Selbsttäuschung, furchtsame Unwahrhaftigkeit oder absichtliche Täuschung am Werk ist. Für Friedrich Engels war der moralische Befund in *Zur Lage der arbeitenden Klasse in England* klar: »Die Bourgeoisie heuchelte eine grenzenlose Humanität.« Ironisch ergänzte er: »Wie, die englischen Reichen sollten nicht an die Armen denken, sie, die wohltätige Anstalten errichtet haben, wie kein anderes Land sie aufweisen kann?«[29]

Reiche Menschen haben im Gegensatz zur pharisäerhaften Mitte bessere Möglichkeiten, Kritik zu vermeiden. Sie können die Gefühle anderer Menschen positiv beeinflussen, etwa indem sie eine entbehrungsreiche Kindheit erfinden, um ihren beruflichen Werdegang zu heroisieren. Sie können sich jovial und bescheiden präsentieren, um zu demonstrieren, dass sie sich für nichts Besseres halten. Sie können sich sogar elitenkritisch und umverteilungsfreundlich zeigen.

Aus einer christlichen Perspektive geht es um die richtige Haltung des Gebenden. Im Matthäusevangelium lesen wir, dass sich Jesus gegen einen Almosengeber wandte, der sich allzu viel auf seine Mildtätigkeit einbildete: »Wenn du nun Almosen gibst, sollst du nicht lassen vor dir posaunen, wie die Heuchler tun in den Schulen und auf den Gassen, auf daß sie von den Leuten gepreiset werden. Wahrlich, ich sage euch, sie haben ihren Lohn dahin. Wenn du aber Almosen gibst, so laß deine linke Hand nicht wissen, was die rechte tut, auf daß dein Almosen verborgen, sei; und dein Vater, der in das Verborgene siehet, wird dir's vergelten öffentlich.« Dieser moralische Appell richtet sich an die Reichen. Es ist aber nicht ausgemacht, dass die Reichen eher Heuchler sind als die Armen. Denn manche von ihnen verbergen ihren Hochmut oder ihren Geiz gar nicht.

Nathaniel Hawthorne zeigt in *Das Haus mit den sieben Giebeln* ein schönes Beispiel eines Heuchlers. Richter Pyncheon gibt sich bodenständig und heiter, schlicht und umgänglich: »Wie bei den Reichen üblich, wenn sie in einer Republik nach Ansehen trachten, entschuldigte er sich sozusagen beim Volk, für sein Geld, seinen Wohlstand und die gehobene Stellung, indem er allen, die ihn kannten, freimütig und herzlich begegnete; und zwar je unbedeutender der Gegrüßte war, desto untertäniger, womit er seinen Standesdünkel genauso unfehlbar bewies er jegliches Bewußtsein seiner Überlegenheit, als hätte ihm ein Trupp Lakaien den Weg gebahnt.«[30] Der ungeliebte Heuchler steht eher in der Mitte als ganz oben in der sozialen Hierarchie. Das viktorianische Bürgertum war wohlhabend, zählte aber nicht zu den Überreichen, wie wir sie heute kennen. Es bildete die Stimme der Gesellschaft mit ihren Prinzipien des Puritanismus. Die Bürgerlichen wurden vom Adel verachtet und vom Industrieproletariat gehasst. Sie waren in keiner souveränen Position, sondern eingezwängt zwischen ihren Ambitionen und ihrer Furcht vor dem sozialem Abstieg.

Heuchelei ist wie ein Kitt, um soziale Gegensätze nicht aufbrechen zu lassen. Doch in der Politik wird Heuchelei geradezu erwartet und Judith Shklar betrachtet Heuchelei für eine liberale Demokratie als unumgänglich.[31] Überreiche heucheln in vielerlei Form: Sie leugnen ihren Reichtum, sie verneinen ihre Privilegien und übertreiben ihre Tugenden. Heucheleien der Überreichen erweitern schlicht das Spektrum ihrer Gestaltungsmöglichkeiten. Sie lassen sich nicht erfolgreich moralisch aburteilen. So wie eine Gesellschaft sich wandelt, so ändern sich auch die Einstellungen der Menschen zum Verdienst der Überreichen. Sowohl der Erbe als auch der Selfmade-Millionär finden zu unterschiedlichen Zeiten Anerkennung für ihre Verdienste. Rationale Begründungen für Überreichtum sind in der ungleichen Wirklichkeit kaum vonnöten. In der Hierarchie gesellschaftlichen Ansehens rangieren die Überreichen oben, egal, ob sich ihr proklamierter Verdienst auf unternehmerische Ideen oder auf Erbprivilegien gründet.

## Kapitel 5

# Widerstreitende Gefühle zu Überreichtum

Der Stellenwert von Gefühlen wird bei Diskussionen um Reichtum oft vernachlässigt. Es dominieren Gerechtigkeitsfragen und moralische Urteile.[1] Gefühle zu Reichtum setzen meist mit einem persönlichen Vergleich ein: Wieso hat mein Nachbar mehr als ich? Bei moralischen Gefühlen geht es um konkrete Belange. Über Gefühle werden Präferenzen geordnet, Vordringliches wird von weniger Wichtigem unterschieden. Durch Gefühle gelangen wir zu einer persönlichen Haltung hinsichtlich unserer Lebensziele. Ist mir Reichtum wichtig?

Gefühle sind auf Dinge, Menschen oder Sachverhalte bezogen. Es sind mit bestimmten körperlichen Prozessen verbundene geistige Zustände. Der französische Mathematiker und Philosoph Blaise Pascal hat das in seinen *Gedanken* so formuliert: »Nichts zeigt ihm die Wahrheit. Alles täuscht ihn. Diesen zwei Prinzipien der Wahrheit, der Vernunft und den Sinnen, fehlt es beiden nicht nur an Aufrichtigkeit, sondern sie täuschen einander auch gegenseitig; die Sinne täuschen die Vernunft durch trügerischen Schein. Und diesen gleichen Betrug, den sie der Seele antun, erleiden sie wiederum von ihr; sie rächt sich an ihnen. Die Leidenschaften der Seele verwirren sie und verleiten sie zu falschen Eindrücken. Sie lügen und betrügen einander um die Wette.«[2]

Abstrakte Gerechtigkeitsprinzipien reichen nicht aus, um ein Thema wie Überreichtum und die damit verbundenen Fragen und Herausforderungen zu durchdringen. Sie spielen im alltäglichen Denken und Tun eine geringere Rolle als Gefühle. Gerechtigkeitsanliegen bleiben aber stets mit Gefühlen verbunden. Es ist das gefühlsgeleitete Ungerechtigkeitsempfinden, das gegen Missachtungen rebelliert, die mit Überreichtum einhergehen.

Ungerechtigkeitserfahrungen lassen Menschen vor Wut schäumen. Schon der Unwille, den Tatsachen der Vermögenskonzentration ins Gesicht zu sehen, resultiert aus Gefühlen, die sich dagegen stemmen, das Offensichtliche wahrnehmen zu wollen. Ein armer Mensch mag die extreme Reichtumskonzentration nicht sehen wollen, weil sie ihn ohnmächtig stimmt, ein überreicher Mann will sie vielleicht nicht wahrnehmen, weil sie ihm unangenehme Schuldgefühle macht. Beide Personen vermeiden aus unterschiedlichen Gründen, Überreichtum zu problematisieren.

Würden Arme und Reiche aber miteinander sprechen, so könnten sie sich vielleicht sogar auf gewisse Gerechtigkeitsprinzipien einigen. Ein reicher und ein armer Mensch können denselben Sachverhalt als ungerecht empfinden, auch wenn sie unterschiedliche lebensweltliche Ungerechtigkeitserfahrungen gemacht haben. In deliberativen Auseinandersetzungen lösen sich diese Gefühlsdivergenzen und diese unterschiedlichen Erfahrungen jedoch nicht auf. Oft leiten Gerechtigkeitsprinzipien nicht wirklich das Handeln, sondern die Menschen bleiben in ihren jeweiligen Neid-, Angst und Schamgefühlen gefangen.

Im alltagstherapeutischen Sprachgebrauch werden Gefühle von Mitmenschen oft nur *verstanden*. Verstanden werden kann Empörung angesichts der Ungerechtigkeit in der Welt und verstanden werden kann auch eine moralische Entrüstung angesichts des Überreichtums. Doch Verstehen bedeutet noch nicht, etwas verändern zu wollen.

Sigmund Freud erwähnte in *Aus der Geschichte einer infantilen Neurose* den Fall eines reichen Erben: »Er war durch Erbschaft von Vater und Onkel sehr reich geworden, legte manifesterweise viel Wert darauf, für reich zu gelten, und konnte sich sehr kränken, wenn man ihn darin unterschätzte. Aber er wußte nicht, wieviel er besaß, was er verausgabte, was er übrig behielt. Es war schwer zu sagen, ob man ihn geizig oder verschwenderisch heißen sollte. Er benahm sich bald so, bald anders, niemals in einer Art, die auf eine konsequente Absicht hindeuten konnte. Nach einigen auffälligen Zügen, die ich weiter unten anführen werde, konnte man ihn für einen verstockten Geldprotzen halten, der in dem Reichtum den größten Vorzug seiner Person erblickt und Gefühlsinteressen neben Geldinteressen nicht einmal in Betracht ziehen läßt. Aber er schätzte andere nicht nach ihrem Reichtum ein und zeigte sich bei vielen Gelegenheiten vielmehr bescheiden, hilfsbereit und mitleidig. Das Geld war eben seiner bewußten Verfügung entzogen und bedeutete für ihn irgendetwas anderes.

Ich habe schon erwähnt (Seite 142), daß ich die Art sehr bedenklich fand, wie er sich über den Verlust der Schwester, die in den letzten Jahren sein bester Kamerad geworden war, mit der Überlegung tröstete: Jetzt brauche er die Erbschaft von den Eltern nicht mit ihr zu teilen. Auffälliger vielleicht war noch die Ruhe, mit welcher er dies erzählen konnte, als hätte er kein Verständnis für die so eingestandene Gefühlsroheit.«[3]

Diese psychoanalytische Fallstudie betrifft das innere Erleben eines Reichen. Es handelt sich um ein klinisches Fallbeispiel. Platon, Aristoteles, Smith, Mandeville und Hume waren von außen überzeugt, dass ein hohes Vermögen mit bestimmten Gefühlen, etwa Habgier, Hochmut oder Eitelkeit einhergeht. Für Freud war die in der Analyse sich zeigende Gefühlsvielfalt hingegen maßgeblich und er hätte sie auch nicht auf dominante Gefühle einzuschränken gesucht.

Die Frage, ob es eine Kausalität zwischen Gefühlen und Reichtum gibt, lässt sich letztlich nicht beantworten. Ob es bestimmte Gefühle sind, die Reichtum begünstigen oder ob Reichtum bestimmte Gefühle mit sich bringt, wissen wir nicht. Die meisten Gefühle betreffen alle Menschen, sind aber sozial umkämpft. Einige Gefühle sollen bestimmten sozialen Gruppen in der Gesellschaft vorbehalten bleiben oder werden diesen zugeschrieben. Außerdem wandeln sich Gefühle mit der Zeit.[4] In einer ständisch gegliederten Sozialordnung existieren gruppenspezifische Verhaltensnormen und Gefühlspraktiken, doch in einer modernen Gesellschaft mit sozialer Mobilität gilt dies nur noch bedingt.

Während ein Gefühl wie Ehre im 19. Jahrhundert eine große Rolle spielte, gilt es heute in vielen sozialen Kontexten als anachronistisch – oder wird gar nicht als Gefühl angesehen. Vor der Französischen Revolution galten die Bürgerlichen für Adelige nicht als satisfaktionsfähig. Sie konnten unter der ständischen Ordnung mit diesen keine Duelle um ihre Ehre austragen. Im Feudalismus konnte man sich Adelstitel weder verdienen noch kaufen. Finanzieller Erfolg und erarbeiteter Reichtum brachten kein vergleichbares Ansehen ein. Der Adelsrang wurde vererbt und die Erbfolge verlieh jenes Überlegenheitsgefühl, das dem Rest der Gesellschaft verwehrt war. Die Aristokraten ließen sich nicht herab, sich mit Bürgerlichen zu duellieren, gerade dieser Ausschluss machte die Ehre so anziehend für die Bourgeoisie. Doch als das neue Großbürgertum den vormals herrschenden Landadel an Macht übertraf, suchte es sich durch Heirat auch zu nobilitieren. In der feudalen Welt des 19. Jahrhunderts traf der Reichtum aufstrebender Bürger auf die materielle Gier der Adeligen. Dies musste zu Spannungen führen. Das Bürgertum, reich geworden über Handel, und ein verarmter Adel konkurrierten um die gleichen knappen Ressourcen: um Ehre und Vermögen. Jeder begehrte das Gut des Anderen. Aus selbst erwirtschaftetem Reichtum konnte im Feudalismus keine Ehre entstehen, aber aus Ehre resultierte auch nicht unbedingt Reichtum. Daher entstanden konfliktreiche Ehemodelle zwischen Adel und Bourgeoisie, die von Jane Austen und Henry James beschrieben wurden. Besonders präzise schildert William Makepeace Thackeray in *Das Buch der Snobs* die Schäbigkeit solcher Arrangements: »Ich verachte dich, aber ich brauche Geld, und für hunderttausend Pfund werde ich dir meine Tochter, Blanche Stiffnek, verkaufen, damit ich meine Hypotheken tilgen kann.«[5] Der bürgerliche Gemahl, der fortan seine Freunde nicht ins Haus seiner adeligen Frau bringen darf, hat ein Eheleben voller Kränkungen zu erwarten. Doch sein Sohn wird bereits als Aristokrat geboren werden und wie Thackeray hämisch anmerkt, als Baron Pumpingtin einen Parlamentssitz einnehmen können. Dann ist der soziale Aufstieg über die Standesgrenzen hinweg gelungen.

Auch in Thackerays *Jahrmarkt der Eitelkeit* werden die Vermögensverhältnisse von Liebenden abgeglichen. Der wohlhabende Osborne zweifelt an der Wahl seines Sohnes George: »Mein Sohn und Erbe ein Bettelmädchen von der Straße heiraten! Gott verdamm ihn; wenn er das tut, so mag er sich einen Besen kaufen und die Straße kehren.«[6] Mit der Liebe ist es ohnehin nicht weit her bei George Osborne, der von seinem Vater enterbt wird und sich gezwungen sieht, mit für die damalige Zeit beachtlichen 2 000 Pfund Sterling in vierprozentigen Staatspapieren auszukommen. Sein Unrechtsempfinden ist wachgerufen, weil er besseres gewohnt ist. Die Ehe verläuft unglücklich, doch seine Gattin Amelia erduldet alles. Amelia entspricht dem viktorianischen Ideal einer anpassungsfähigen anständigen Frau, die selbstgefällig ihr Leben bestreitet. Es handelt sich eben, wie bereits der Untertitel des Buches verheißt, um einen Roman ohne Helden. Enterbungen und Erbschaften bringen die entscheidenden Wenden in die Lebensläufe. So wird Amelias Freundin, die lebenslustige Becky, die allen viktorianischen Idealen von Prüderie widerspricht, am Ende sogar eine fromme Wohltäterin: »Das notleidende Apfelsinenmädchen, die vernachlässigte Waschfrau, der arme Brezelmann finden an ihr eine schnellhelfende und großmütige Freundin.«[7]

Damit entspricht der Roman einer Fabel zu Reichtum, seinen Tugenden und Lastern. Es geht um Heuchelei, Moralisieren, Wohltätigkeit, Erbstreitereien und Heiratsarrangements. Die Wohltäterin Becky unterläuft alle viktorianischen Ideale, Thackeray wendet raffiniert die konventionellen Zuschreibungen von Tugenden und Lastern an Arm und Reich.

Nicht die Liebe, sondern der relative Statusverlust treibt Adelige zu Eheschließungen mit Bürgerlichen. Ihm geht es um den Adelsrang und ihr um den Reichtum – oder umgekehrt. Dass beide einander bei der Erniedrigung beobachten, verzeihen sie sich nicht. Dabei wird in der viktorianischen Literatur die Arroganz und Borniertheit der bürgerlichen Aufsteiger weit stärker gebrandmarkt als jene des Adels. Auch hier wirkt noch das Gift der ständischen Ordnung: Jeder soll dort bleiben, wo er hineingeboren ist.

## 5.1 Innerer Reichtum

Bei Aristoteles richten sich moralische Urteile gegen das Streben nach Reichtum – nicht gegen Reichtum selbst. Das Streben nach Reichtum sei widernatürlich, eine Charakterschwäche von Menschen, die sich nicht mit dem angemessenen Reichtum begnügen: »Das auf Gelderwerb gerichtete Leben hat etwas Unnatürliches und Gezwungenes an sich und der Reichtum ist das gesuchte Gut offenbar nicht. Denn er ist nur für die Verwendung da und nur Mittel zum Zweck.«[8]

Über eine Betonung des inneren Reichtums soll eine Orientierung an äußerem Reichtum relativiert werden. Insbesondere die Stoiker empfahlen eine gelassene Lebenshaltung. In Marc Aurels *Selbstbetrachtungen* heißt es: »Von meinem Erzieher lernte ich, in den Zirkusspielen weder für die Grünen noch für die Blauen, in den Gladiatorengefechten weder für die Rundschilde noch für die Langschilde Partei zu nehmen.«[9] Diese Unparteilichkeit kann eingeübt werden. Ihr Ziel ist ein distanzierter Umgang mit den eigenen Gefühlen.

Thomas Morus beschreibt in *Utopia* eine Form der Gelassenheit, die sich erst ab einer bestimmten Vermögenshöhe einstellt: »Denn gibt es einen größeren Reichtum als befreit von jeder Sorge, fröhlichen und ruhigen Herzens zu leben, ohne um seinen Lebensunterhalt zittern zu müssen, ohne gequält zu werden von den klagenden Geldforderungen der Gattin, ohne Furcht, dass der Sohn in Not geraten werde, ohne Sorge um die Mitgift der Tochter, sondern statt dessen gewiß zu sein, daß für das eigene Auskommen gesorgt ist wie für das Glück aller Angehörigen, der Gattin, der Kinder, der Enkel, der Urenkel und der Ururenkel und für die ganze Reihe der Nachkommen, so lang, wie sie der Edelmann im voraus sich vorstellt?«[10]

Gleichzeitig ist die Sorglosigkeit der untätigen Reichen ob ihrer vielen freien Zeit gefährdet. »Wenn aber der Mensch Muße und Vermögen im Überfluß hat, ist er am unleidlichsten.«[11] So lautete der Befund von Thomas Hobbes über Reiche. Bei den eigenen Gefühlen sind sie ihrer Wut und ihrem Zorn vielleicht genauso ausgeliefert wie Arme. Doch sie haben eine Vielzahl von alternativen Modi des Reflektierens und Handelns zur Verfügung. Ihre Ohnmachtserfahrungen sind seltener und weniger drängend. Im sozialen Vergleich schneiden sie blendend ab und daher drängen sich ihnen auch seltener Neidgefühle zu Einkommen oder Vermögen auf.

Freilich müssen überreiche Menschen unangenehme Gefühle anderer Menschen, wie Neid oder Wut, nicht einfach hinnehmen, denn sie können sich räumlich davor schützen. Sie können in abgeschotteten Wohngegenden leben und müssen nicht die öffentlichen Verkehrsmittel benutzen. Doch nicht nur beim Grad der Exponiertheit gegenüber den Gefühlen der Mitmenschen gibt es Unterschiede zwischen Arm und Reich, sondern auch bei den Möglichkeiten, anderen Menschen bestimmte Gefühle zuzuschreiben.

Gefühlszuschreibungen funktionieren als kulturelle Konstrukte. Sie fördern bestimmte Gefühle und stigmatisieren andere. Da Überreiche tendenziell auch über die kulturelle Hegemonie in der Gesellschaft verfügen, können sie bestimmte Gefühlszuweisungen vornehmen oder ihrerseits abwehren.

Die Rede von einer sozialen Verantwortung der Reichen etwa verweist auf tugendhafte Generosität. Solche Gefühlszuordnungen sind fast zu selbstverständlich, als dass sie viel beachtet werden würden. Millionäre sprechen mit großer Selbstverständlichkeit über Neid und meinen den Neid der Anderen und nicht den eigenen. Wer Vermögen und Macht hat, führt Gerechtigkeitsanliegen auf feindselige Gefühle zurück und desavouiert so die Anliegen von Kritikern. Besonders in Gerechtigkeitsdebatten wird regelmäßig Neid unterstellt.

Der Umgang mit Gefühlen ist sozial kontrolliert. Die gesellschaftliche Mitte erfüllt auch hierbei eine wichtige Aufgabe. Offen gezeigter Neid und Hass sind verpönt. Für Hochmut ist kein Raum. Der gute Bürger, der ruhig seinen Geschäften nachgeht, und den Profit zu steigern sucht, ist eine Gegenfigur zum leidenschaftlichen Adeligen. Zwar ist auch das Streben nach dem Geld eine Leidenschaft, aber wie Albert Hirschman zeigte, eine solche, die zum Interesse sich gewandelt hat.[12]

Der bürgerliche Stand widmete sich dem friedfertigen Handeln und verfolgt Werte wie Nüchternheit, Ordnung und Mäßigung. Die bürgerliche Zurückweisung der Leidenschaften der Unterschicht rekurriert auf Bilder von einem blutigen Klassenkampf. Machiavelli unterschied in seinen *Discorsi* zwei unterschiedliche Antriebskräfte: während der Adel ein starkes Verlangen zu herrschen habe, hege das Volk den Wunsch, nicht beherrscht zu werden.[13] Diese zweigeteilte Gefühlswelt charakterisiert eine Ständegesellschaft. Doch in einer Demokratie liegen die Dinge anders. Gefühle können in einer Demokratie nicht wie Ehre im Feudalismus vererbt werden, trotzdem stehen sie auch in einer Demokratie in einem sozialen Zusammenhang.

Zum Umgang mit Gefühlen gibt es unzählige populärwissenschaftliche Ratgeber, diese Literatur ist voll von Verhaltenshinweisen. Die Betonung der immateriellen Dimensionen des Lebens macht auch der großen Mehrheit der Nichtreichen ein Sinnangebot. Letztlich rekurriert sie auf die antike Lebenskunst, auf Epikur, Seneca und andere Stoiker – oder auf Montaigne. Der Tod unterscheidet nicht zwischen Arm und Reich. Für manche könnte daher Trost im Gedanken an die Endlichkeit des menschlichen Daseins liegen, doch das ambivalente Gefühlsspektrum zu Überreichtum tangiert es kaum.

## 5.2 Habgier und Geiz

Ein Gefühl wurde in der Ideengeschichte zur Kritik der Reichen hervorgehoben: die Habgier.[14] Eindrücklich ist etwa die Beschreibung Émile Zolas in seinem Roman *Das Geld*: »Er war nur noch ein Geldmacher, der Menschen und Dinge in den Schmelztiegel warf, um Geld aus ihnen zu ziehen. In einem raschen Traumbilde sah sie die Universelle aus allen Enden Geld schwitzen, einen See, ein Meer von Geld, in dessen Mitte unter unheimlichen Krachen das Haus mit einem Ruck jäh zusammenbrach. O das Geld, das scheussliche Geld, welches alles beschmutzt und verschlingt.«[15]

Diese Unersättlichkeit im Reichtum und die Vernachlässigung aller anderen Dinge führten bei Platon zum Untergang der Oligarchie: »Der unersättliche Hunger also nach Reichtum und die Vernachlässigung alles anderen um des Gelderwerbes willen führte zu ihrem Untergang.«[16]

Augustinus unterteilte die Gier in Machtgier, sexuelle Begierde und eine Gier nach Vermögen. Diese drei Formen der Gier wurden unterschiedlich beurteilt. Wer etwa nach Geld um des Ruhmes willen strebt, habe wenigstens einen sozialen Wert dabei.

Doch letztlich bietet Habgier keinen Schlüssel zum Verständnis der Überreichen. Es ist kaum erhellend, missliebige Charaktereigenschaften auf Überreiche zu projizieren. Adam Smith wandte sich implizit gegen die aristotelische Ethik, welche die Habgier der Menschen durch eine Erziehung zur Tugend bekämpfen wollte. In der menschlichen Natur findet sich ohnehin nicht nur eine egoistische Ausprägung, sondern auch Sympathie. Smith betonte das Prinzip der Mäßigung des Egoismus durch Mitgefühl. Für ihn ist Sympathie »unser Mitgefühl mit jeder Art von Affekten«.[17] Doch Smith polemisierte auch gegen die Tugend des Wohlwollens und rechtfertigt die Rolle, die Egoismus im Gefühlsleben der Menschen spielt.

Moralische Einwände gegen die Gier der Überreichen zielen auf Mäßigung. Adam Smith beschrieb folgende Geschichte: Ein König erzählt seinem Günstling von seinen geplanten Eroberungen. Der

Untergebene fragt, was danach komme und der König bekannte seine bescheidene Absicht, sich »mit meinen Freunden zu unterhalten und bei einer Flasche Weins mit ihnen fröhlich zu sein«. Darauf antwortete der Günstling: »Und was hindert Eure Majestät, dies gleich jetzt zu tun«.[18] Smith war eben der Ansicht, dass Habgier, den Unterschied zwischen Armut und Reichtum überschätze. Aber diese Hinweise zur richtigen vulgo maßvollen Lebensführung dienen mehr dem Trost der Armen als dem Innehalten der Überreichen.

Und kritische Gerechtigkeitsurteile zu Überreichtum würden emotionale Anknüpfungspunkte benötigen. Ansonsten klafft ein Abgrund zwischen abstrakten Gerechtigkeitsprinzipien und persönlichen Sorgen. Ohne konkrete Erfahrungen mit Überreichtum muss Ungerechtigkeitsempfinden die spezifische Problematik der Überreichen in der Gesellschaft verfehlen. Teilweise werden die Begründungen auch didaktisch aufbereitet. So heißt es etwa bei Montaigne: »Ohne Geldgier zu sein, ist Reichtum, ohne Kaufsucht, Einkommen. Ich ängstige mich kaum, daß es mir an Geld fehlen könnte, noch begehre ich, daß es sich mehrt. Die Frucht des Reichtums ist Fülle, Fülle aber zeigt sich im Genughaben.«[19] Doch was tun, wenn die Gier weiter antreibt? Montaigne stellte hierzu Überlegungen an: »Der richtige Weg wäre, den Menschen die Geringschätzung von Gold und Seide als nichtswürdiger und unnützer Dinge einzupflanzen.«[20] Der Weg zu einem sittenhaften Leben führt über eine Vermeidung von überflüssigem und verderblichem Luxus. Doch dafür bedarf es verhaltensleitender Institutionen. Montaigne brachte das Beispiel von Zaleukos, der die Lokrer von ihren verkommenen Sitten abbrachte. Zaleukos von Lokroi war ein bedeutender Gesetzgeber im 7. Jahrhundert vor Christus in Unteritalien. In seiner Gesetzgebung wurde festgelegt, dass es etwa einer vornehmen Dame nicht gestattet sei, mehr als eine Kammerfrau zum Gefolge zu haben, außer wenn sie betrunken ist. Vornehmen Männern wurde es untersagt, Goldringe zu tragen, wenn sie nicht Zuhälter waren. Zaleukos zielte auf eine Umkehr der Prioritätensetzung. Heute müsste ein ähnliches Vorhaben, Unternehmensreichtum und Aktienbesitz stigmatisieren. Für die meisten Menschen ist dies wohl unvorstellbar.

Von den Armen erwartete Adam Smith »einen beträchtlichen Grad von Tugend«.[21] Aber zu diesem Urteil gelangte er nicht, weil sie bessere Menschen sind, sondern weil sie nicht die Macht haben, sich über die Gesetze zu stellen. Arme seien ehrlicher, weil sie berufliche Fähigkeiten benötigen und echte Dienstleistungen erbringen müssen. Schmeichelei und Falschheit, die zentralen Eigenschaften an fürstlichen Höfen, bringen ihnen nichts.

Nun mag Gier eine Erhöhung des Reichtums mehr oder weniger verborgen befeuern. Eingestanden wird sie nur ungern und moralisch wird sie meist verurteilt. Wird eine Gier der Überreichen beklagt, wird Mäßigung empfohlen. Doch es ist viel eher die Rede des reichen Mannes vom Maßhalten, die fasziniert, als die Mäßigung der Überreichen selbst. Es finden sich in unserer Gesellschaft keine Heerscharen von Franziskanern, die ehemals überreich waren. Und wenn es Ausnahmen gibt, dann schreiben diese Menschen Bücher über ihre Wandlung, um ihre neuen Tugenden vorzuführen.

In der Rede vom Maßhalten geht es darum, dass die moralische und geistige Entwicklung der Menschen dem Erwerbsstreben nicht untergeordnet werden darf. Dies markiere eine »Gefahr im Reichtum«, warnte Nietzsche: »Nur wer Geist hat, sollte Besitz haben: sonst ist der Besitz gemeingefährlich. Der Besitzende nämlich, der von der freien Zeit, welche der Besitz ihm gewähren könnte, keinen Gebrauch zu machen versteht, wird immer fortfahren, nach Besitz zu streben: dieses Streben wird seine Unterhaltung, seine Kriegslist im Kampf mit der Langeweile sein. So entsteht zuletzt, aus mäßigem Besitz, welcher dem Geistigen genügen würde, der eigentliche Reichtum: und zwar als das gleissende Ergebnis geistiger Unselbständigkeit und Armuth«.[22]

Im 18. Jahrhundert hat Bernard de Mandeville in seiner *Bienenfabel* behauptet, dass Gier positive Ergebnisse in Handel und Tausch zeitige. Dieses Gefühl, von der christlichen Kirche über Jahrhunderte verdammt, sei gesellschaftlich nützlich. Es stütze wirtschaftliches

Handeln und kurble Investitionen an. Ein verwandtes Laster ist der Geiz. Für Montaigne war der Fall klar: »Jedermann, der viel Bargeld besitzt, ist nach meiner Meinung geizig.« Geld gehört folglich ausgegeben und Geiz galt Montaigne als ein Übel. Dies entsprach seinem moralischen Empfinden und über eine Erziehung des Gefühls sollte dies bei Menschen verändert werden. Besonders seltsam fand Montaigne geizige Alte. Zwar seien gerade diese häufig anzutreffen, aber es sei doch auch »die lächerlichste aller menschlichen Torheiten.«[23]

Theophrast beschrieb den Knausrigen so: »Hat seine Frau einen Groschen verloren, ist er imstande die Wohnungseinrichtung samt den Betten und Truhen von der Stelle zu rücken und die Fußbodenbretter zu durchstöbern.«[24] Und David Hume meinte, dass Geiz gerechterweise getadelt werden müsse.[25] Verschwendungssucht sei für den betroffenen Reichen selbst schlecht, Geiz hingegen sei es auch für andere Menschen. Doch diese Außenperspektive auf einen allfälligen Geiz der Reichen klärt noch nicht dessen mögliche Funktionalität für die Erhaltung von Überreichtum. Geiz wirkt eher wie eine wunderliche Angewohnheit mancher Menschen.

Geiz ist die Wesenseigenschaft des reichen Dagobert Duck, jener Comic-Figur, die nur Goldmünzen anhäuft, ohne etwas Sinnvolles damit zu tun. Dagobert Duck hat sein Privateigentum in einem riesigen Panzer gebunkert. Er schwimmt buchstäblich im Gold, weswegen sein sinnliches Vergnügen am Schatz durch ein Sprungbrett angezeigt wird. Das Sprungbrett symbolisiert die Möglichkeit, in das Vermögen ein- und unterzutauchen. Sein Geiz wird in immer neuen Anekdoten beschworen. So kämpft er sogar mit einem Bären um ein Honigglas, nur um ein wenig zu sparen. Seine Liebe zum Geld ist trotzdem nicht nur abstrakt, sondern auch sinnlich.

Dagobert Duck fürchtet keinen Staat, der mit Vermögenssteuern oder Enteignung drohen könnte. Nur eine chronisch schwächelnde Panzerknackerbande sorgt für eine latente Bedrohung. Es ist aber eine Welt ohne Mobilität, in der die sozialen Positionen fast ständisch verteilt sind. Wesentliche Charakteristika heutiger Überreicher fehlen in Entenhausen: Luxuskonsum und ostentatives Mitgefühl. Dagoberts Mitgefühl endet narzisstisch bei den eigenen Zumutungen. Sein Einfühlungsvermögen kennt keinen Adressaten in Entenhausen, nicht einmal seine Neffen finden bei ihm Gehör. Sogar mit dem Geldausgeben für eigene Annehmlichkeiten tut sich Dagobert schwer.

Geiz ist kein für die Stabilisierung von Überreichtum relevantes Gefühl. Denn Geiz zeigt sich insbesondere im Ausgabeverhalten. Und der Konsum ist in der Betrachtung des Reichtums ein nachgeordnetes Phänomen. Rational betrachtet kommt es bei Überreichtum auf die Vermögensquellen der Überreichen an und nicht darauf, ob sie eine Yacht ihr Eigen nennen oder ihr Finanzvermögen als Einlage in einer Bank belassen.

Auch suchen die Überreichen, ganz anders als bei der Wohltätigkeit, nicht den Geiz der Armen zu fördern. Diesen wollen sie ihre Produkte verkaufen und von deren Konsum lebt die Wirtschaft. Grundsätzlich geht es beim Geiz um ein Zurückhalten, um ein nicht hergeben wollen; Voraussetzung dafür ist, dass man schon etwas hat. Zudem ist Geiz auch keine Charaktereigenschaft, die den Überreichen vorbehalten wäre. Sigmund Freud vermutete, dass das Zusammentreffen der drei Charaktereigenschaften, Geiz, Pedanterie und Eigensinn, aus den Triebquellen der Analerotik hervorgeht. Kot sei das erste Geschenk eines Kindes. Der Säugling trennt sich auf Zureden einer geliebten Person von einem Teil seines Körpers. Damit entscheidet sich das Kind für eine objektliebende Position und gibt eine narzisstische Position auf. Entweder wird der Kot abgegeben oder trotzig behalten. »Das Kind kennt kein anderes Geld, als was ihm geschenkt wird, kein erworbenes und auch kein eigenes, ererbtes.«[26]

Das Kotinteresse wird in Freuds Überlegungen zum Teil als Geldinteresse fortgesetzt. Ordentlichkeit und Sparsamkeit erweisen sich für Freud als Sublimierungen der Analerotik.

Gier bei der Vermögensentstehung und Geiz bei der Vermögensverwendung mögen Überreichtum begleiten. Doch sie erfüllen keine Funktion bei der Legitimation des Reichtums. Es handelt sich nicht um Gefühle, die vom Rest der Bevölkerung angestrebt oder geachtet werden. Überreichtum bleibt auch ohne diese Gefühle eine gesellschaftliche Bedrohung.

## 5.3 Schamloser Überreichtum

Gefühle wie Angst, Scham und Neid eint ihr verborgenes Wesen. Scham ist eine Hüterin des Selbst, sie bildet einen Regulationsmechanismus, der eng mit persönlichen Wertsetzungen verbunden ist. Scham setzt ein, wenn das gewünschte Selbstbild nicht erreicht wird. Scham bezeichnet demnach einen Spannungszustand zwischen Ich und Ich-Ideal. Sie ist ein Affekt, der Menschen in ihrem Innersten erschüttert.[27]

Scham entsteht, wenn man in unangemessener Form, von den falschen Personen in falschen Umständen gesehen wird.[28] Der Buchtitel *Maske der Scham* von Leon Wurmser weist darauf hin, dass Scham ein heimliches Gefühl ist. Schamangst werde laut Wurmser »durch plötzliche Bloßstellung hervorgerufen und signalisiert die Gefahr verächtlicher Zurückweisung«.[29]

Friedrich Nietzsche empfand beim Wort *Reichtum* ein Ekelgefühl: »Unsere Zeit verträgt nur eine einzige Gattung von Reichen, solche, welche sich ihres Reichtums schämen. Hört man von jemandem, ›er ist sehr reich‹ so hat man dabei sofort eine ähnliche Empfindung wie beim Anblick einer widerlich anschwellenden Krankheit, einer Fett- oder Wassersucht: man muss sich gewaltsam seiner Humanität erinnern, um mit einem solchen Reichen so verkehren zu können, dass er von unserm Ekelgefühle nichts merkt.«[30] Diese Einschätzung rührt wohl eher aus einem geistigen Elitenanspruch. Eine angemessenere Begriffsverwendung wäre vielleicht Verachtung oder ein moralisches Ekelgefühl. Doch auch der britische Philosoph Simon Blackburn wundert sich, wie die vermögendsten Top-1-Prozent in den Spiegel schauen können. Er schreibt: »It is one thing to be a kleptoparasite, but how can anyone be a kleptoparasite without shame? Perhaps they forget how they appear to others: it is as if, not knowing Hume's dictum that the minds of men are mirrors to one another, they walk around with ›sting breath‹ but without any self-consciousness about it.«[31]

Doch die wichtigere Frage aus gesellschaftskritischer Sicht ist, ob verschämte Überreiche unserer Gesellschaft besser tun als schamlose Überreiche. Die verschämten Überreichen, die sich ihres Überreichtums schämen, sprechen besonders ungern davon und erschweren so die Aufklärung. Verschweigen hat auch mit Abwehrfunktionen zu tun. Die Öffentlichkeit kann aber kein angemessenes Verständnis von der sozialen Wirklichkeit bekommen, solange die Überreichen keinen Einblick in ihre Vermögensverhältnisse gewähren.

Abwehrmechanismen von weniger verschämten Überreichen offenbaren sich gern in Witzen. So meint einer der reichsten Männer Rumäniens, Ion Tiriac, der frühere Trainer des deutschen Tennisspielers Boris Becker, mit einem vermuteten Vermögen von etwa 1,3 Milliarden Euro in einem Interview: »Ich glaube nicht, dass ich reich bin. George Soros ist reich, und Bill Gates. Ich bin sicher nicht arm. Ich habe noch dreimal am Tag zu essen. Ich habe noch Geld genug, um das Benzin für mein Flugzeug zu zahlen«.[32] Und Roland Berger, ein philanthropischer Unternehmensberater aus Deutschland mit einem geschätzten Vermögen von 500 Millionen Euro bekennt: »Mir ging es nie um ein Luxusleben, so viel brauche ich gar nicht. Wir haben vielleicht ein etwas größeres Auto als andere und ich kann mir Gott sei Dank einen Fahrer leisten und ein Haus mit Garten. Aber was braucht man eigentlich mehr?«[33]

Ein Kennzeichen sozialer Scham ist, dass sie sich einseitig zu Lasten der Armen entfaltet. Die Überreichen schämen sich selten vor den Armen. Notleidende können mit einer Münze oder einer Banknote abgefertigt werden. Auch die Hausbediensteten, die zwangsläufig Einblick in die Lebensverhältnisse der reichen Dienstgeber gewinnen, können mit getragenen Kleidern oder Schuhen billig abgefunden werden. Schuldgefühle entstehen aber auch über Bilder und dort gestaltet sich der Ablasshandel schwieriger.

Der irische Schriftsteller George Bernard Shaw mag 1896 mit seiner Behauptung in *Socialism for Millionaires* übertrieben haben, dass Reiche sich nicht darum kümmern, wofür ihr Geld verwendet wird, solange ihr Gewissen erleichtert wird und ihr sozialer Status sich verbessert.[34] Aber je weniger die Überreichen daran glauben, dass die Armen selbst Schuld seien an ihrem Schicksal, desto drängender werden sich Schuldgefühle äußern. Im Fall von Kinderarmut etwa können kaum die Minderjährigen selbst verantwortlich gemacht werden.

Ob Überreiche sich nun schamlos oder verschämt verhalten, macht keinen großen Unterschied für arme Menschen. Auch ein bescheidener Lebensstil unterscheidet sich vom Leben der gesellschaftlichen Mitte fundamental. Solange Bescheidenheit selbst gewählt ist, muss man von einem Lifestyle sprechen. Die verschämte Fraktion der Überreichen versteckt ihren Reichtum, während sich die Unverschämtheit mancher Überreicher darin zeigt, dass sie auf niemanden Rücksicht nehmen wollen.

## 5.4 Armenbeschämung versus Überreichenbeschämung

Scham in einem psychoanalytischen Verständnis muss von sozialer Scham unterschieden werden. Auch Adam Smith war aufmerksam für die sozialpsychologische Dimension der Beschämung: »Der Arme auf der anderen Seite schämt sich seiner Armut. Er fühlt, daß sie ihn entweder aus dem Gesichtskreis der Menschen ausschließt oder daß diese doch, wenn sie irgend Notiz von ihm nehmen, kaum irgendwelches Mitgefühl mit dem Elend und der Not haben werden, die er erduldet. Über beides kränkt er sich.«[35]

Diese zwischen Arm und Reich unterscheidende Betrachtung entsprach der gesellschaftlichen Verfasstheit Englands im 18. Jahrhundert. Schon im 19. Jahrhundert tat eine differenziertere Betrachtung Not. Der deutsche Soziologe Georg Simmel veranschaulicht die Problematik der sozialen Scham der Armen in einem berühmten Text: »Ein Loch im Ärmel wird ein Knabe etwa aus Furcht vor Strafe und ein proletarischer Anwärter auf eine Anstellung aus Besorgnis, zurückgewiesen zu werden, verbergen; beiden ist das Loch aus jenen Gründen sehr unangenehm, aber sie schämen sich dessen nicht eigentlich. Wohl aber tut dies ein heruntergekommener Mann, der mit einem Loch im Ärmel einem ehemaligen Bekannten begegnet. Denn er empfindet jetzt seine gesamte Persönlichkeit mit allem Inhalt, den die Vergangenheit ihr gegeben hat, in die Aufmerksamkeit des Begegnenden gerückt und zugleich, daß sein momentanes Ich gegen diese Vorstellung verringert und herabgesetzt ist.«[36]

Soziale Scham wird aufgrund einer höheren sozialen Mobilität befeuert. Da subtile Distinktionen, *die feinen Unterschiede*, in modernen Gesellschaften wichtiger wurden, weitete sich das Spektrum möglicher sozialer Beschämung aus. Mit der sich seit den 1980er Jahren durchsetzenden Ideologie der Eigenverantwortung differenzierten sich die Formen der sozialen Beschämung. Intrapsychische Prozesse der Aburteilung und Beschämung gewannen gegenüber externer sozialer Kontrolle an Bedeutung.

Soziale Beschämung ist eine Herrschaftstechnik, die von oben nach unten funktioniert.[37] Sie lässt die Schuld bei sich selbst suchen und kann Zorn auslösen. Doch dieser Zorn verfehlt oft die Quellen, etwa wenn er sich nur gegen Bedienstete der zwischengeschalteten Institution des Arbeitsmarktservice oder gegen die reichenfreundliche Politik wendet. Die diffuse Angst vor der Vergeltung mächtiger Überreicher dämpft und lenkt den Zorn der Armen. Immer wieder richten sich dann negative Gefühle gegen noch ärmere Menschen. Hierzu zählen etwa Asylwerber und Sozialhilfebezieher. Zur Vermeidung der damit einhergehenden Schuldgefühle ziehen sich Menschen auf ihr subjektives Ungerechtigkeitsempfinden zurück.

Die Angst vor sozialer Beschämung zielt auf das Innerste. Deswegen sind die Beschämungstechniken durch die Bessergestellten so erfolgreich. Die soziale Beschämung der Armen durch die Überreichen erfolgt nicht direkt. Die Herablassung wird wie eine Stafette in der sozialen Hierarchie nach unten weitergereicht. Es ist der Nachbar, der Dinge besitzt, die man selbst gern hätte, und nicht der Milliardär, der beschämt. Die Überreichen bleiben nahezu unsichtbar und doch sind es ihre Techniken der Beschämung, die von der Mitte reinszeniert werden. Abgesprochen werden ärmeren Menschen Mut, Ehre, Verdienst und Leistung. Ein uneingeschränkter Anspruch auf Hilfe in der Not wird ihnen nicht zugestanden. Für Arme ist soziale Scham im Leben unvermeidlich. Sie beruht auf andauernden Demütigungen durch eine verachtende Politik und durch hochmütige Überreiche. Ihre soziale Scham ist die von gesellschaftlichen Außenseitern, die dazugehören wollen. In der sozialen Herkunftsscham spüren arme Menschen, dass ihnen nur Modi der Unterwerfung und Verachtung bleiben. Zwischen einer vorsichtigen Nachahmung der Bessergestellten und Verrat an der eigenen Herkunftsklasse liegen graduell sich unterscheidende Mechanismen des Opportunismus. Diese Anpassung hinterlässt soziale Narben. Und die erlebte Erfahrung von sozialer Missachtung und die empfundene Inferiorität festigen die gespaltene Gesellschaft.

Soziale Beschämung wird auch von wohlmeinenden Überreichen oft übersehen, denn zu eingeübt sind ihre Mechanismen, die als Wohlwollen getarnt sind. Leon Wurmser meint, dass die Scham nur in der Liebe überwunden werden könne. Doch die Liebe zwischen Arm und Reich ist selten und sogar im Märchen erweisen sich die Armen, die schlussendlich die Prinzessin gewinnen, als verstoßene Königssöhne. Bei Max Weber heißt es, dass in Amerika nur die Mitglieder der gleichen Steuerklasse miteinander tanzen würden. Und die ökonomische Literatur zum Thema »assoziative Paarung« belegt eindrucksvoll die ähnlichen sozialen Herkunftsverhältnisse von Liebenden.[38]

Auch Überreiche fühlen existenzielle Scham, doch sozial beschämt werden sie nur selten. In den Medien zirkulierende Listen von Steuerhinterziehern und öffentliche Wettbewerbe zum Schandfleck des Jahres sind Beispiele eines beabsichtigten Anprangerns. Die kritische Absicht dahinter ist evident: »Ein mutiger Mann wird dadurch nicht verächtlich gemacht, daß man ihn zum Schafott führt, wohl aber dadurch, daß er an den Pranger gestellt wird.«[39]

Doch das Anpassungsrepertoire der Überreichen zur Vermeidung von sozialer Beschämung ist vielfältig. Das Diskreditieren diskreter Überreicher gelingt kaum. Die Öffentlichkeit ist kein herrschaftsfreier Raum für ergebnisoffene Diskussionen zwischen Arm und Reich. Die Tabuisierung von gesellschaftskritischen Positionen, ein Neidvorwurf bei Gerechtigkeitsanliegen, ein Verdacht von Hass bei Umverteilungsideen und Beschämungsversuche tragen dazu bei.

Ein Beispiel für die Einseitigkeit sozialer Beschämung liefern reiche Steuerbetrüger. Steuerbetrug wird gern als Volkssport bagatellisiert. Doch höchstens der elitäre Jagdsport könnte als Metapher herangezogen werden. Auch ist fälschlich von Steuersündern die Rede. Im Angesicht Gottes sind alle Sünder, doch Steuerbetrug wird überhaupt erst ab einem bestimmten Wohlstandsniveau möglich.

In verschiedenen Bundesstaaten der USA werden Steuersünder einer öffentlichen Beschämungspolitik unterzogen. In Kalifornien werden die Namen von Steuerdelinquenten mit Zahlungsrückständen von über 100 000 US-Dollar auf einer Liste veröffentlicht.[40] 30 Tage vor Erscheinen des Namens im Internet erhalten die Steuersünder einen Hinweis und können so ihre Bloßstellung vermeiden. Die Liste umfasst 500 Personen mit den jeweils offenen Beträgen bei der Einkommens- und Körperschaftssteuer. Doch diese Beschämungsliste, die Namen und Adressen angibt, zeitigt nur selten den erwünschten Effekt. Empirische Arbeiten zeigen, dass eher Personen mit einer geringen Steuerschuld den entsprechenden Betrag entrichten.[41]

Überreiche Steuerbetrüger hinterziehen nicht nur Steuern, sondern hinterfragen auch die steuerlichen Zwangsabgaben. Diebe stellen die Eigentumsordnung nicht in Frage, sie missachten sie nur. Das Anprangern von Diebstahl ist daher leicht, während sich Überreiche nicht leicht beschämen lassen. Sie verstehen Steuern ihrerseits als Diebstahl. Ein Unrechtsbewusstsein ist oft nicht einmal rudimentär vorhanden.

Menschen sorgen sich um ihre Reputation und wollen nur in einer bestimmten Weise und nicht anders wahrgenommen werden. Doch soziale Werte und der Stellenwert von Anerkennung verändern sich über die Zeit und sind kontextgebunden. Der Kontext der Überreichen ist in der Regel eng abgesteckt. Ein Schamgefühl wird bei Investmentbankern weniger an ethischen Verhaltenskodizes ausgerichtet sein als an Erfolg und Misserfolg bei der Finanzveranlagung. Überreiche werden eher selten beschämt und wenn dann meist von noch Mächtigeren. Gedemütigt können sie sich trotzdem zuweilen fühlen. Ein Beispiel: Werden in einem exklusiven Wohlstandsviertel Sozialbauten errichtet, dann werden die Immobilienwerte in diesem Viertel vermutlich sinken. Neben dem monetären Bewertungsverlust beim Immobilienvermögen geht aber auch die Exklusivität verloren.

In Upton Sinclairs Werken werden die Welten von Arm und Reich so präzise dargestellt, dass keine bestimmten Tugenden oder Laster den Armen oder den Reichen zugeordnet werden könnten. In seinem Roman *Der Dschungel* aus dem Jahr 1906 hat er anschaulich die entsetzlichen Lebensverhältnisse der Armen in den Fleischfabriken von Chicago dargestellt. Im 1927 erschienenen Roman *Öl* werden die Industriemagnaten der Ölbranche in den USA beschrieben: Arnold Ross ist ein einfältiger, aber durchaus einnehmender und kühner Reicher. Die Handlung des Romans konzentriert sich auf die Irrungen und Wirrungen im Leben seines Sohnes. Bunny lebt das Leben eines wohlhabenden Studenten, »der die Professoren um den Finger zu wickeln vermochte, fast ohne Aufwand durchkommen konnte, reichlich Zeit hatte, bolschewistische Propaganda zu lesen und Streiks zu verfolgen; außerdem konnte er mit einer Filmdiva durch die Stadt gondeln«.[42]

In seinem Leben scheint sich alles zu fügen: Luxus und Kommunismus, Freundschaften mit Arbeitern und gesellschaftliche Dinner mit den Reichen und Schönen. Sein Freund Paul aus der Arbeiterklasse bringt Bunny die Ideen des Sozialismus nahe und lässt ihn erkennen: »[S]ein Eigentumsrecht an diesem riesigen Besitztum war nicht eindeutig.« Um seine Schuldgefühle gegenüber Paul abzuwehren, gelangt er zum radikalen Schluss: Alle Macht den Räten, die Arbeiter sollen die Fabriken übernehmen. Für einen Moment beschert ihm dieser Gedanke ein Glücksgefühl. Dass es nie dazu kommen wird, dafür ist vielerlei verantwortlich.

Bunny ist *lasch*, wie es sein Freund Paul ausdrückt. Er will keinem wehtun und handelt vor lauter Vorsicht gar nicht. Sein Lebenstraum ist schlicht: Er fährt in einem alten Ford umher, übernachtet in einem Zelt, pflückt zusammen mit anderen jungen Leuten Obst und sendet jede Woche 10 Dollar nach Hause. Bunny hat noch nie gearbeitet und wird es auch nie müssen.

Sein fortschrittlicher Lehrer verliert wegen seiner radikalen Ansichten den Job, sein proletarischer Freund wandert ins Gefängnis, nur Bunny schadet sein radikaler Idealismus nicht. Auch bei kapitalismuskritischen Aktivitäten bleibt der Millionenerbe unter dem Schutzschirm des väterlichen Vermögens. Der Alleinerbe wandelt traumtänzerisch durch eine sozial zerrissene Welt, in der alles käuflich ist und in der den Überreichen nie Gefahr droht – selbst wenn sie das Establishment herausfordern.

Daher irrt sich der reiche Kommunistenhasser Harvey, der gegenüber Bunny mit seiner Macht prahlt und ihm droht: »Ich habe einen Onkel, der zahlt hunderttausend Dollar, wenn einer Sie ins Gefängnis steckt.« Denn Bunny weiß: »Dann zahlt Dad zweihunderttausend, um mich wieder rauszuholen.«[43] Familienbande sind stärker als ideologische Differenzen. Am Ende des Romans resümiert Sinclair: »Jene böse Macht, die über die Erde zieht, Männer und Frauen zu Krüppeln macht und ganze Nationen in den Abgrund lockt durch Traumbilder unverdienten Reichtums und die Möglichkeit, Arbeiter zu versklaven und auszubeuten.«[44] Es ist eben ein Überreichtum, der auf Ausbeutung basiert und nicht auf Tugenden oder Leistung. Nichts an diesem Reichtum ist verdient. Trotzdem sind es keine bösen Reichen, die gegen gute Arme antreten. Das moralische Verdikt muss ambivalent ausfallen.

Die entscheidende Herausforderung für Gesellschaftskritik liegt darin, auch Tugenden der Überreichen in die Kritik einzubeziehen, nicht allein ihre Laster. Carnegie schrieb in seinem programmatischen Text *Wealth*, später umbenannt in *Gospel of Wealth*, dass der reiche Mann in Schande sterbe. Sich selbst hat er damit nicht gemeint. Vermutlich wollte er eher seine reichen Mitbürger beschämen, die nicht so großzügig wie er waren. Eine moralische Pflicht des Reichen sei es, »set an example of modest, unostentatious living, shunning display or extravagance; to provide moderately for the legitimate wants of those dependent upon him; and after doing so to consider all surplus revenues which come to him simply as trust funds«. Überreiche in der Tradition von Carnegie begnügen sich nicht mit einem hohen Vermögen. Sie wollen auch moralische Wegweiser und fürsorgliche Treuhänder ihres Reichtums sein. Und so erschweren sie dem Rest der Bevölkerung den Weg in eine gerechte Gesellschaft.

## 5.5 Eitelkeit, Hochmut oder Stolz

Adam Smith charakterisierte die Reichen als eitel. Doch bei Überreichen herrscht womöglich eher Hochmut vor. So befand der Philosoph Aurel Kolnai: So »lebt der hochmütige Reiche, in der kapitalistischen Gesellschaft zumal, als ob er gar nicht unter Menschen lebte, jedweder persönlichen Verknüpfung bar«.[45] Hochmut ist nicht weit entfernt von Stolz und Eitelkeit. Doch beim Hochmut gibt es keinen begründeten Bezug auf irgendeine eigene Leistung. Während sich der Eitle exzessiv um Äußerlichkeiten kümmert und der Stolze sich eine Leistung zurechnet, fühlt der Hochmütige sich frei von den geltenden Wertmaßstäben.

Der Eitle meint, dass die anderen es ihm neiden, während der Hochmütige sich gegenüber den anderen zu distanzieren sucht. Während geistiger Hochmut die Verachtung der Masse fast immer einschließt, brauche es für den Geldhochmut keine anderen Menschen: »Wo die Geburt geachtet wird, verbleiben untätige, geistlose Menschen in hochmütiger Trägheit und träumen von nichts anderem als von Stammbäumen und Ahnentafeln; die Edlen und Ehrgeizigen streben nach Ehre und Einfluss, Ansehen und Gunst. Wo Reichtum der oberste Götze ist, dort herrschen Korruption, Käuflichkeit und Ausbeutung, Künste, Gewerbe, Handel und Landwirtschaft blühen.«[46]

Hochmütige Reiche müssen sich nicht hochmütig geben, sondern können sehr bescheiden auftreten. Kolnai hatte in den 1930er Jahren bemerkt, dass es bei den Reichen eine »Abscheu vor scharfen Stellungnahmen, vor Polemik und Losschlagen (gibt), der so tief von Hochmut getränkt ist. Denn nicht etwa Liebe, Freude und Barmherzigkeit wird da gemeint, sondern: ›Eine Auseinandersetzung lohnt sich nicht‹ Streit würde mich zu heftig berühren«.[47]

Hochmut zählte schon für Kant neben der schlechten Nachrede (dem *Afterreden*) und dem Verhöhnen zu den verletzenden Lastern. Denn Hochmut bedeutet die Bereitschaft, sich gegebenenfalls niederträchtig zu verhalten, »wenn ihm das Glück umschlüge, er es gar nicht hart finden würde, nun seinerseits auch zu kriechen und auf alle Achtung anderer Verzicht zu tun.«[48]

Der Reiche in der Darstellung von Adam Smith ist viel harmloser. Er ist eher ein eitler Geck als ein hochmütiger Solitär. Eitelkeit »ist von vielen liebenswerten Tugenden begleitet, von Menschlichkeit, Höflichkeit, von einem Verlangen überall im Kleinen gefällig zu sein, ja manchmal von wirklichem Edelmut in großen Dingen«.[49] Der eigene Edelmut wird von eitlen Menschen in schillernden Farben dargestellt, denn der Reiche braucht die anderen und will von ihnen geachtet werden. Daher ist seine Lebensführung auf Vermögensanhäufung ausgerichtet. Dies dient ihm als Kulisse: »Der reiche Mann rühmt sich seines Reichtums, weil er fühlt, daß dieser naturgemäß die Aufmerksamkeit der Welt auf ihn lenkt und daß die Menschen geneigt sind an all jenen Gemütsbewegungen gerne teilzunehmen, welche die Vorteile seiner Situation ihn so leicht einflößen müssen.«[50]

Und genau dies sei der Grund, warum Reiche ihren Reichtum so sehr lieben. Adam Smith war zum Schluss gekommen, es sei »nicht die Bequemlichkeit oder das Vergnügen«, die Menschen in ihrem Streben nach Reichtum leite, sondern der zentrale Vorzug sei, »daß man mit Sympathie, Wohlgefallen und Billigung« von ihnen Kenntnis nehme.[51] Der Reiche will wohlwollend betrachtet werden und das Interesse von uns soll seiner ganzen Person gelten. Bei Adam Smith freut es den Reichen, dass er uns in Tagträumen und Fantasien mit Sympathie beschäftigt.

Menschen streben, wenigstens in der Betrachtung von Smith, Reichtum an, um die Bewunderung anderer Menschen zu erlangen. Indirekt nimmt demnach der eitle Reiche an unserem Leben Anteil. Er will, dass wir seine Neigungen und Vergnügungen unterstützen. Doch dafür kann Vernunft keine Rolle spielen, sondern nur unsere Einbildungskraft. Und die erlaubt, das Elend der unter einem stehenden Menschen gleichgültig zu betrachten und das Missgeschick der über einem stehenden Menschen zu bedauern. Sichtbare Armut kann sogar als unverfroren empfunden werden: »Die Glücklichen und Stolzen staunen über die Unverschämtheit menschlichen Elends und wundern sich, daß dieses es wagen könne, sich vor ihnen zur Schau zu stellen, und daß es sich herausnehme, mit dem ekelhaften Anblick seiner Not die Heiterkeit ihres Glücks zu stören.«[52]

Hochmut ist, wie Geiz und Gier, kein funktionales Gefühl für Reichtum. Dieses Gefühl wird den Reichen auch kaum geneidet. Arme wollen nicht reich werden, um dann hochmütig sein zu können. Wenn Reiche sich hochmütig verhalten, macht sie dies unsympathischer. Vielleicht erhöht Hochmut die Furcht vor den Überreichen, weil Menschen die Macht spüren, die ein solches Verhalten erst erlaubt. Doch das würde auch den Zorn gegen sie schüren.

Die schwere Sünde des Stolzes, die vormals ein Aufbegehren gegen Gott anzeigte, wird in einer säkularen Gesellschaft als angemessenes Gefühl bei einer erbrachten Leistung verstanden. Stolz ist ein Gefühl, das alle Menschen empfinden können. Ein schwieriger sozialer Aufstieg könnte stolz machen: »Der Emporkömmling – wenn auch von höchstem sittlichem Wert – ist uns im allgemeinen unangenehm und ein Gefühl des Neides hindert uns gewöhnlich mit seiner Freude von ganzem Herzen zu sympathisieren.«[53]

Der Stolze weiß aber meist auch um die Neidgefühle seiner Umwelt. Er sucht daher seine Freude zu dämpfen, um neidische Mißgunst nicht noch zu befeuern: »Mit Bedacht zeigt er die gleiche Einfachheit der Kleidung, die gleiche Bescheidenheit des Benehmens, wie sie sich für ihn in seiner früheren Stellung geziemte [...] und bestrebt sich mehr denn je, unterwürfig, geschäftig und gefällig zu sein.«[54] Er verspürt den Neid und reagiert durch ein sich Kleinstellen darauf. Geglaubt wird ihm die Aufrichtigkeit seiner Unterwürfigkeit nicht und dies stimmt ihn verdrießlich. Er kehrt den alten Freunden den Rücken und verletzt den Stolz der neuen Freunde, die sich weiterhin als bessere dünken. »Er wird meistens zu bald müde und fühlt sich durch den finsteren und argwöhnischen Stolz der einen und durch die übermütige Verachtung der anderen herausgefordert, die ersteren mit Geringschätzung, die zweiten mit Keckheit zu behandeln, bis ihm schließlich die Frechheit zur Gewohnheit wird und er sich dadurch die Achtung aller verscherzt.«[55]

Das Gefühl des Stolzes steht auch den Armen, die sozial nicht aufsteigen, zur Verfügung. Es wurde etwa im sowjetischen Kult um »Helden der Arbeit« ritualisiert und in der Freikörperkultur und bei Arbeiterolympiaden inszeniert. Stolze Industriearbeiter, die das Werk ihrer Hände schätzten, machten es den Bürgerlichen schwerer, weniger gebildete Menschen abzuwerten. Der Stolz der Armen bleibt aber konzentriert auf das meritokratische Legitimationsmoment, auf das Gefühl, etwas geleistet zu haben. Da die Leistungsdefinition über den Markt nicht gelingen kann, bietet ein meritokratisches Fundament keine Sicherheit für eine stabile Identität. Nichtreiche verspüren oft ein diffuses Unterlegenheitsgefühl, wie es Fitzgerald in seiner Erzählung *Junger Mann aus reichem Haus* so genau beobachtet hat. Reiche Menschen hingegen können versuchen, Stolz für sich zu monopolisieren, wie einst die Adeligen die Ehre. Ihr philosophischer Stichwortgeber Peter Sloterdijk will tatsächlich, dass reiche Geber sich stolz fühlen, weil es ihnen nicht nur um ein Haben oder um ein Mehrhaben geht. Diese Fantasie verortet den Stolz auf der Verwendungsseite des Vermögens, beim richtigen Geben. Das ist konzeptuell aber inkonsistent, da die Entstehungsseite des Vermögens ausgeblendet wird. Doch die Vermögensakkumulation kann illegitim oder illegal sein und dies sollte für die Beurteilung der Vermögensverwendung von Belang sein.

Warum ist es nicht möglich, die Charakterabwertungen der Armen gegen die Reichen zu wenden? August Bebel, Begründer der deutschen Sozialdemokratie, suchte so das positive Leistungsverständnis der Arbeiter zu stärken. Der Faulheitsunterstellung bei der Arbeiterschaft wurde eine Absage erteilt, während er seinerseits den Kindern reicher Familien Faulheit unterstellte: »Dagegen wird bei dem reichen Schüler Faulheit und Liederlichkeit dadurch begünstigt, daß der Reichtum der Eltern ihm das Lernen als überflüssig erscheinen lassen, ihm oft die moralisch verwerflichsten Beispiele vor Augen kommen und ihm die Verführung besonders nahetritt. Wer täglich und stündlich hört und sieht, wie Rang, Stand und Reichtum alles bedeuten, erlangt absonderliche Begriffe von dem Menschen und seinen Pflichten und von staatlichen und gesellschaftlichen Einrichtungen.«[56]

Doch in einer ungleichen Gesellschaft wird selten gewagt, die Überreichen der Faulheit zu bezichtigen. Und für Hochmut ist im Leben der Armen naturgemäß kein Raum. Arme erben keine Privilegien. Was sie verdienen wollen, müssen sie sich erarbeiten. Und dieses Erarbeiten kann sie höchstens stolz machen, aber nicht hochmütig werden lassen.

In *David Copperfield* lässt Charles Dickens seinen Protagonisten Uriah Heep wenig sympathisch erscheinen. Doch Heep durchschaut die gesellschaftlichen Machtverhältnisse und ist sich über die von der Unterschicht erwarteten Verhaltensweisen im Klaren. Seine Demut gegenüber Master Copperfield ist konsequent, auch wenn sie diesen abstoßen.

Uriah Heep ist, wie seine Eltern, in einer Stiftschule, »einer Art Wohltätigkeitsanstalt« großgezogen worden, wo die Armen Demut gelehrt wird: »Wir mussten demütig sein vor diesem und vor jenem und hier unsere Kappe ziehen und dort uns verbeugen und uns stets darüber im Klaren sein, wo wir hingehören, und vor den Höhergestellten hübsch bescheiden sein. [...] Vater ist Totengräber geworden, weil er demütig war. Er stand bei den vornehmen Leuten im Ruf, gutgesittet zu sein und so haben sie ihn angestellt. ›Sei demütig Uriah hat mir der Vater immer gesagt, und du wirst es zu etwas bringen. Das ist dir und mir in der Schule immer gepredigt worden und es findet am meisten Anklang. Sei demütig hat er gesagt, und dann wirst du etwas [...]. Ich aß die einfachste Speise mit Appetit. Ich beschränkte mich auf ein geringes Maß an Bildung und sagte: Hier hört's auf‹ Als Sie mir angeboten hatten, mir Latein beizubringen, da habe ich besser gewußt, was ich zu tun hatte. Die Leute stehen gerne über einem hat Vater gesagt, halte dich unten.«[57]

Es wird demnach nicht nur ein verdorbener Charakter offengelegt, sondern auch jene Gefühlsstruktur, welche die Gesellschaft auch heute den Armen aufzwingt. Wenn der Wohlfahrtsstaat schwächer wird, die Solidarität schwindet, wird Demut als eine Überlebenstechnik der Armen wichtiger. Die Empfänger der Almosen haben auch bei minimalen Leistungen des Sozialstaates zu zeigen, dass sie es verdienen. Der Platz im Armenhaus wollte verdient sein, bei Hartz IV ist es nicht anders.

Diese von der bürgerlichen Mitte eingeforderte Bescheidenheit der Armen hatte Dickens eindrucksvoll in *Oliver Twist* geschildert. Twist wagt es, im Waisenhaus um mehr Essen zu bitten. Diese unverfrorene Bitte zeigt den reichen Wohltätern seinen widerständigen und verdorbenen Charakter. Überreiche wollen die eigene Barmherzigkeit als angenehm und nicht als unzureichend verspüren. Daher darf der Dank nicht mit einem latenten Vorwurf der Empfänger einhergehen. Bei den Empfängern von Wohltaten ist aber oft nur verstockte Unterwürfigkeit zu erwarten. Judith Shklar erkannte in *Ganz normale Laster*: »Ohne ein Gran Mitleid für den sich die feuchten Hände reibenden Uriah und seine Verbrechen lässt uns Dickens zumindest einsehen, dass er so betont ›demütig‹ wurde, weil er so früh öffentlicher Wohltätigkeit ausgesetzt war.«[58]

Uriah zahlt mit seiner missgünstigen Unterwürfigkeit seinen Gönnern deren geheuchelte Milde heim. Ständig betont er die Niedrigkeit seiner Person und verschafft Copperfield damit unangenehme Gefühle. Obwohl Stolz der Armen ungern gesehen wird, weil er der Anmaßung so nahe ist, wird verlogene Demut auch widerstrebend betrachtet.

Ist Demut demnach eine subversive Haltung? Nein, dafür verlangt sie zu viel von den Armen. Die Entlarvung von Uriah führt bei den Höhergestellten zu Triumphgefühlen. Moralische Verschlagenheit wird nicht belohnt. Der Gang der Welt kann wieder bejaht werden. Doch auch Uriah kann seine Weltsicht als Gedemütigter endlich offenlegen: »Copperfield, ich habe Sie immer gehaßt. Sie waren von jeher ein Glückspilz und immer mein Feind [...]. Mit Unterwürfigkeit kommt man nicht durch. Sagen Sie? Anders hätte ich bei meinem Associé gewiß nichts durchgesetzt.«[59]

Mögen die Wohltäter auch ahnen, dass die Nutznießer ihrer Wohltätigkeit ihnen insgeheim grollen, so wollen sie deren Undankbarkeit doch keinesfalls sehen. Es würde sie darauf hinweisen, dass sie die Armen zum eigenen Wohlempfinden herabwürdigend behandeln. Demut der Armen ist ihnen daher allemal lieber als eine vorwurfsvolle oder stolze Anspruchshaltung.

## 5.6 Zornlosigkeit

Zorn zählt zu jenen Empfindungen, die Gerechtigkeitsanliegen signalisieren. Es macht uns zornig, wenn wir nicht bekommen, was wir unserer Ansicht nach verdienen.[60] Zorn motiviert dazu, gegen Ungerechtigkeit anzukämpfen.

Bei Aristoteles ist Zorn »ein von Schmerz begleitetes Trachten nach offenkundiger Vergeltung wegen offenkundig erfolgter Geringschätzung, die uns selbst oder einem der Unsrigen von Leuten, denen dies nicht zusteht, zugefügt wurde«.[61] Die Neoaristotelikerin Martha Nussbaum wendet sich in ihrem Buch *Zorn und Vergebung* gegen den Zorn und plädiert für eine Kultur der Gelassenheit. Der Zorn sei keine Tugend, sondern erst die Gelassenheit, die sich vom Zorn zu lösen vermag. Zorn stelle ein Hemmnis für Großzügigkeit und Empathie dar. Doch auch stoische Tugenden in einer Welt des Überreichtums folgen sozialen Trennlinien. Gelassenheit ist mit einem sicheren Einkommen und einer wohlhabenden Herkunftsfamilie leichter zu erreichen.

Überreichtum verletzt wesentliche Gerechtigkeitsvorstellungen. Daher stünde zu erwarten, dass der Zorn auf die Überreichen groß ist. Ein solcher Zorn könnte zu einem Engagement in einer sozialen Bewegung, zur Teilnahme an Protesten und Demonstrationen und letztlich zu Revolutionen führen. Zorn der Armen wäre eine nachvollziehbare Reaktion auf den ungerechten Überreichtum. Allein die Möglichkeit eines solchen Zorns beunruhigt viele Bessergestellte in der Gesellschaft. Auch wenn Zorn nur imaginiert wird, so rückt er in der Fantasie doch rasch in die Nähe von Hass und Gewalt. Welche empirischen Belege für einen Zorn von Arm gegen Reich gibt es aber überhaupt?

Die *Panama Papers* und die *Paradise Papers* mit all den Namen reicher Steuerhinterzieher lösten nur ein Rauschen im Blätterwald aus, obwohl sichtbar wurde, wie einfach sich Überreiche der Besteuerung entziehen können. Georg Büchners Diktum »Friede den Hütten, Krieg den Palästen« ist nicht Wirklichkeit geworden. Zorn und Hass richten sich in Europa gegen Flüchtlingsunterkünfte, nicht gegen Paläste. Zorn erregen arme Fremde in den USA, während reiche Landsleute sogar patriotische Freude wecken können. Wie in Kapitel 1 dargelegt, zeigt sich Überreichtum in der Gesellschaft nur schemenhaft und bleibt fern der Lebenswelt der Armen. Es fehlen Daten zum Unternehmens- und Finanzvermögen, Informationen zum versteckten Vermögen. Und die attraktiven Parallelwelten der Überreichen liefern nur wenige zornig machende Bilder.

Aus Sicht der Überreichen ist es trotzdem funktional, Zorn vorab als Charakterschwäche verächtlich zu machen oder umzulenken. Denn für Zorn und Auflehnung könnte allein eine Ahnung von der enormen Kluft zwischen Arm und Reich hinreichend sein. Dagegen spricht wenigstens dreierlei:

Thomas Morus diagnostizierte etwa einen abstumpfenden Charakter von Armut. Dem Fürsten müsse viel daran liegen, »daß nicht das Volk übermütig werde durch Reichtum und Freiheit, die beide nicht gerade dazu dienen, eine harte und ungerechte Herrschaft geduldig ertragen zu lassen, während hingegen Armut und Elend das Gemüt abstumpft, geduldig macht und den bedrückten Untertanen den freien, ritterlichen Geist der Empörung austreibt«.[62]

Dieser Tage wird auch mehr zu demokratiegefährdenden Folgen von Zorn als über die Konsequenzen von Vermögenskonzentration geschrieben. Populismus wird als politische Strategie abgewertet, sich mit den Zornigen gemein zu machen. Manche Politiker, wie etwa Sebastian Kurz, warnen vor einer Hetze gegen die Reichen.[63] Doch in Wirklichkeit lenkt eine populistische Politik einen latent vielleicht vorhandenen Zorn der Bevölkerung weg von Überreichen hin zu Flüchtlingen und Sozialhilfeempfängern. Geschürt wird Missgunst gegen Fremde und Arme. Die staatlichen Hilfeleistungen für inländische Arme und Flüchtlinge liegen von den Absolutbeträgen betrachtet relativ nahe beisammen. Dort ist ein Statusvergleich und ein Vergleich von Lebenschancen leicht möglich.

Und drittens wird Zorn gern beim Zornigen und nicht in der zum Zorn Anlass gebenden Gesellschaft bekämpft. Seneca hat im 1. Jahrhundert mit *De ira*[64] einen immer noch aktuellen Ratgeber gegen quälende Wutgefühle geschrieben. Wut ist für Seneca ein besonders schädlicher Affekt, schlimmer als etwa Neid und Missgunst. Denn sie macht den Wütenden in seiner Wut sichtbar und so verliert dieser an Würde. Seneca vertrat ein stoisches Ideal von Souveränität. Mit innerem Reichtum soll Herabwürdigungen durch die Reichen und Mächtigen gelassen begegnet werden: »Wir brauchen nur hinter uns zu schauen und uns einmal umzudrehen, wie man so sagt, und schon ist die Sterblichkeit da.«[65] Es mag zwar zutreffen, dass angesichts der eigenen Sterblichkeit alles Schall und Rauch ist, doch nimmt diese Erkenntnis nicht allen Menschen ihre Wut. Jean de La Bruyére fasste diese Haltung Senecas prägnant zusammen: »Die Stoiker haben behauptet, man könne in der Armut lachen.«[66] Wegzusehen angesichts nur schwer zu verändernder gesellschaftlicher Machtverhältnisse ist eine verständliche Haltung. Doch diese Haltung ist, wie Judith Shklar so treffend bemerkte, auch Teil jener verhängnisvollen Ruhe, die sich mit gesellschaftlicher Ungerechtigkeit abfindet.

Die positiven Beispiele Senecas stammen aus der Welt der Mächtigen und ihrer Lakaien. Er schildert den selbstschädigenden Charakter von Wut. Die Wut hat bei Arm und Reich unterschiedliche Folgen: So schade sich ein Reicher, wenn er aus Zorn seine Sklaven töte. Eine wutentbrannte Vernichtung des eigenen Vermögens sei ein zwar verständliches, aber selbstschädigendes Verhalten. Vernichtet wird jedoch nur Eigentum, während wütende Arme direkt selbstschädigend handeln. Ein gesellschaftlich niedriger Gestellter bringt sich und seine Familie in Gefahr, wenn er aus Wut ein wahres Wort an den Reichen richtet. Denn stets muss der Arme den Zorn des Mächtigen fürchten.

Wütende sollen ihre Wut verbergen lernen. Seneca war Erzieher des römischen Kaisers Nero. Er erwarb in seinem Leben ein großes Vermögen und war vermutlich ein »Reicher mit Schuldgefühlen«.[67] Wer heute Seneca liest, erfreut sich an dessen Stil und nährt sich von der falschen Idee, dass es eine schöngeistige Ideenwelt jenseits der kruden Verbrecherwelt Neros geben kann.[68]

Martha Nussbaum betont die problematische Natur von Zorn aus einer solchen individualisierenden Sichtweise. Sie wendet sich gegen eine moralische Rehabilitierung von Zorn, da dieser mit Rache und Vergeltungswünschen verbunden sei. Zornige Menschen würden dazu neigen, die Schuld an ihrem Unglück anderen zu geben. Doch manchmal habe niemand Schuld.

In einer ungleichen Gesellschaft erhöht Ungleichheit aber den Stress der ärmeren Menschen. Diesen wird eine Statusjagd aufgenötigt, die aller Leben anstrengend macht. Auch steht sie in Widerspruch zur menschlichen Würde. Denn Würde befindet sich, im Gegensatz zu Status, in keinem Hierarchieverhältnis. Und Zorn wäre eine angemessene Reaktion auf eine Gesellschaft, in der die Chancen völlig ungleich verteilt sind und über Chancengleichheit nur räsoniert werden kann. Ein Wunsch nach materieller Umverteilung ist noch kein Wunsch nach Rache. Er hat wenig mit dem Zornverständnis von Aristoteles zu tun. Die Armen wünschen nicht, dass die Reichen ihr Schicksal teilen. Es geht um eine Besserstellung und um ein Ausgleichen von sozialen Unterschieden.

Zorn ist freilich nicht die einzige Möglichkeit, auf Ungerechtigkeit zu reagieren. Warum sich Personen aus den gesellschaftlichen Eliten, wie Martha Nussbaum, negativ zum Gefühl des Zorns positionieren, hat mit *feinen Unterschieden* zu tun. Der Zornige ist hässlich und laut. Er weiß sich nicht zu benehmen. Er sucht auch nicht zu argumentieren. Deliberation ist nicht sein Ziel, sondern Zerstörung. Werden Neid und Wut zurückgewiesen, ist meist der Ruf nach einer bourgeoisen Kleiderordnung zu vernehmen. Das Thema des Zorns wird aber verfehlt, wenn es habituell, über eine Beschreibung eines Unterschichtenhabitus, aufgezogen wird. Das gebildete Bürgertum schreckt vor der Unterschicht zurück und benennt doch nur eine verpönte Emotion. Ihr Angewidert-Sein von der Unterschicht will sie nicht artikulieren.[69]

Bertolt Brecht fasste das Verhältnis von Zorn und Unrecht materialistisch auf, Unrecht mache zu Recht zornig. In seinem Gedicht »An die Nachgeborenen« heißt es:

»Auch der Hass über die Niedrigkeit
Verzerrt die Züge.
Auch der Zorn über das Unrecht
Macht die Stimme heiser: Ach wir,

Die wir den Boden bereiten wollen für Freundlichkeit
Konnten selber nicht freundlich sein«[70]

Sind es auch verhärtete gesellschaftliche Verhältnisse, die Zorn zum Vorschein bringen, so ängstigt die Ausdrucksweise des Zornigen ihrerseits trotzdem viele Menschen. Zorn wird nur ungern gesehen: »Die heisere, ungestüme und mißtönende Stimme des Zornes erfüllt uns, wenn wir sie von weitem hören, mit Furcht oder Abneigung.«[71] Wut und Missgunst lassen die aufbegehrenden Menschen unsympathischer wirken. In erster Linie beeinträchtigen sie die missgünstigen Personen, weil deren Lebensqualität sinkt. Ob sie so einem Gerechtigkeitsanliegen schaden oder dieses fundieren, muss offen bleiben. Ohne Zorn auf die Ungerechtigkeit sind Machtverhältnisse aber unüberwindbar.

Statusvergleiche, die zornig machen, bleiben aber fast immer auf die Welt der Einkommen beschränkt. Überreichtum hingegen gibt zu Zorn nur wenig Anlass. Beim Vermögen gelingen Statusvergleiche nur über statistische Daten zu den Löwenanteilen der Reichen am gesamten Vermögen und dies bleibt abstrakt.

Um Vergeltung geht es bei Ungleichheitsfragen selten. Keine Vermögenssteuer will Vergeltung für die illegitime und manchmal auch illegale Entstehung des Reichtums. Keine Erbschaftssteuer sucht Rache für all die Vorteile, die Erben auch jenseits der Erbschaft genießen. Und kein Maximalvermögen will die Überreichen in die Armut treiben.

Zudem ist Zornlosigkeit auch ein Privileg der Sorglosen, denn Zorn wird aus Angst geboren. Ein Angst machendes Ohnmachtsgefühl induziert leicht zornige Schuldverweise auf Andere. Doch diese Anderen sind nicht die mächtigen Überreichen, sondern sozial Nahestehende.

Auch viele reiche Menschen sind nicht ohne Zorn. Doch Zorn kann sich hinter einem lachenden Antlitz verstecken. Die Gerichtspsychiaterin Heidi Kastner zitierte Shakespeare, um zu warnen: »Es mag einer lächeln und lächeln und ein Schurke sein.«[72] Doch Überreiche können ihren Zorn in einer sozialen Hierarchie auch besser ausleben. Bereits Montaigne empfahl: »Ich würde raten, lieber seinem Diener etwas zur Unzeit eine Backpfeife zu geben, als sich innerlich Zwang anzutun«.[73]

Die Reichen müssen sich geringere Zwänge auferlegen. Montaigne geht sogar so weit, dass er dem gespielten Zorn eine angenehme Rolle in der Gefühlsregulierung zuweist. »Gelegentlich überkommt es mich auch, um der guten Ordnung meines Hauswesens willen ohne jede wirkliche Erregung den Wutentbrannten zu spielen.«[74]

Für Martha Nussbaum ist der Gegenbegriff zu Zorn die Großzügigkeit. Ähnlich wie Nussbaum bietet auch Peter Sloterdijk die Tugend der Generosität gegen den Zorn auf. Sloterdijk will Reiche motivieren, ihren Zorn nicht gegen einen ausbeuterischen Staat auszuleben, sondern ihren Stolz in freiwilliger Freigiebigkeit zu gewinnen.[75]

Martha Nussbaums Überlegungen sind wenig hilfreich bei gesellschaftlichen Reichtumsfragen. Hier ist das Fehlen von Zorn auf die Überreichen eine weitaus spannendere Frage als die moralische Verurteilung eines verpönten Gefühls. Wer zornige Menschen ernst nehmen will, wird nicht daran vorbeikommen, sich mit den Inhalten ihres Zorns auseinanderzusetzen. Mit der Hoffnung auf Generosität der Überreichen kann sich Gesellschaftskritik nicht begnügen.

## 5.7 Mitleid der Überreichen oder Mitleid mit den Überreichen?

Mitleid vermeidet ein empathisches Mitfühlen. Das würde zum leidmindernden Handeln nötigen. Mitleid ist von geringerem moralischem Wert als Mitgefühl, da die Mitleidigen dem Leid meist nur zusehen. Führt Mitleid aber doch zum Handeln, ist seine Domäne die Mildtätigkeit.[76]

Adam Smith, der einen Lehrstuhl für Moral innehatte, präsentierte in seiner *Theorie der ethischen Gefühle* das Gedankenexperiment eines gewaltigen Erdbebens in China. Die Reaktion eines human gesinnten Menschen in Europa wäre im ersten Moment Trauer, dann würde er Überlegungen zur Eitelkeit alles menschlichen Tuns anstellen und später vielleicht über die negativen Folgen für den Handel räsonieren. Schließlich würde er in Ruhe zu seinen Geschäften zurückkehren. Die kleinste Kleinigkeit, die ihn selbst betrifft, würde ihn mehr beunruhigen als der vollständige Untergang des chinesischen Reiches: »Das Bewußtsein, daß er morgen seinen kleinen Finger verlieren müßte, würde ihn schon heute nachts nicht schlafen lassen; dagegen wird er bei dem Untergang von hundert Millionen seiner Brüder mit der tiefsten Seelenruhe schnarchen«.[77]

Adam Smith argumentierte aber auch, dass den Reichen Mitleid entgegengebracht werde. Obzwar die Reichen in einer anderen Welt leben, können doch wohlwollende Gefühle an sie gerichtet werden. Da der Lebensstil der Reichen »als beinahe abstrakte Vorstellung eines idealen Glückszustandes« erscheint, können wir bei Beeinträchtigungen ihres Glücks Mitleid mit ihnen empfinden: »Wie schade, denken wir, wenn irgendetwas eine so angenehme Situation zerstören und verderben sollte. Ja, wir möchten gerade wünschen, daß jene Menschen unsterblich wären.«[78]

Smith geht von der Beobachtung aus, dass die Armen die Reichen bewundern. Sie imaginieren den Zustand der Reichen als einen vollkommenen. Sie bilden sich ein, dass das Glück der Reichen nahezu paradiesisch sei. Bei der Lektüre von Hochglanzgazetten nehmen Menschen auch heute Anteil an den Höhen und Tiefen im Leben der Reichen. Jedes Unglück, das Mächtigen widerfährt, »erregt in der Brust des Zuschauers zehnmal mehr Mitleid und Vergeltungsgefühl, als es empfunden würde, wenn dieselben Dinge anderen Menschen widerfahren wären«.[79] Und auf dieser Neigung der Menschen, für alle Affekte der Reichen Sympathie zu empfinden, beruht die ständische Ordnung der Gesellschaft.

Die Anteilnahme und Bewunderung der Armen für das Leben der Reichen gründet nicht, wie man vielleicht erwarten könnte, auf der Hoffnung, dass etwas davon für sie selbst abfallen könnte: »Der große Haufe der Menschen, der Pöbel, das sind die Bewunderer und Anbeter von Reichtum und Vornehmheit, und was noch sonderbarer scheinen könnte, es sind dies meistens ganz uninteressierte Bewunderer und Anbeter dieser Güter.«[80] Smith bezieht sich auf die Natur der meisten Menschen, die ihnen verunmöglicht, den Zustand der Unterwürfigkeit zu durchbrechen und den Mächtigen Widerstand zu leisten. Die *Lehre der Vernunft* entspricht nicht der *Lehre der Natur*. So haben Menschen zwar feindselige Gefühle wie Furcht, Hass und Vergeltungssucht, die sich gegen die Herrschenden richten und zu einer Revolution führen können. Doch das Volk lässt sich leicht erweichen und kann eine Kränkung der Mächtigen kaum ertragen: »Mitleid tritt bald an die Stelle des Vergeltungsgefühls, es vergißt alle vergangenen Herausforderungen, seine alten Grundsätze der Untertanentreue leben wieder auf.«[81] Mitleid überschreitet dabei Standesgrenzen. Dies unterscheidet es von der aristotelischen Definition. Für Aristoteles war Mitleid erstens nicht verdient, zweitens handelte es sich um ein Übel und drittens betraf es Seinesgleichen.

Mitleid nimmt aber oft auch die Form eines Bedauerns von fremden Menschen an. Bedauert werden etwa hungernde Kinder in Afrika und Opfer von Naturkatstrophen. Gemeinsames Merkmal beider Adressaten ist ihre Opferrolle. Nur ist diese Form des Mitleids nicht besonders stark. Die moralische Herausforderung hatte auch Adam Smith prägnant formuliert: »Wozu sollten wir uns wegen der Leute auf dem Mond beunruhigen?«[82] Die Überreichen sind für den Rest der Menschheit Mondbewohner, denen oft staunendes Wohlwollen entgegengebracht wird.

Manchmal gereicht es aber nicht einmal zu Mitleid. Friedrich Engels erwähnte, dass er mit einem Bourgeois durch Manchester spazierte und ihn dabei mit den schlimmen Lebensbedingungen in den Arbeiterviertel vertraut zu machen suchte: »Der Mann hörte das alles ruhig an, und an der Ecke, wo er mich verließ, sagte er: und doch wird hier enorm viel Geld verdient – guten Morgen Herr! Es ist dem englischen Bourgeois durchaus gleichgültig, ob seine Arbeiter verhungern oder nicht, wenn er nur Geld verdient. Alle Lebensverhältnisse werden nach dem Gelderwerb gemessen und was kein Geld abwirft, das ist dummes Zeug, unpraktisch, idealistisch.«[83]

Mitleid ist sicherlich kein Gefühl, das die demokratische Kultur stärkt. Oscar Wilde nannte es in *Die Seele des Menschen unter dem Sozialismus* »ein sentimentales Almosen gewöhnlich verknüpft mit dem skandalösen Versuch des rührseligen Spenders, auf ihr Privatleben Einfluß zu nehmen«.[84] Und: »Warum sollten die Armen dankbar sein für die Krumen, die vom Tisch der Reichen für sie abfallen? Sie sollten mit an der Tafel sitzen«.[85] Wilde machte auf die Widersprüchlichkeit herablassenden Mitleids aufmerksam: »Es ist unsittlich, Privateigentum zur Milderung der furchtbaren Mißstände einzusetzen, die unmittelbar aus der Existenz des Privateigentums resultieren.«[86]

Mitleid ermöglicht einen moralisch verbrämten Pragmatismus. Denn ein angenehmer Nebeneffekt des Mitleids ist es, sich in der eigenen Haut wohler zu fühlen. Mitleid bekämpft nicht Armut, sondern das unangenehme Gefühl, das wahrgenommene Armut erzeugt. Es ist ein Gefühl, das allen offen steht. Mitleid kann auch relativ leicht inszeniert werden. Selten wollen sich Überreiche als habgierige Räuber zeigen. Und sogar Räuber präsentieren sich gern als edel und mildtätig. Der kolumbianische Drogenhändler Pablo Escobar stand sieben Jahre lang auf der Forbes-Liste der reichsten Menschen der Welt und hatte das Image eines Wohltäters.[87] Er galt in seiner lokalen Gemeinschaft als Menschenfreund, weil er Schulen und Krankenhäuser finanzierte. Das hatte wenig mit Mitleid zu tun, sondern sicherte schlicht die lokale soziale Akzeptanz seiner Drogenaktivitäten ab, doch wirkte es auf die Menschen wohl ähnlich wie staatliche Wohlfahrt. Sogar die Entstehung seines Reichtums wurde in der Bevölkerung vielfach gefeiert, wie Heldenballaden, sogenannte *narcocorridas*, zeigen.

Den sozialen Hintergrund dieser amoralischen Huldigung von Erfolg prägt ein korrupter und schwacher Staat, dem Misstrauen entgegengebracht wird. Ein Aufstieg über Drogenhandel scheint verdient, einfach weil er gelang. Freigiebigkeit wird, wie in der römischen Geschichte, zum Schlüssel der gesellschaftlichen Akzeptanz. Fragwürdige Vermögen werden durch die Schenkungen ihres Eigentümers reingewaschen.

Aus einer anderen Perspektive kritisierte Mandeville in seiner *Bienenfabel* die Tugendhaftigkeit des Mitleids. Er schrieb gegen ein armenfreundliches Mitleid an. Er sah, dass in der Gesellschaft eine »unvernünftige Neigung zu einer Art Verehrung für die Armen grassiert, die einer Mischung von Mitleid, Albernheit und Aberglauben entspringt«.[88]

Dies diene eher der Eitelkeit von Kleinbürgern, die Armenschulvorsteher werden wollen. Keiner traue sich etwas gegen die Armen zu sagen, die »mehr zum Bummeln und zum Aufruhr als zu Arbeit und Nüchternheit geneigt erscheinen«.[89]

Eine Welt, in der Mitleid dominiert, kann tatsächlich groteske Züge annehmen. Jeremy Bentham, der Begründer des Utilitarismus, einer Denktradition, die das Glück der größtmöglichen Zahl von Menschen zum Ziel hatte, setzte sich in seinem Leben für Reformen von Krankenhäusern und Gefängnissen ein. Er befürwortete private Wohltätigkeit und meinte, dass diese für den Wohltätigen angenehm sei, da das eigene Leid beim Mitleiden gemindert werde. Im Plan von Bentham zur Armenverwaltung wurde ein moralisches Erziehungsvorhaben betrieben. Die Armen waren bei Bentham einer minutiösen Aufsicht durch ihre Aufseher unterworfen. Judith Shklar diagnostizierte hellsichtig und pessimistisch: »Benthams größter Fehler war es vielleicht, an die reale Möglichkeit einer wohltätigen herrschenden Klasse zu glauben«.[90]

## 5.8 Neidlosigkeit

Neid wird selten eingestanden, gilt er doch als verpönter Affekt. Da so häufig von Neiddebatten die Rede ist, mag der Eindruck entstehen, es handele sich um ein junges Phänomen. Doch bereits in der Antike zählten Neid, Eifersucht und Feindschaft zu jenen Kräften, die Unheil über die Menschen bringen. Es galt aber auch als ausgemacht, dass nicht nur die Menschen neiderfüllt sind, sondern auch die Götter. Heute hingegen handelt es sich um einen gängigen Vorwurf der Advokaten der Überreichen gegenüber ihren Kritikern.

Neid muss von Unzufriedenheit unterschieden werden. Wer unzufrieden ist, weil andere reich sind, bezieht sich auf ungerechte Bedingungen. Wer neidisch ist, weil andere reich sind, schaut allein auf das Mehr. Neid ist kein moralisches Gefühl, weil man zu seiner Erklärung keinen moralischen Grundsatz bemühen muss. Der Hinweis auf die bessere Situation eines anderen ist hinreichend für Neid.

Neidisch kann man auf fast alle und nahezu alles sein. Dies muss nicht das Einkommen oder das Haus des Nachbarn sein, man kann auch auf Haltungen oder Werte anderer Menschen neidisch sein. Alfred Adler, Begründer der Individualpsychologie, schreibt in seinem 1927 erschienenen Buch *Menschenkenntnis*: Alle Menschen seien letztlich neidisch und Neid sei ein bitteres Gefühl menschlicher Existenz. Neid ist die einzige Todsünde, die kein Vergnügen bereite, meint Joseph Epstein in *Neid – Die böseste Todsünde*.

Es gibt viele Varianten von Neid und die meisten Neidformen haben wenig mit simpler Schadenfreude zu tun. Die Haltung vieler Überreicher zu Neid dürfte dem Neidverständnis von Adam Smith entsprechen: »Neid ist derjenige Affekt, welcher mit boshaftem Mißfallen den Vorrang derjenigen betrachtet, die doch wirklich auf den ganzen Vorrang, den sie besitzen, einen begründeten Anspruch haben.«[91] Die Reichen haben verdientermaßen mehr als die Armen und nur boshafte Menschen sehen nicht ein, dass das so richtig ist.

In einer Gesellschaft, die den Erfolg in erster Linie an der Höhe des Einkommens misst, aber gleichzeitig auch moralische Werte hochhalten will, wird sich Neid verstecken. Vermögen nimmt unter den möglichen Objekten des Neides eine gewisse Sonderstellung ein, denn über Vermögen kann Prestige gut veranschaulicht werden. Villen ermöglichen Bilder von Glanz und Prunk und Luxuskarossen faszinieren nicht nur kleine Buben. Und doch zeigt eine Villa nur einen Ausschnitt des Reichtums ihres Bewohners. Dabei folgt der Neid einer Darstellung, die nur einen Teil des Reichtums sichtbar macht.

Beim Nachdenken über Neid kollidieren katholische und konservative Werte. Für die einen ist Neid eine Todsünde, andere sehen darin einen wichtigen Motor des Kapitalismus. Der ehemalige britische Außenminister Boris Johnson verdeutlichte letztere Position in einer Rede zum Gedenken an die frühere Premierministerin Margaret Thatcher. Er behauptete, dass soziale Gleichheit kein sinnvolles Ziel sei. Ungleichheit sei wichtig, weil sie Neid fördere.[92] Ein meritokratisches Ideal, wonach überragende Leistungen mit hohem Einkommen belohnt werden sollen, wird durch Neid affirmiert.

Neid der Schlechtergestellten zu befeuern, ist unter dem Banner der Leistungsgerechtigkeit leichter als in einer ständischen Gesellschaft. Im Feudalismus, wo die Plätze in der Sozialordnung vorab schon vergeben sind, greift Neid kaum. Der Übertritt eines Bauern in den Adelsstand war schlicht undenkbar. Wer heute in Indien durch Slums geht, kann diese unüberwindbare Kluft zwischen Unten und Oben noch verspüren. Der Platz im Kastensystem ist definiert und soziale Mobilität nahezu ausgeschlossen. Wenig verwunderlich ist es daher, dass Reichtum in Indien kaum begründet werden muss.

In einer Welt des Überreichtums, in der die reichsten drei Personen in den USA so viel Vermögen besitzen wie die untere Hälfte der amerikanischen Bevölkerung zusammen, ist Neid auf eine Handvoll Überreicher auch kein Gefühl, das zum Verständnis des sozialen Verhältnisses von Arm und Überreich hilft. Je stärker die Vermögensverhältnisse in einer Gesellschaft verkrustet sind, desto eine geringere Rolle spielt Neid, denn Neid braucht soziale Nähe, um sich entfalten zu können. Aristoteles zitiert in der *Rhetorik* Aischylos: »Denn die Verwandtschaft versteht sich auf Neid.«[93] Daher taucht er in der Welt der Arbeitseinkommen viel häufiger auf als in der Vermögenswelt. Bei den Arbeitseinkommen ist die Ungleichheit sichtbarer als beim Vermögen. Mandeville hat diese Notwendigkeit von sozialer Nähe für das Entstehen von Neid anschaulich erfasst: »Wenn einer, der zu Fuß gehen muß einen großen Mann beneidet, weil er sich einen Wagen mit sechs Pferden hält, so wird dies nie mit der Heftigkeit geschehen oder ihm den Verdruß bereiten, wie einem Manne, der selbst einen Wagen hat, aber sich bloß vier Pferde leisten kann.«[94]

Gegenwärtig ist Arbeit ein wichtiger Referenzrahmen für Neid, weil sie für die große Mehrheit der Bevölkerung identitätsstiftend ist. Eine klassische Neidsituation wäre etwa ein Abituriententreffen. Doch das hohe Einkommen eines ehemaligen Mitschülers allein löst noch keinen Neid aus. Es muss auch leicht verdient oder vielleicht sogar unverdient sein. Neid trifft eher einen Kleinen, der sich streckt, als einen riesigen Überreichen. Als Einziger in einer sozialen Referenzgruppe keine Gehaltserhöhung zu bekommen, ist kränkender als in keiner der Traumvillen von Fußballstars leben zu können. Traumvillen deuten schon begrifflich eher auf Wunschfantasien als auf Neidobjekte.

Und die Überreichen leben jenseits der Arbeitswelt in einer eigenen Vermögenswelt. Ihre Vermögenseinkünfte und Privatstiftungen im Ausland, Schwarzkonten auf den Cayman Islands oder in Panama können Neid schwerlich nähren. Bankgeheimnis und Dateninstransparenz halten die Vermögensverhältnisse im Verborgenen.[95]

## 5.9 Neidvorwürfe

Unter Neid leiden die Neidischen. Neid wird üblicherweise armen Menschen von besser gestellten Menschen unterstellt. Und Neid als politischer Kampfbegriff dient dazu, dass der ungerechte Überreichtum nicht zum Anlass einer rationalen Gerechtigkeitsdebatte genommen wird, sondern dass raunend vor imaginierten Neiddebatten, gewarnt werden kann.

Auch Freud mutmaßte in *Massenpsychologie und Ich-Analyse*, dass Menschen mit einem Gerechtigkeitsanliegen Syphilitikern ähnlich seien: »In unerwarteter Weise enthüllt sie sich in der Infektionsangst der Syphilitiker, die wir durch die Psychoanalyse verstehen gelernt haben. Die Angst dieser Armen entspricht ihrem heftigen Sträuben gegen den unbewußten Wunsch, ihre Infektion auf die anderen auszubreiten, denn warum sollten sie allein infiziert und von so vielem ausgeschlossen sein und die anderen nicht?«[96]

Ein Neidvorwurf wird in Gerechtigkeitsdebatten meist einseitig gegen Kritiker von Ungerechtigkeit erhoben. So wird vorab eine Auseinandersetzung um eine fragwürdige Ungleichverteilung disqualifiziert. Empörung über ungerechte Zustände ebbt schneller wieder ab, während der Neid fortbesteht. Eine materielle Umverteilung stößt Empörung nur selten an. In der Regel haben dann Politiker und nicht die Überreichen den Preis der Empörung zu bezahlen.

Der Beneidete hat oft eine Ahnung vom Neid des anderen und um dessen Ausdauer im Neiden. Der Zornige wendet sich hingegen rasch Neuem zu und richtet seinen Ärger auf andere Personen und Dinge. Dies macht Neid für den Beneideten zu einem besonders unangenehmen Gefühl.

Adam Smith hat bei Mitleid die erwartete Richtung von oben nach unten umgekehrt und das Mitleid mit den Reichen in den Blick genommen. Ist das auch bei Neid möglich oder ist es eine Selbstverständlichkeit, dass ein Neidvorwurf Arme und nicht Überreiche trifft?

Neid, etwa von alten Menschen mit einer geringen Altersrente, trifft oft Menschen, die von einer noch geringeren Sozialhilfe leben. Das Ungerechtigkeitsempfinden angesichts der eigenen bescheidenen Rente wird in einen Vorwurf gegen Unterprivilegierte übergeführt. Dabei wäre die fehlende Anerkennung beider Gruppen in der Gesellschaft der entscheidende Punkt. Das Problem des Überreichtums gerät so gar nicht erst in den Blick.

Neidisch könnten Überreiche aber auch sein, etwa auf Intellektuelle. So findet sich in der Philosophiegeschichte der Verdacht, dass es einen Neid der Reichen auf Weise und Tugendhafte gibt. Aristipp, ein Schüler von Sokrates, war angeblich einer der ersten Philosophen, der für seine Lehrtätigkeit Geld verlangte. Als er gefragt wurde, wieso man bei den Reichen so viele Philosophen sehe, aber nicht umgekehrt bei den Philosophen Reiche, antwortete er: »Sieht man doch auch die Ärzte an den Türen der Kranken; allein deshalb möchte doch niemand lieber krank sein als heilen.«[97]

Bei Intellektuellen mag sich dahinter nur der Wunsch nach einer gesellschaftlichen Vorrangstellung verbergen. Die Reichen mögen den oberflächlichen Charakter ihres Reichtumbegehrens eingestehen und bekennen, dass sie insgeheim lieber Philosophen oder Dichter wären. Neidvolle Gefühle können Reiche auch gegenüber ärmeren Menschen hegen, denen es um soziale Gerechtigkeit geht, da dies eng mit der Frage nach der Sinnhaftigkeit des Lebens verbunden ist. Es gibt niemanden, der sich offen für Ungerechtigkeit ausspricht, denn Gerechtigkeit ist eine moralische Referenz für alle, auch wenn jeder etwas anderes darunter versteht. Unterschiede ergeben sich erst hinsichtlich der Rangordnung von Werten. Jene, die allein die Effizienz von Marktlösungen betonen, könnten auf *Gerechtigkeitsverfechter* eifersüchtig sein, weil diese zusätzlich noch normative Ansprüche erheben wollen. Und Neid kann sich auch auf Milliardäre richten, die zudem Philosophen sind. George Soros wäre so ein philosophisch gesonnener Milliardär.[98]

Schlussendlich kann Neid auch in unterschiedlichen Lebenswegen begründet sein. Neid entsteht nicht nur gegenüber den Bessergestellten, sondern auch wenn sich ein Statusniedriger dem Höhergestellten gleichzumachen sucht. Nietzsche sprach in dieser Hinsicht vom »Neid der Götter«. Dieser fordert, »dass ein Jeder kein Verdienst über seinem Stande habe, auch dass sein Glück diesem gemäß sei und namentlich dass sein Selbstbewusstsein jenen Schranken nicht entwachse. Oft erfährt der siegreiche General den ›Neid der Götter‹, ebenso der Schüler, der ein meisterliches Werk schuf.«[99]

Heute entspräche dies einem möglichen Neidgefühl reicher Erben auf sogenannte Selfmade-Millionäre oder auf soziale Aufsteiger. Der schlechte Ruf der Neureichen verweist auf solche Neidformen unter den Reichen. Meritokratisch betrachtet, wären die Neureichen eigentlich die verdienten Reichen. Oft wird aber gerade ihnen Schamlosigkeit zugeschrieben. Neureiche Menschen, die in der sozialen Hierarchie aufgestiegen sind, müssen den Neid des alten Geldes fürchten, sofern sich dessen Vertreter herausgefordert fühlen.

Die Furcht, Neid zu erregen, könnte theoretisch eine Konformität der Überreichen mit sozialen Normen sicherstellen. Den Machtambitionen der Überreichen würde gleichsam eine Gefühlsgrenze gesetzt. Diese Vermutung hält aber einer empirischen Prüfung nicht stand. Steigende Anteile der Top-Perzentile am Einkommen und Daten zum Luxuskonsum der Reichen zeigen andere Entwicklungen.[100] Es wird nicht nur heimlich geprasst, sondern es wird ostentativ Luxus demonstriert. Dies ist ein Indiz dafür, dass die Furcht der Reichen vor dem Neid der Besitzlosen nicht ausgeprägt ist.

Ähnlich der Arbeit ist auch der Konsum eine wichtige Referenz zum Vergleichen und Neiden. Beim Konsumieren sind Menschen einander zwangsläufig näher. Alle essen, trinken und müssen irgendwo schlafen. Auch wenn manche in Hütten hausen und andere in Palästen residieren, sind doch Grenzen für das Ausmaß der Unterschiede angelegt. Beim Vermögen ist das nicht so. Die Konsumungleichheit ist niedriger als die Einkommensungleichheit und weit geringer als die Vermögensungleichheit.

Auch in einer fiktiven Gesellschaft, in der die beiden Gerechtigkeitsgrundsätze von Rawls verwirklicht wären, würde es weiterhin feindseligen Neid unter den Menschen geben. Doch in einer Gesellschaft, wie Rawls sie sich vorstellte, stünden die Menschen einander nahe. Sie hätten ein »Gerechtigkeitsgefühl« und wären durch »Bürgerfreundschaft« miteinander verbunden. An und für sich bereitet soziale Nähe aber gerade jenen Boden auf, den der Neid für sein Gedeihen benötigt. Doch durch eine Fülle an Beschäftigungen, welchen die Menschen nachgehen, sollte Neid weniger wichtig werden. Wenn die Grundversorgung aller sichergestellt ist, dann würden die Menschen womöglich eher nach konstruktiven Alternativen zum Neid suchen.

Verpönte Gefühle wie Neid und Wut zu entlarven, ist eine ideologische, nur wenig hilfreiche Alternative zur Suche nach einer gerechteren Gesellschaftsordnung. Und auch wenn Neid die Kritik am Reichtum und an Vermögensungleichheit motiviert, müssten trotzdem rationale Argumente gegen den Inhalt der Kritik vorgebracht werden. Auch wenn Menschen von hasserfülltem Neid nahezu zerfressen sein sollten, ist ihre Kritik deshalb noch nicht desavouiert. Psychoanalytisch sind aber auch Abwehrmechanismen der Bessergestellten zu beachten, die möglicherweise ein schlechtes Gewissen angesichts der eigenen Privilegien zu bekämpfen suchen. Bei neiderfüllten Personen sollte eher von einem Minderwertigkeitsgefühl als einem zerstörerischen Hass ausgegangen werden. Dies würde es erleichtern, ihnen mit Achtung zu begegnen.

Für Rawls galten Neid und Missgunst als Laster. »Und ebenso könnte man konservativen Autoren entgegenhalten, es sei reine Mißgunst, wenn die Bessergestellten die Forderungen der weniger Begünstigten nach mehr Gleichheit zurückweisen.«[101] Doch Rawls war in seiner *Theorie der Gerechtigkeit* auch auf die psychischen Voraussetzungen eines Neidgefühls eingegangen. Bedingung für Neid sei das »Fehlen eines sicheren Selbstwertgefühls und der Fähigkeit, irgendetwas zu tun, was sich lohnen würde«.[102]

In bestimmten Situationen entschuldigte Rawls Neid. Die Vermögenskonzentration heute ist so extrem, dass Rawls von einem *entschuldbaren Neid* sprechen hätte müssen.

Bei Überreichtum ist ein neiderfüllter Vergleich aber kaum möglich. Die abstrakten Zahlen zum Vermögen der Überreichen übersteigen gewöhnlich die Vorstellungskraft der meisten Menschen. Auch wird der Neid jener, die von Almosen leben müssen, sozial kontrolliert. Räumliche Segregation, unterschiedliche Fortbewegungsmittel und ein divergierendes Freizeitverhalten minimieren die Berührungspunkte zwischen Arm und Reich.

Vermutlich wird in der Mitte der Gesellschaft mehr über die Gefahren einer neiderfüllten Enteignung gesprochen als unter armen Menschen über die Möglichkeiten von Expropriation. Der jüngste Beleg hierfür ist die Veröffentlichung der *Paradise Papiere.*[103] Die aufgedeckte Steuerhinterziehung führte nicht zu neiderfüllter Wut gegen die reichen Wirtschaftsflüchtlinge, von der so viel die Rede ist. Selbst nach der Finanzkrise blieb die moralische Empörung gegenüber den Reichen entweder abstrakt gegen *die da oben* gerichtet oder auf einzelne Einkommenskomponenten wie den Bonus beschränkt.

Trotzdem wird Armen gern Hass auf die Reichen unterstellt. Dieser Vorwurf kommt nicht zuletzt von intellektuellen Eliten, die nach Bourdieu eine beherrschte Fraktion im Feld der Herrschenden bilden. Der deutsche Publizist Peter Sloterdijk sucht seine Verachtung geistloser Armer nicht zu verbergen, sondern insinuiert: »Ich fürchte, in dem populären Hass gegen die Reichen, der sich als Sinn für Gerechtigkeit ausgibt, verbirgt sich eine wütende Undankbarkeit vieler gegenüber den Geistreichen, denen letztlich fast alle fast alles verdanken.«[104]

Wer schon den Hass der Armen nicht in Zweifel ziehen will, der mag sich wenigstens wie Adam Smith fragen, ob ein Hassgefühl der Armen überhaupt stark genug wäre, denn rasch fallen die Menschen in einen »eingewurzelten Zustand der Unterwürfigkeit gegenüber jenen zurück, die es als seine natürlichen Vorgesetzten anzusehen gewohnt war«.[105]

Mitleid tritt dann an die Stelle der Rache. Auch bei Machiavelli wusste *Il Principe* Hass zu vermeiden. Dem Fürsten war wichtig, dass er gefürchtet wird. Verhasst sein durfte er nicht und deshalb galt für ihn: »Vor allem muss er die Finger lassen vom Eigentum anderer, denn die Menschen vergessen schneller den Tod ihres Vaters als den Verlust der Erbschaft.«[106] Bezeichnend ist, dass die Gefühle der Eigentümer als gefährlicher betrachtet werden als jene der Eigentumslosen. Auch in den Beurteilungen von Gefühlen verbergen sich die gesellschaftlichen Machtverhältnisse.

In seltenen historischen Momenten – etwa während der Französischen Revolution – wurde Hass auf die Reichen gewalttätig ausgelebt. Der Protest der Gelbwesten in Frankreich 2018 reagiert auf eine Politik der Verachtung. Er richtet sich gegen einen *Präsidenten der Reichen*, aber nicht gegen die Reichen. Der ehemalige Sozialist wurde als arrogant empfunden. Dass Macron die Vermögenssteuer abgeschafft hat, die Lebenshaltungskosten anstiegen und sich das Gesundheitssystem verschlechterte, stieß einen teils gewalttätigen Protest an.

Gewalt hat viel mit einem Mangel an Respekt zu tun, denn Status ist wichtig in einer ungleichen Gesellschaft. Die Macht in der Gesellschaft hat aber jene Gruppe, die sich hervorragend gegen die negativen Folgen von Ungleichheit schützen kann. Nur selten hat es in der Geschichte Situationen geben, in denen die Armen gegen die Reichen aufbegehrten. Platon sah die Voraussetzungen hierfür in sozialer Nähe. Genau eine solche soziale Nähe kann von Überreichen meist vermieden werden. Anders war es auf Feldzügen, auf Wanderungen und Schifffahrten, wenn sich Reiche und Arme beobachten konnten. Dann kam es vor, »daß in der Schlacht ein hagerer von der Sonne verbrannter Armer als Nebenmann eines reichen verwöhnten Weichlings, der mit viel fremden Fleische behaftet ist, sieht, wie dieser an Atemnot und sonstigen Beschwerden leidet, sollte er da nicht auf den Gedanken kommen, daß diese Leute ihren Reichtum nur der Feigheit der Armen verdanken«.[107] Die Abschottung der Überreichen ist die beste Voraussetzung für die Absicherung ihres Überreichtums. Doch ostentative Tugenden bilden, besonders in ökonomischen Krisenphasen, eine hilfreiche Unterstützung zur Abschirmung der privaten Vermögen. Und die Neidvorwürfe der Überreichen sind Immunisierungsstrategie gesellschaftlich Privilegierter.

## 5.10 Lasterhafte Tugenden der Überreichen

Demut und Barmherzigkeit sind beliebte Tugenden der Reichen. Die Möglichkeit von barmherzigen Überreichen bildet eine theoretische Herausforderung für das Konzept des Überreichtums, weil sie das problematische *Über* der Überreichen relativieren würde. Barmherzige Überreiche erkennen selbst die Problematik ihres Überreichtums und tun etwas dagegen.

Barmherzigkeit ist im Christentum eine zentrale Tugend. Der Historiker Peter Brown zeigt in seinem Klassiker *Der Schatz im Himmel* die Bedeutung von Euergetismus in der Spätantike. Unter Euergetismus wird eine Herrschaftssicherung durch demonstrative Wohltätigkeit verstanden. Die christliche Kirche verstand es im 4. Jahrhundert, die Reichen zu integrieren und dies markierte den Beginn des katholischen Triumphzuges im Mittelalter.

Die christlichen Reichen wurden von der Kirche ermahnt, dass *eher ein Kamel durch ein Nadelöhr geht als dass ein Reicher in den Himmel kommt.*[108] Doch gleichzeitig waren der Kirche ihre Spenden willkommen. Augustinus betonte zwar, dass sich reiche Sünder nicht von ihrer Bestrafung im Jenseits durch Almosen freikaufen können. Dabei wurde nicht verlangt, den Reichtum aufzugeben. In seinen Predigten »ging es im Grunde um einen Spendenkrieg, nicht nur um Almosen für die Armen, sondern auch um Gaben für die Kirche für andere Zwecke«.[109] Die Kirche in Afrika im 4. Jahrhundert versuchte, Gelder für den Kirchenbau und den Klerus zu sammeln. Brown zeigt, wie das Kirchenvermögen einen Reichtum bildete, der auf subtile Weise von Ewigkeitserwartungen berührt wurde.[110] Existenzielle menschliche Gefühle spielten eine Schlüsselrolle. Die leidenschaftliche Identifikation mit den Armen durchtränkte die Verwaltung des Kirchenvermögens mit einem Gefühl der Unantastbarkeit, die einem weltlichen Vermögen stets fehlt. Die Spiritualisierung des Reichtums erfolgte durch die Armenfürsorge, das kirchliche Vermögen und der Vorstellung des Jenseits. Freigiebigkeit und Mildtätigkeit waren für einen guten und reichen Menschen in vorindustriellen Gesellschaften eine moralische Verpflichtung.

Das eigene Vermögen soll mit den Armen geteilt werden, fordert Papst Franziskus.[111] In der Nachfolge Jesu sollen die Reichen ihre Güter nicht allein für sich beanspruchen. Zwar wird keine Zwangsenteignung von Privateigentum angestrebt, aber der Schatz wartet auf die barmherzigen Reichen im Jenseits.

Barmherzigkeit nimmt die Maxime ernst, dass Eigentum verpflichtet. Im christlichen Denken wurden die Reichen von Gott mehrfach beschenkt: Sie wurden von der Versklavung in Ägypten befreit, sie haben Land bekommen, dessen Eigentümer Gott ist und sie genießen die Segnungen der Natur. Das Herz für die Armen öffnen, besagt aber noch nicht, wie viel vom eigenen Vermögen oder Einkommen abgeben werden sollen. Auch wenn Barmherzigkeit ein Gebot der Menschlichkeit ist, bleibt das Spektrum der Möglichkeiten zwischen einem Armutsgelübde der Überreichen und einer kleinen Spende weit.

Der Maßstab der Barmherzigkeit wäre die Not der anderen und nicht die von uns freiwillig akzeptierte Einschränkung. Moralisch ist es eindeutig: Die Erbarmungswürdigkeit der anderen legt uns eine moralische Verpflichtung auf. Wenn die Würde der Armen bedroht ist, gibt es eine Verpflichtung der Überreichen. Ansonsten geht auch deren Würde verloren.

Aber Barmherzigkeit zeigt keinen Weg in eine gerechtere Gesellschaft. Und manchmal ist es nicht einmal Barmherzigkeit, die zur Hilfe drängt. Mandeville erkannte, dass Menschen, die von Bettlern aufgehalten werden, sich durch diese gestört fühlen. Dieses Gefühl sei den Schmerzen ähnlich, die Hühneraugen verursachen. Beides soll nicht sein, beides stört beim Flanieren. Man gibt daher »Bettlern Geld aus demselben Beweggrunde, wie ihrem Hühneraugenoperateur, nämlich des angenehmeren Gehens wegen und mancher Groschen wird an freche, aufdringliche Halunken verschenkt, die man, wäre es nicht unschicklich, viel lieber mit dem Stocke durchprügeln würde. All dies aber nennt die Höflichkeit des Landes Barmherzigkeit.«[112] Doch kein Mensch käme auf die Idee, dass ein solcher Obolus etwas mit einer gerechten Grundordnung der Gesellschaft zu tun haben könnte.

Eine säkularisierte Form der Barmherzigkeit bildet die Großzügigkeit. Die Generosität überreicher Philanthropen ist ein schillerndes Sujet.[113] Verschränkt werden unvorstellbarer Reichtum und eine anerkannte Tugend. Immanuel Kant verließ sich auf keine Tugendlehre und die Großzügigkeit der Reichen war bei ihm nicht hoch angesehen. Großzügigkeit bedeutet für die Empfänger eine Erniedrigung. Unterwürfigkeit wird weder bei anderen Menschen gefordert noch bei sich selbst ertragen.

Kants Pflichtethik steht der aristotelischen Ethik entgegen. Aristoteles hatte eine Ethik der Charakterbildung gegen Habgier vertreten. Menschen sollen lernen, jene Gesinnungen zu wählen, die der Tugend entsprechen. Kant betonte hingegen, Menschen müssen ihren Mitmenschen aufgrund ihrer Rechte Respekt entgegenbringen. Menschen müssen sich und die Anderen stets achten. In seiner Moralphilosophie ist der Unterschied zwischen Verstand und Gefühl zentral. Kein Gefühl, sondern vernunftgeleitete Pflichterfüllung soll moralisches Handeln leiten. In der Philanthropie sei »auch die Vorstellung und Beherzigung der Gleichheit unter Menschen, mithin die Idee dadurch selbst verpflichtet zu werden, indem man andere durch Wohltun verpflichtet, enthalten«.[114]

Das ist bedeutend mehr, als gegenwärtig gemeinhin unter Philanthropie verstanden wird. Bei Kant ist von Gleichheit die Rede und von Pflicht, nicht von Freiwilligkeit und Barmherzigkeit. Freiwillige Beiträge von reichen Menschen sind nicht hinreichend: »Anderen Menschen nach unserem Vermögen wohlzutun ist Pflicht, man mag sie lieben oder nicht.«[115] Es ist eine Pflicht wohlzutun und Kant ergänzte, dass man dies auch tun müsse, wenn sich die Menschen bei näherem Kennenlernen als nicht sonderlich liebenswürdig erweisen.[116] Diese Pflicht verhindert, dass reiche Wohltäter sich auf ihre Wohltätigkeit etwas einbilden: »Das Vergnügen, was er sich hiermit selbst macht, welches ihm keine Aufopferung kostet, ist eine Art in moralischen Gefühlen zu schwelgen.«[117]

Überreiche haben also, kantianisch gedacht, keinerlei Grund auf ihre Wohltätigkeit stolz zu sein. Diese Ansicht wird nicht von allen geteilt. Peter Sloterdijk etwa setzt dieser Vorstellung seine Fantasie von freigiebigen Reichen entgegen. Basis seiner Überlegungen ist ein ausgeprägter Antietatismus. Ihm entgeht dabei ein maßgeblicher Unterschied zwischen Arm und Reich: Vermögende Menschen können sich Wohltaten leichter leisten.

Doch Arme, welche die Übel anderer bereitwillig auf sich nehmen, sind, mit Kant gesprochen, »moralisch reich«, weil sie nur über ein begrenztes Vermögen verfügen. Kant war es auch, der den Staat in die Pflicht nehmen wollte und die Reichen bloßstellte: »Das Vermögen wohlzutun, was von Glücksgütern abhängt, ist größtenteils ein Erfolg aus der Begünstigung verschiedener Menschen durch die Ungerechtigkeit der Regierung, welche eine Ungleichheit des Wohlstandes, die anderer Wohltätigkeit notwendig macht, einführt. Verdient unter solchen Umständen der Beistand, den der Reiche den Notleidenden erweisen mag, wohl überhaupt den Namen der Wohltätigkeit, mit welcher man sich so gerne als Verdienst brüstet?«[118] Das Augenmerk liegt hier auf den reichen Wohltätern. Das Prestige, das die Reichen über Wohltätigkeit gewinnen, bildet eine zeitgemäße Variante der Ehre. In der Außendarstellung wird sie zum Engagement aufgewertet. Die Spender und die freiwilligen Helfer stehen mit ihrer Großzügigkeit und ihrer Mildtätigkeit im Zentrum. Sie legitimieren ihren privilegierten Status, indem sie der Gemeinschaft etwas zurückgeben.

Insbesondere unverdient Vermögende suchen Schuldgefühle angesichts der eigenen Privilegien über soziale Aktivitäten abzuwehren. Der amerikanische Politikwissenschaftler David Callahan fand in *The Givers* heraus, dass gerade reiche Erben eher liberal eingestellt seien und dass sich unter ihnen zahlreiche progressiv gesonnene Wohltäter finden.[119]

Die aristotelische Barmherzigkeit, die unter Augustinus zu christlicher Barmherzigkeit mutierte, wird nicht von allen politischen Theoretikern begrüßt. In Verbindung mit Reichtum und Privilegien, die mit der Geburt erworben werden, bleibt sie fragwürdig. Kritik an erniedrigender Wohltätigkeit hatte Thomas Hobbes im 17. Jahrhundert so formuliert: »Von seinesgleichen Wohltaten empfangen zu haben, die zu groß sind, als daß wir sie jemals zu erwidern hoffen dürften, erzeugt einen heimlichen Haß und mit diesem eine erheuchelt Liebe. [...] Wohltaten verpflichten [...] seinesgleichen dienen zu müssen, ist höchst lästig.«[120] Eine Zurschaustellung des eigenen Klassenstatus kann auch verachtet werden.[121] Das Gefühlsspektrum ist hier ständisch geprägt. Es geht um *seinesgleichen* und nicht um alle Menschen. Die Armen gelangen in keine Position, etwas zurückzahlen zu können.

Jenseits des kantianischen Rigorismus geht es nicht darum, den Überreichen ein angenehmes Gefühl bei Wohltätigkeit moralisierend zu neiden. Nichtsdestotrotz müssen die Demütigungen, die durch bestimmte Tugenden der netteren Fraktion der Vermögenden erfolgen, kenntlich gemacht werden. Bei milden Gaben darf die Statusdegradierung und die empfundene Herablassung der Empfänger nicht übersehen werden. Über diese Herabwürdigungen haben die Beteiligten und nicht Außenstehende zu befinden. Manche Reiche engagieren sich direkt, etwa in der Flüchtlings- oder Obdachlosenhilfe, wo sie arme Menschen persönlich kennenlernen. Die Mehrheit tut dies aber über Spenden.

Philosophiegeschichtlich war die Kritik an der Wohltätigkeit von Nietzsche ins Extrem getrieben worden. Die Schwachen und die Armen seien die eigentlich Mächtigen, weil sie den Egoismus der Starken zu zügeln suchen, indem sie an deren Moral appellieren. Dass im Faschismus, der die Schwachen verachtet, diese Überlegung aufgegriffen wurde, überrascht nicht. Doch Nietzsche verzerrte die gesellschaftliche Wirklichkeit bis zur Unkenntlichkeit. Dass die Schwachen, die moralische Barmherzigkeit einfordern, die Mächtigen seien, ist nur als hypothetische Überlegung zu Handlungsmotiven interessant. Die Armen der Welt haben keinerlei Möglichkeiten, moralische Barmherzigkeit einzufordern, sie können nicht einmal appellieren, weil es keine zuständige Instanz für ihre Bitten gibt.

Eine Welt, in der nach Weltbankberechnungen über 10 Prozent der Weltbevölkerung, rund 700 Millionen Menschen, von weniger als 1,90 US-Dollar am Tag leben müssen, demonstriert die Aussichtslosigkeit einer solchen Strategie.[122]

Die Generosität der Überreichen muss daher von authentischem Mitgefühl unterschieden werden. Dient Philanthropie dazu, den eigenen Überreichtum zu legitimieren, hat das wenig mit Mitgefühl zu tun. Viel wichtiger wäre es, den Wohlfahrtsstaat zu stärken, eine höhere Besteuerung von Vermögen zu initiieren und den voraussetzungsvollen Charakter von Privateigentum anzuerkennen. Philanthropie darf keine Alternative zum Sozialstaat sein.

Wenn individuelle Philanthropie die kollektive Solidarität des Wohlfahrtsstaates verdrängt, wird sie zentral für die Rechtfertigung von Überreichtum. Wohltätige Überreiche verdrängen dann die Errungenschaften des Wohlfahrtsstaates und ersetzen sie durch individuelle Wohltaten. Die Überreichen können ihre freiwilligen Wohltaten jedoch jederzeit kürzen oder gar einstellen, wenn sie neue Zielsetzungen für ihre Wohltätigkeit definiert haben.

Diese Möglichkeitsdimensionen des Überreichtums sind der Frage vorgeordnet, ob Überreiche ihre Macht missbrauchen oder sie nutzbringend für die Gemeinschaft einsetzen. Die Potenzialität des Überreichtums macht diesen unvereinbar mit einer Demokratie.

Authentisches Mitgefühl wäre die entscheidende Gefühlsressource gegen Überreichtum. Die wertbildende und verhaltenssteuernde Kraft von Mitgefühl ist unverzichtbar. Nur gilt auch, Menschen fühlen mit anderen Menschen zwar mit, doch dieser Kreis ist meist überschaubar. Es handelt sich um geliebte Menschen, Familienangehörige, Freunde oder Verwandte. Mitgefühl benötigt einen Nährboden der Sicherheit und Vertrautheit. Das Mitgefühl wird bereits bei Bekannten schwächer und gegenüber Fremden nimmt es weiter ab. Schon Aristoteles wusste, dass Menschen sich am meisten um das Eigene kümmern.

Aus freundschaftlichen und vertrauensvollen Beziehungen entsteht ein Gerechtigkeitssinn. John Rawls argumentierte hoffnungsvoll, dass die Liebe, die es innerhalb der Familie gibt, ausgeweitet werden kann.

Aus Liebe handeln, bedeutet aber auch, dass kaum über moralische Prinzipien nachgedacht wird und dass auch Gerechtigkeit eine nachgeordnete Rolle spielt. Diese Erweiterung des Mitgefühls war auch Thema des zweiten Bandes des Demokratiebuches von Tocqueville. Und es war für den französischen Aristokraten klar, dass es Mitgefühl nur in der eigenen Klasse geben kann.

In der viktorianischen Literatur wurde Mitgefühl über Erweckungserlebnisse oder einschneidende Brüche in der Biografie hervorgerufen. Das entspricht auch den gängigen Konvervitenbiografien von Reichen.[123] Ebenezer Scrooge, der Geizkragen aus dem dickensschen Romanuniversum, verweist beim Ansinnen, er möge doch ein wenig für die Armen spenden, auf die Arbeitshäuser, die es ohnehin für die Armen gebe. Doch in einer einzigen Nacht bewirkt der Besuch von Geistern einen Wandel seiner Persönlichkeit: Er wird zu einem mildtätigen Gönner.

Ute Frevert vertritt in *Vergängliche Gefühle* die These, dass Pippi Langstrumpf, die neunjährige Protagonistin in Astrid Lindgrens Büchern, schamfrei gewesen sei.[124] Eine alternative Lesart würde eher ihr vorbildliches Mitgefühl akzentuieren. In einer Episode belohnt die reiche Frau Rosenblom die braven Mitschülerinnen von Pippi in der Schule mit Geschenken und beschämt die anderen Kinder. Pippi widersetzt sich dem Beschämungsritual und den Vorgaben der Autorität. Sie initiiert eine Leistungsschau und verteilt anschließend Süßigkeiten an die beschämten Kinder. Dies zeigt ein beispielhaftes empathisches Einfühlungsvermögen und ist Ausdruck von Solidarität. Um ein solches Mitgefühl geht es in allen Belangen des Überreichtums.

# Schluss

»Geburt und Vermögen sind offenbar die beiden Umstände, welche einen Menschen über den anderen am meisten erheben«, schrieb Adam Smith im Jahr 1776 in seinem Buch *Der Wohlstand der Nationen*. »Sie sind die beiden Hauptquellen des Unterschieds zwischen den Personen und folglich die Hauptursachen, wodurch Oberherrschaft und Unterordnung unter die Menschen kommen.«[1] Diese Überlegungen haben nichts an Aktualität und Brisanz eingebüßt. Herkunft und Vermögen sind auch heute noch die zentralen Ursachen von Ungleichheit.

Seit dem Zweiten Weltkrieg ist die Vermögensakkumulation in den Vereinigten Staaten und in Europa kontinuierlich angestiegen. Weder eine Hyperinflation noch ein Krieg haben die privaten Vermögen gefährdet oder gar schmelzen lassen. So sind Erbschaften im Vergleich zu Vermögen, die durch Arbeitsleistung erwirtschaftet werden, bedeutsamer geworden. Diese Entwicklung wird sich in den nächsten Jahrzehnten vermutlich fortschreiben. Erbschaften könnten also wieder zum entscheidenden Faktor für gesellschaftlichen Erfolg werden. Die Vermögenskonzentration wird sich dann weiter verstärken und Überreiche können sich über Generationen hinweg Einflussmöglichkeiten sichern.

Ab welcher Vermögenshöhe von Überreichtum zu sprechen ist, bleibt letztlich subjektiv und willkürlich. Doch das bedeutet nicht, dass ein Nachdenken über ein Maximalvermögen überflüssig wäre. Der Übergang von einem legitimierten Reichtum zu einem gesellschaftlich unerwünschten Überreichtum markiert eine qualitative

Differenz. Natürlich ist ökonomische Ungleichheit nicht per se problematisch. Aber ein völlig unbegrenzter Reichtum, der viele Ressourcen in den Händen einiger weniger konzentriert, sollte verhindert werden, ohne dass von Gleichmacherei die Rede sein müsste.

Überreiche nutzen ihr Vermögen, um politische Prozesse zu dominieren. Da sie andere gesellschaftspolitische Ziele als der Rest der Bevölkerung verfolgen, ist das für die Gesellschaft in der Regel von Nachteil. Aufwärtsmobilität ist ihnen kein vorrangiges Anliegen und staatliche Hilfestellung bei der Arbeitssuche, Mindestsicherung und den Kampf gegen Obdachlosigkeit unterstützen sie in geringerem Maß als arme Menschen.[2] Auch die Prinzipien der Leistungsgerechtigkeit werden durch vererbte Vermögen außer Kraft gesetzt. Trotz der evidenten Ungerechtigkeit bleibt das Ansehen von überreichen Menschen hoch. In diesem Buch wurde nach Gründen dafür gesucht. Die Antwort liegt nicht auf der Hand, denn sehr reichen Menschen wurden stets auch Laster zugeschrieben, wie ein Blick in die Geschichte lehrt. Die Frage, ob Reiche habgierig, geizig, eitel oder hochmütig sind, hat zahlreiche Philosophinnen und Philosophen beschäftigt.[3] Sie steht auch heute noch im Zentrum von Reichtumsdebatten. Doch letztlich verstellen solche Charakterfragen den Blick auf strukturelle Probleme. Eine Charakterkritik von Überreichen bleibt immer unterkomplex. Wer sich in aristotelischer oder christlicher Tradition gegen die Habgier der Überreichen wendet, wer Geiz und Hochmut anprangert, wird sich das Verhalten mancher wohltätiger Überreicher nur schwer erklären können.

Bernard Mandeville wählte im 17. Jahrhundert einen anderen Zugang: Laster seien für das Gedeihen der Wirtschaft vorteilhaft, sie könnten ein Gewinn für die Allgemeinheit sein. In diesem Buch wurde hingegen argumentiert, dass private Tugenden zu gesellschaftlichen Nachteilen führen können. Mandevilles These wurde also gewendet.

Barmherzigkeit und Großzügigkeit können Überreichtum absichern. Philanthropie nimmt in der Eigentümergesellschaft eine zentrale Rolle ein. Wenn dabei das Ende des Wohlfahrtsstaates in

Aussicht genommen wird, tritt die Güte der Überreichen als eine gefährliche Tugend die Nachfolge von Solidarität an. Mit ostentativer Mildtätigkeit suchen die Überreichen ihr – oft verstecktes – Vermögen zu legitimieren. Ihre Botschaft lautet: *Wir tun viel Gutes damit.* Überreiche übernehmen soziale Verantwortung und zeigen sich großzügig. So werden ihre gesellschaftlichen Privilegien akzeptiert oder bleiben wenigstens unhinterfragt. Denn es kann gezeigt werden, »wie tief das allgemeine Bewußtsein von der Moralität des Besitzes geprägt ist. Festes Eigentum unterscheidet von der nomadischen Unordnung, gegen die alle Norm gerichtet ist; gut sein und Gut haben fallen von Anbeginn zusammen.«[4] Doch wer sich über die Wohltätigkeit der Überreichen freut, nimmt auch deren Staatsskepsis in Kauf. Lasterhafte Tugenden tragen zu einer »erpressten Versöhnung« (Adorno) der Überreichen mit dem Rest der Bevölkerung bei. Gerechtigkeitsprinzipien allein weisen keinen Weg in eine egalitärere Gesellschaft. Und moralische Argumente enden allzu oft im Moralisieren. Ihr Appell zu Mäßigung verhallt ungehört, denn das moralische Unrechtsempfinden schlägt sich nicht im politischen Handeln nieder. Eine Suche nach Tugenden, welche die Überreichen maßvoll werden lassen, erwies sich bislang als wenig hilfreich. Wer exzessiven Reichtum konsequent in Frage stellt, hat es schwer, weil er auf den Widerstand der Überreichen stößt. Da ist dann schnell von Populismus die Rede oder es wird über angebliche Enteignungsversuche spekuliert.

Die Politik in den USA und in Europa ist reichenfreundlich ausgerichtet und nimmt eine wachsende gesellschaftliche Spaltung hin. Sie kümmert sich wenig um Steuerschlupflöcher, meidet eine auf empirischen Daten zu den Vermögendsten fußende Wirtschaftspolitik und belastet die Überreichen nicht mit substanziellen Vermögens- und Erbschaftssteuern.

Überreiche profitieren seit den 1980er Jahren von der politischen Deregulierung der Märkte, von Privatisierungswellen, einer zunehmenden Orientierung am Shareholder-Value sowie dem internationalen Steuerwettbewerb und den Steueroasen. Der Staat nimmt den

Überreichen die Kosten für Forschung und Entwicklung zu einem guten Teil ab. Das gesellschaftliche Ziel der Chancengleichheit hingegen wird in der Regel auf Bildungsfragen eingeengt.

Was könnte eigentlich gegen Überreichtum getan werden? Nur wer die Fakten und Zahlen kennt, kann die Gesellschaft verstehen. Eine Voraussetzung für politökonomische Analysen und Lösungsansätze wäre also, dass sich die Datenlage verbessert. Ein Vermögenskataster, ein öffentliches Register, das Vermögenverhältnisse verzeichnet, wäre daher ein entscheidender Schritt, der nicht nur die Transparenz erhöht, sondern auch die Handlungsspielräume erweitert.[5] Einfach gesagt, handelt es sich dabei um ein Register, das anzeigt, wem Aktien und andere Wertpapiere weltweit gehören; so könnten Vermögensanlagen in Steueroasen auch nicht mehr verschleiert werden.

Und ab welcher Vermögenshöhe lässt sich von Überreichtum sprechen? Huey Longs Grenzziehung bei 50 Millionen US-Dollar im Jahr 1934 würde heute einer Grenze bei etwa 1 Milliarde US-Dollar entsprechen. Diese Grenze läge Lichtjahre entfernt von den individuellen Vermögen von 99,9 Prozent der Bevölkerung und scheint unvorstellbar hoch.[6] Bemerkenswert ist, dass Huey Long in den 1930er Jahren trotzdem als Populist verunglimpft wurde. Dabei berücksichtigte seine Programmatik *Share our Wealth* sogar familiäre Werte der Überreichen. Die Grenze war so hoch angesetzt worden, dass die Nachkommen der Überreichen, die Enkelkinder und auch die Kinder der Enkelkinder bevorteilt gewesen wären. Damit sollte vermieden werden, dass Gerechtigkeitsprinzipien und Familienwerte miteinander in Konflikt geraten.[7] Gezeigt werden sollte, dass Reiche ohnehin reich bleiben und trotzdem Finanzmittel eingetrieben werden würden, die Armut lindern können. Dieser Ansatz versuchte, Gemeinsames über Trennendes zu stellen.

Die üblichen politischen Maßnahmen gegen ungleiche Vermögensverhältnisse sind richtig, bleiben aber so bescheiden, dass von einer Gesellschaftsveränderung nicht die Rede sein kann. Vermögens- und Erbschaftssteuern sind liberalen Prinzipien verpflichtet.

Ökonomisch argumentiert, sind solche Steuern ein effizientes Instrument, das eine einseitige Belastung des Faktors Arbeit vermeidet.[8] Die steuerliche Bevorzugung der Vermögenden hingegen ist evident und rational nicht zu rechtfertigen. Da unbesteuerte Erbschaften dem Ideal von Chancengerechtigkeit in einer Leistungsgesellschaft entgegenstehen, wären Erbschaften zu besteuern. Ansonsten werden gesellschaftliche Positionen in der Vermögensverteilung wie zu Adam Smiths Lebzeiten durch die Herkunft und das damit verbundene Erbe bestimmt. Erbschaften und Vermögen müssen progressiv und substanziell besteuert werden, da Vermögen so stark konzentriert ist.

Die Idee eines Maximalwerts beim Vermögen zielt jedoch auf mehr. Zwar soll Privateigentum bestehen bleiben, aber es werden Grenzen für Privatvermögen gezogen. Solche Limits wurden historisch selten diskutiert, dabei hat die Idee das Potenzial, fruchtbare Debatten anzustoßen und sinnvolle Veränderungen in Gang zu setzen.[9] Natürlich bleibt solch ein festgelegter Wert immer dem Vorwurf der Willkür ausgesetzt. Das ist unvermeidbar, aber auch unproblematisch. Die Höhe sollte sowieso nicht von Experten bestimmt werden, sondern müsste öffentlich diskutiert werden. Allein schon eine Auseinandersetzung darüber, ob manche Menschen ein Milliardenvermögen besitzen dürfen, während andere Menschen hungern, trägt zur Schärfung der Argumentation bei und erhöht die Chancen auf eine Veränderung.

Das Anliegen ist einfach: Es geht um die Verteidigung der Idee der politischen Gleichheit und um die Kritik zerstörerischer Folgen von exzessivem Reichtum. Daneben können notwendige Mittel zur Finanzierung des Sozialstaates gewonnen werden. Eine Voraussetzung für eine funktionierende Demokratie ist, dass sich die Vermögensungleichheit auf einem Niveau bewegt, das eine politische Teilhabe aller erlaubt. Wenn arme Bürgerinnen und Bürger aus dem politischen Prozess der Meinungsbildung und Entscheidungsfindung a usgeschlossen werden, die Mitte ihren Blick nur nach unten richtet, können die Überreichen mit ruhiger Hand ihre Interessen durchsetzen.

Da Unternehmensvermögen auf einige wenige Menschen konzentriert ist, können diese Personen durch Spenden an Parteien, durch Androhungen von Standortverlagerungen, Lobbyismus oder eine direkte Einflussnahme auf Medien, politische Prozesse und die öffentliche Meinungsbildung zu ihren Gunsten manipulieren.

Viele Überlegungen in diesem Buch fielen gesellschaftskritisch aus, ohne Alternativen aufzuzeigen. Alle vorhandenen Daten belegen eine schier unglaubliche Vermögenskonzentration. Ideen, was man für mehr Vermögensgleichheit tun könnte und tun sollte, gibt es zuhauf.[10] Nur sind die lückenhafte Datenbasis und das spärliche empirische Wissen zu Reichtum kein Zufall. Der Ökonomik steht kein objektives Expertenwissen zur Vermögensverteilung zur Verfügung und die Politiker zögern, diese Informationsdefizite zu beheben.

Die Zahlen zu Vermögenskonzentration empören die Menschen, weil sie ihnen eine vage Vorstellung von Überreichtum geben. Gerechtigkeitsurteile zu Überreichtum sind mit den Statistiken zur Vermögensverteilung aber nur lose verbunden. Gerechtigkeitsprinzipien wie Gleichheit, Leistung und Bedarf sind auch nur von nachgeordneter Wichtigkeit bei einer Beurteilung von Überreichtum. Gleichheit ist nicht zu haben, um Leistung geht es beim Erben sowieso nicht, und Bedarf ist bei Armutsfragen wichtiger als bei Reichtumsthemen.

Das Ungerechtigkeitsempfinden flottiert folglich frei und besonders in Krisenzeiten wird eine Gefühlspolitik betrieben, die Überreiche nahezu unsichtbar macht. Da wird häufig auf Emotionen gesetzt. Bemüht werden insbesondere Themen der Mitte: Abstiegsangst, Zukunftssorgen, Maßhalten und Bildungsaufstieg. Ein solcher Fokus beansprucht, die Gesellschaft zu einen. Doch der exzessive Reichtum weniger Menschen hat die Gesellschaft längst zerrissen. Nur schmälert dies die gesellschaftliche Anerkennung der vorgeblich generösen Superreichen kaum. Den Bildern und Fabeln zu den Überreichen sollten daher realitätsgetreue Narrative zu Armen, Obdachlosen und Flüchtlingen entgegengestellt werden.

Hoffnung und Fantasie widersetzen sich den üblichen Denktabus zu exzessivem Reichtum, die unterstellen, dass die gigantischen Vermögensunterschiede hingenommen werden müssen. Damit eine Begrenzung des Überreichtums gelingt, müssen wir widerständiges Mitgefühl aufbringen – und Mut.

# Anmerkungen

## Einleitung

1 »Es hat also seine Richtigkeit mit unserem Satze, daß die Überreichen nicht tugendhaft sind, wenn aber nicht tugendhaft, dann auch nicht glücklich.« (Platon, *Gesetze, Fünftes Buch*, S. 167)

2 Im 4. Deutschen Armuts- und Reichtumsbericht wurde unterschieden zwischen »nur Reiche(n) und im Wortsinne Vermögende(n), die ihre besonderen Möglichkeiten zur Ausübung sozialer Verantwortung nutzen« (Bundesministerium für Arbeit und Soziales, 2013, S. 412, siehe: https://www.armuts-und-reichtumsbericht.de/DE/Bericht/Archiv/Der-vierte-Bericht/vierter-bericht.html).

3 Fitzgerald, *Junger Mann aus reichem Haus*, S. 16.

4 Smith, *Wohlstand der Nationen*, S. 726.

5 Credite Suisse, *World Wealth Report*, Figure 5, S. 9.

6 Aus methodischen Gründen bieten solche Datenvergleiche nur grobe Annäherungen.

7 Alstadsaeter/Johannesen/Zucman, *Tax Evasion and Inequality*. Sie berechnen auf Basis von durchgesickerten Kundendaten, dass die reichsten 0,01 Prozent über 25 Prozent ihrer Steuerlast vermeiden.

8 Smith, *Theorie der ethischen Gefühle*, S. 93.

9 Smith, *Theorie der ethischen Gefühle*, S. 94.

10 Adorno, *Minima Moralia*, S. 211.

11 Piketty, *Kapital im 21. Jahrhundert*, Stiglitz, *Price of Inequality*, OECD, *Household Wealth Distribution*, Gilens, *Affluence and Influence*, Atkinson, *Inequality*, Alvaredo et al., *Bericht zur weltweiten Ungleichheit 2018*.

12 Piketty/Zucman, *Capital is back*, S. 1276, Piketty, *Kapital im 21. Jahrhundert*.

13 Hacker, *Winner-Take-All Politics*, Zucman, *Steueroasen*, Piketty, *Kapital im 21. Jahrhundert*, IMF, *World Economic Outlook*.

14 Shklar, *Über Ungerechtigkeit*, S. 78.

15 Elsässer et al., *Government of the People, by the Elite, for the Rich.*
16 Smith, *Wohlstand der Nationen*, S. 729.
17 Fessler/Schürz, *Zur Mitte in Österreich.*
18 Simmel, *Philosophie des Geldes*, S. 276.
19 Simmel, *Philosophie des Geldes*, S. 274.
20 https://en.wikisource.org/wiki/The_Million_Pound_Bank_Note.
21 Rawls, *Eine Theorie der Gerechtigkeit*, S. 233.
22 Rawls, *Gerechtigkeit als Fairneß*, S. 216.
23 https://blogs.lse.ac.uk/usappblog/2013/12/07/five-minutes-with-angus-deaton-if-the-rich-can-write-the-rules-then-we-have-a-real-problem/?from_serp=1.
24 Balzac, *Vater Goriot*, S. 184.
25 Hume, *Eine Untersuchung über die Prinzipien der Moral*, S. 101.
26 Hume, *Eine Untersuchung über die Prinzipien der Moral*, S. 103.
27 Hume, *Über Moral*, S. 206.
28 Hume, *Eine Untersuchung über die Prinzipien der Moral*, S. 102.
29 Smith, *Theorie der ethischen Gefühle*, S. 78.
30 Hobbes, *Leviathan*, S. 80.
31 Smith, *Theorie der ethischen Gefühle*, S. 81.
32 Smith, *Wohlstand der Nationen*, S. 424.
33 Smith, *Theorie der ethischen Gefühle*, S. 397.
34 Platon, *Gesetze*, S. 377.
35 Platon, *Der Staat*, S. 135.
36 Bundesministerium für Arbeit und Soziales, *Armuts- und Reichtumsbericht 2013*, S. 412, Druyen, *Entstehung und Verbreitung von Vermögenskultur und Vermögensethik*, S. 32.
37 Druyen, https://www.welt.de/regionales/nrw/article825443/Blick-in-die-Seelen-der-Milliardaere.html.
38 https://www.carnegie.org/media/filer_public/0a/e1/0ae166c5-fca3-4adf-82a7-74c0534cd8de/gospel_of_wealth_2017.pdf.
39 Dem Einwand, dass die Bemerkungen vielleicht nicht von Hegel stammen, begegnet Ruda ironisch gelassen: »Sollten diese Stellen nicht von Hegel stammen, umso schlimmer für Hegel« (Ruda, *Hegels Pöbel*, S. 69).
40 Hegel zitiert nach Ruda, *Hegels Pöbel*, S. 67.
41 Hegel zitiert nach Ruda, *Hegels Pöbel*, S. 69.
42 Aristoteles, *Rhetorik*, 1391a, S. 115.
43 Interview mit Wolfgang Streeck: https://wolfgangstreeck.com/2015/01/08/das-kann-nicht-gutgehen-mit-dem-kapitalismus.
44 Mandeville, *Die Bienenfabel*, S. 208.

## 1. Was ist »über« an den Überreichen?

1 Galbraith, *Die Tyrannei der Umstände*, S. 46.

2 Dimmel/Hofmann/Schenk/Schürz, *Handbuch Reichtum*, Piketty, *Kapital im 21. Jahrhundert*, Boushey et al., *After Piketty*.

3 https://www.ifo.de/publikationen/2016/aufsatz-zeitschrift/soziale-ungleichheit-und-brexit-ergebnisse-der-april-und-mai.

4 Erlaubnis der Empfänger der Sozialhilfe zur Prüfung ihrer Kontoinformationen, Kfz-Anmeldung, Grundbucheinträge usw.

5 Für eine Diskussion: http://www.armuts-und-reichtumsbericht.de/SharedDocs/.

6 http://www.armuts-und-reichtumsbericht.de/DE/Startseite/start.html;jsessionid=F07BF7ECDCEC5536776486783A63248F.

7 http://www.armuts-und-reichtumsbericht.de/DE/Bericht/Der-fuenfte-Bericht/fuenfter-bericht.html.

8 In Schweden ist dies anders. Die Steuerbehörde kann in Konten Einschau nehmen und die Banken liefern der Finanzbehörde automatisch Informationen zu Vermögenseinkünften.

9 http://www.krone.at/365456.

10 In Österreich haben weniger als 20 Prozent der Haushalte Wertsachen und deren Vermögenswert liegt bei etwa 5 000 Euro, siehe www.hfcs.at.

11 https://derstandard.at/2000076935404/Staat-schaute-6297-Mal-in-die-Konten-der-Buerger.

12 Aristoteles, *Nikomachische Ethik*, S. 73.

13 Aristoteles, *Politik*, S. 53.

14 Empirische Daten zur Vermögensverteilung in Europa: www.hfcs.ecb und für die USA: https://www.federalreserve.gov/econres/scfindex.htm.

15 Institute for New Economic Thinking (INET), *Analyzing Wealth Inequality*: https://www.ineteconomics.org/research/experts/mschuerz.

16 Fessler/Schürz, *The Functions of Wealth*.

17 Eigentümer ihres Hauptwohnsitzes haben in Österreich/Deutschland ein durchschnittliches Nettovermögen von 483 000/418 000 Euro und Mieter von 50 000/51 000 Euro (Quelle: HFCS 2014, EZB).

18 Franzen, *Korrekturen*, S. 133.

19 Forbes-Liste: https://www.forbes.com/billionaires/list/.

20 Piketty, *Kapital im 21. Jahrhundert*, S. 364ff.

21 Kant, *Metaphysik der Sitten*, S. 590.

22 Fessler/Schürz, *Zur Mitte in Österreich*.

23 Lauterbach/Ströing, *Wohlhabend, Reich und Vermögend*.

24 Eine Ausnahme bildet die Philosophin Ingrid Robeyns, *Having too much*.

25 https://dejure.org/gesetze/SGB_II/12.html.

26 Wehling, *Politisches Framing*.

27 www.hfcs.at.

28 Vermeulen, *The Top-tail of Wealth Distribution.*

29 Norwegen und die Schweiz sind innerhalb der OECD jene Länder, die noch eine Vermögenssteuer haben. Österreich schuf diese 1994 ab, Dänemark 1997, die Niederlande 2001, Finnland, Island und Luxemburg 2006, Schweden 2007. Frankreich wandelte seine Vermögenssteuer 2018 in eine Immobiliensteuer um. 2008 führte Spanien eine Tax-Credit-Regelung von 100 Prozent ein. Dies bedeutet, die Vermögenssteuer wurde nicht abgeschafft, betrug aber fortan 0 Euro. Nach der Finanzkrise 2011 wurde sie wieder eingeführt als temporäre fiskalische Maßnahme. Der Freibetrag von 700 000 Euro ist hoch und die Steuersätze sind niedrig, sie liegen lediglich bei 0,2 Prozent bis 2,5 Prozent (OECD, *The Role and Design of Net Wealth Taxes in the OECD).*

30 https://www.forbes.com/billionaires/#49f0b74c251c.

31 *World Wealth & Income Data Base*: http://wid.world/.

32 Piketty, *Kapital im 21. Jahrhundert*, S. 583ff.

33 Institute for Policy Studies, *Billionaire Bonanza 2017.*

34 Platon, *Der Staat*, S. 322.

35 Platon, *Gesetze*, S. 78.

36 Platon, *Gesetze*, S. 169.

37 Platon, *Gesetze*, S. 169.

38 Mandeville, *Die Bienenfabel*, S. 319.

39 Huey Long, *Share our Wealth*, S. 14.

40 Beckert, *Unverdientes Vermögen*, S. 231.

41 Smith, *Theorie der ethischen Gefühle*, S. 95.

42 Sherman, *Uneasy Street*, S. 232.

43 Sherman, *Uneasy Street*, S. 258.

44 Siehe Stefan Bach in DIW-Wochenbericht Nr. 6/2013 und Marcel Fratscher, *Kein Neid auf die Erben*: https://www.zeit.de/wirtschaft/2017-07/erbschaften-erbschaftssteuer-kinder-usa-deutschland-gerechtigkeit.

45 Smith, *Theorie der ethischen Gefühle*, S. 295.

46 Hobbes, *Vom Bürger. Vom Menschen*, S. 378.

47 Hobbes, *Vom Bürger. Vom Menschen*, S. 378.

48 Adorno, *Zur Lehre von der Geschichte und Freiheit*, S. 246. Ostrazismus bezeichnet ein Scherbengericht zur Verbannung mächtiger Bürger in Athen.

49 Adorno, *Zur Lehre von der Geschichte und Freiheit*, S. 247.

50 https://www.welt.de/politik/article1649762/Sarrazin-entwickelt-Hartz-IV-Speiseplan.html.

51 Meade, *Efficiency, Equality and the Ownership of Property*, S. 39.

52 Morus, *Utopia*, S. 30.

53 Milanovic, *Haves and Haves-Not.*

54 Adorno, *Kulturkritik und Gesellschaft*, S. 86.

55 Nagel, *Eine Abhandlung über Gleichheit und Parteilichkeit*, S. 188.
56 Fitzgerald, *Der große Gatsby*, S. 151.
57 Mandeville, *Die Bienenfabel*, S. 92.
58 Im HFCS-Austria kann gezeigt werden, dass die Vermögenden Top-10-Prozent doppelt so viele Vermögensfragen nicht beantworten wie die 10 Prozent mit den niedrigsten Vermögenswerten.

## 2. Was ist ungerecht am Überreichtum?

1 Fleischacker, *A History of Distributive Justice.*
2 Augustinus, *De civitate dei*, IV, S. 4.
3 Miller, *Grundsätze sozialer Gerechtigkeit.*
4 Frankfurt, *Ungleichheit*, S. 16.
5 https://tannerlectures.utah.edu/_documents/a-to-z/s/sen80.pdf.
6 HDI der UNDP: http://hdr.undp.org/en/content/human-development-index-hdi.
7 Miller, *Grundsätze sozialer Gerechtigkeit.*
8 Krebs, *Gleichheit oder Gerechtigkeit*, Gosepath, *Gleiche Gerechtigkeit*, Cohen, *Gleichheit ohne Gleichgültigkeit.*
9 Überwiegende Ansicht in der Ökonomie ist, dass Ungleichheit wachstumsschädigend ist: z. B. Berg et al., *Redistribution, Inequality and Growth: New Evidence.*
10 Platon, *Gesetze*, S. 377.
11 Platon, *Der Staat*, S. 132.
12 Aristoteles, *Politik*, S. 50.
13 Max Weber hatte in seiner *Religionssoziologie* ähnliche Urteile für den indischen Jainismus ausgemacht. Die Jaina-Gemeinden taten viel für Wohltätigkeit. »Der Erwerb von Reichtum an sich war keineswegs verboten, nur das Streben danach, reich zu sein und das Kleben daran.« Die Freude am Eigentum war das Verwerfliche und nicht das Eigentum ans sich (Weber, *Gesammelte Aufsätze zur Religionssoziologie II*, S. 212).
14 Aristoteles, *Politik*, S. 51.
15 Aristoteles, *Politik*, S. 51.
16 Aristoteles, *Nikomachische Ethik*, S. 103.
17 Kant, *Metaphysik der Sitten*, S. 536.
18 France, *Die rote Lilie*, S. 147: http://gutenberg.spiegel.de/buch/die-rote-lilie-4588/1.
19 Rousseau, *Diskurs über die Ungleichheit*, S. 273, zitiert nach Eckl/Ludwig, S. 108.
20 Rawls, *Eine Theorie der Gerechtigkeit*, S. 19.
21 Rawls, *Eine Theorie der Gerechtigkeit*, S. 23ff.

22 Rawls, *Idee des Politischen Liberalismus*, S. 68.
23 Rawls, *Gerechtigkeit als Fairness*, § 11 (S. 63ff.) und § 46 (S. 233ff.).
24 Hayek, *Die Verfassung der Freiheit*, S. 112.
25 Hayek, *Die Verfassung der Freiheit*, S. 166.
26 Green, *Rawls and the Forgotten Figure of the Most Advantaged.*
27 Gosepath, *Gleiche Gerechtigkeit.*
28 Alvaredo et al., *World Inequality Report 2018.*
29 Robeyns, *Having too much.*
30 Honneth, *Das Recht der Freiheit.*
31 Rawls, *Eine Theorie der Gerechtigkeit*, S. 579.
32 Hobsbawm, *Die Banditen*, S. 44.
33 Hobsbawm, *Die Banditen*, S. 131.
34 Hobsbawm, *Die Banditen*, S. 74.
35 Cohen, *Gleichheit ohne Gleichgültigkeit*, S. 234.
36 http://www.wiwo.de/politik/deutschland/wolfgang-kersting-im-interview-gleich-gleicher-ungleich/5423996.html.
37 Montaigne, *Essais.*
38 Für eine Kritik an Freud siehe Rawls, *Eine Theorie der Gerechtigkeit*, S. 585ff.
39 Freud, *Die Massenpsychologie und Ich-Analyse*, S. 112.
40 Pickett/Wilkinson, *The Inner Circle.*
41 Pickett/Wilkinson, *Gleichheit ist Glück.*
42 Frankfurt, *Ungleichheit*, S. 14.
43 Cohen, *If you're an Egalitarian, Why Come you're so Rich?*, S. 120.
44 Cohen, *Sozialismus. Warum nicht?*
45 Durkheim, *Physik der Sitten und des Rechts*, S. 299.
46 Mirabeau, *Rede über die Gleichheit der Teilung bei Erbfolgen in direkter Linie*, S. 13.
47 Durkheim, *Physik der Sitten und des Rechts*, S. 297.
48 Mill, *Grundsätze der Politischen Ökonomie*, S. 267.
49 Fessler/Schürz, *Private Wealth across European Countries.*
50 Piketty, *Kapital im 21. Jahrhundert*, Grafik 11.7, S. 533.
51 Piketty, *Kapital im 21. Jahrhundert*, Grafik 11.1, S. 505.
52 Rawls, *Theorie der Gerechtigkeit*, S. 94.
53 Mill, *Principles of Political Economy*, Book V, Ch. II, V.2.28.
54 Mill, *Principles of Political Economy*, Book II, Ch. II, V.2.19.
55 Hayek, *Die Verfassung der Freiheit*, S. 161.
56 Hayek, *Die Verfassung der Freiheit*, S. 162ff.
57 Aristoteles, *Rhetorik*, S. 116.
58 http://iupax.at/fileadmin/documents/pdf_soziallehre/1891-leo-xiii-rerum-novarum.pdf.
59 Bourdieu, *Der Einzige und sein Eigenheim*, S. 14.
60 Harris, *Property and Justice.*

61 Für eine Übersicht Pipes, *Property and Freedom*, Eckl/Ludwig, *Was ist Eigentum?*
62 Shklar, *Liberalismus der Furcht*, S. 48.
63 Shklar, *Liberalismus der Furcht*, S. 48.
64 Hobbes, *Leviathan*, S. 116.
65 Murphy/Nagel, *The Myth of Ownership*, S. 9.
66 Babeuf, *Die Verschwörung für die Gleichheit*, S. 66.
67 Babeuf zitiert in Enzensberger, *Freisprüche*, S. 16.
68 Babeuf zitiert in Enzensberger, *Freisprüche*, S. 16.
69 Fleischacker macht in *A Short History of Distributive Justice* darauf aufmerksam, dass bereits Ende des 19. Jahrhundert einige Publikationen zum Thema der Vermögensverteilung erschienen (2004, S. 80ff.).
70 Babeuf, *Die Verschwörung für die Gleichheit*, S. 58.
71 Soubol, *Französische Revolution und Volksbewegung*.
72 Auch die Höhe der Nachlasssteuer in den USA in den 1930er Jahren wurde damit begründet, dass ein Krieg zu finanzieren sei, siehe Scheve/Stasavge.
73 Soubol, *Französische Revolution und Volksbewegung*, S. 107.
74 Soubol, *Französische Revolution und Volksbewegung*, S. 102.
75 Soubol, *Französische Revolution und Volksbewegung*, S. 121.
76 Überlegungen von Karl Marx zu wahrhaft menschlichem Eigentum finden sich in den *Ökonomisch-philosophische Manuskripten*.
77 Marx, *Kritik des Gothaer Programms*, S. 19.
78 Luxemburg, *Sozialreform oder Revolution*.
79 Freud, *Unbehagen in der Kultur*, S. 242.
80 Rosanvallon, *Die Gesellschaft der Gleichen*.
81 Engels, *Zur Lage der arbeitenden Klasse in England*.

## 3. Überreichtum als Herausforderung für die Politik

1 http://www.rollingstone.com/politics/videos/jimmy-carter-u-s-is-an-oligarchy-with-unlimited-political-bribery-20150731.
2 Waldenfels, *Platon*, S. 184.
3 Winters, *Oligarchy*, Bartels, *Unequal Democracy*, Gilens, *Influence and Affluence*, Stiglitz, *The Price of Inequality*.
4 Zucman, *Steueroasen*.
5 Im Grundgesetz für Deutschland wird in Artikel 14 geregelt: (1) Das Eigentum und das Erbrecht werden gewährleistet. Inhalt und Schranken werden durch die Gesetze bestimmt, (2) Eigentum verpflichtet. Sein Gebrauch soll zugleich dem Wohle der Allgemeinheit dienen, (3) Eine Enteignung ist nur zum Wohle

der Allgemeinheit zulässig. Sie darf nur durch Gesetz oder auf Grund eines Gesetzes erfolgen, das Art und Ausmaß der Entschädigung regelt.

6 Bartels, *Unequal Democracy*, Elsässer/Hense/Schäfer, *Government of the People, by the Elite, for the Rich.*

7 Gilens/Page, *Testing Theories of American Politics.*

8 Dworkin, *Gerechtigkeit für Igel*, S. 712.

9 https://www.thedailybeast.com/obama-spars-with-corporate-jet-owners-over-tax-breaks.

10 In Österreich lag der Steuersatz der 1954 eingeführten und 1993 abgeschafften Vermögenssteuer bei einem Prozent.

11 OECD, *The Fole and Design of Net Wealth Taxes in the OECD.*

12 OECD, *The Role and Design of Net Wealth Taxes in the OECD.*

13 Berger/Piketty, *Bernie Sanders, Elizabeth Warren and the Wealth Tax.*

14 http://www.faz.net/aktuell/wirtschaft/wirtschaftspolitik/frankreich-gibt-die-reichensteuer-auf-13348842.html.

15 https://www.nzz.ch/wirtschaft/praesident-der-reichen-ld.1383404.

16 http://www.faz.net/aktuell/wirtschaft/franzoesische-luxussteuer-die-steuer-die-nur-einer-zahlt-15699249.html.

17 Elizabeth Warren, die für die Demokraten 2020 als Präsidentschaftskandidatin antreten will, bildet eine Ausnahme: http://gabriel-zucman.eu/files/saez-zucman-wealthtaxobjections.pdf. Nach ihrer Idee wären etwa 75 000 Haushalte (weniger als 0,1 Prozent) von der Steuer betroffen und die erwarteten Einnahmen lägen bei 2,75 Milliarden US-Dollar.

18 Beckert, *Unverdientes Vermögen*, Marterbauer/Schürz, *Der Streit um die Abschaffung der Erbschaftssteuer.*

19 https://www.washingtonpost.com/amphtml/us-policy/2019/01/28/top-gop-senators-propose-repealing-estate-tax-which-is-expected-be-paid-by-fewer-than-americans-year/?noredirect=on.

20 Beckert, *Neid oder soziale Gerechtigkeit*, S. 28.

21 Beckert, *Unverdientes Vermögen.*

22 Beckert, *Unverdientes Vermögen.*

23 Paine, *Die Rechte der Menschen.*

24 Scheve/Stasavage, *Democracy, War and Wealth.*

25 Scheve/Stasavage, *Taxing the Rich.*

26 https://obamawhitehouse.archives.gov/issues/urban-and-economic-mobility.

27 OECD, *A broken Social Elevator*: http://www.oecd.org/social/broken-elevator-how-to-promote-social-mobility-9789264301085-en.htm.

28 OECD, *A Broken Social Elevator.*

29 Aristoteles, *Rhetorik.*

30 Nussbaum, *Politische Emotionen.*

31 Nussbaum, *Politische Emotionen*, S. 43.

32 Nussbaum, *Zorn und Vergebung*.
33 Walther, *New Deal Photography*.
34 Dauber, *Sympathetic State*, S. 205, Tabelle 7.1.
35 Huey Long, *Share Our Wealth*, 23. Februar 1934.
36 Huey Long on the Floor of the U.S .Senate March 5, 1935: http://hueylong.com/.
37 http://avalon.law.yale.edu/20th_century/froos1.asp. Nussbaum, *Politische Emotionen*, S. 488.
38 Nussbaum, *Politische Emotionen*, S. 490.
39 Roosevelt, *Antrittsrede 1933*: http://avalon.law.yale.edu/20th_century/froos1.asp.
40 Neckel, *Flucht nach vorn*.
41 Dieses Kapitel basiert auf Überlegungen von Mooslechner/Schürz, in: Neckel et al. (Hg.), *Strukturierte Verantwortungslosigkeit*.
42 Stiglitz, *The Price of Inequality*.
43 Mooslechner/Schürz, *Bonus! Glanz und Elend der Bankmanager*.
44 http://diepresse.com/home/innenpolitik/3816169/Spindelegger_Bettelbrief-fuer-WU-und-Forschung.
45 https://www.faz.net/aktuell/wirtschaft/unternehmen/goldman-sachs-chef-blankfein-ich-bin-ein-banker-der-gottes-werk-verrichtet-1886316.html.
46 Tocqueville, *Über die Demokratie in Amerika*, S. 287.
47 Hirschman, *Engagement und Enttäuschung*, S. 142.
48 https://derstandard.at/2000065348368/Eigenheim-fuer-Junge-immer-spaeter-leistbar.
49 Hayek, *Der Weg zur Knechtschaft*, S. 107.
50 Bourdieu, *Der Einzige und sein Eigenheim*, S. 15.
51 Engels, *Zur Wohnungsfrage*.
52 Federal Reserve Bank of New York, *The Evolution & Future of Homeownership*.
53 Die unteren 40 Prozent der Haushalte im Euroraum haben nur einen Anteil von 3,4 Prozent am gesamten Vermögen.
54 Rousseau, *Ökonomie des Staates*, S. 287.
55 Mill, *Der Utilitarismus*, S. 175.
56 Wagenknecht, *Reichtum ohne Gier*.
57 Papst Franziskus, *Evangelii Gaudium*: https://w2.vatican.va/content/francesco/de/apost_exhortations/documents/papa-francesco_esortazione-ap_20131124_evangelii-gaudium.html.
58 https://www.opensecrets.org/news/2015/01/one-member-of-congress-18-american-households-lawmakers-personal-finances-far-from-average/.
59 http://www.spiegel.de/wirtschaft/soziales/donald-trump-und-sein-kabinett-so-reich-wie-43-millionen-us-haushalte-zusammen-a-1126196.html.
60 Morus, *Utopia*, S. 45.
61 Dworkin, *Gerechtigkeit für Igel*, S. 712.
62 West, *Billionaires*.

63 Tocqueville, *Über die Demokratie in Amerika*, S. 285.
64 Fraser/Gerstler, *Ruling America*.

## 4. Begründeter oder verdienter Reichtum

1 https://www.theguardian.com/society/2015/aug/26/right-to-buy-margaret-thatcher-david-cameron-housing-crisis.
2 Smith, *Theorie der ethischen Gefühle*, S. 367–368.
3 Mandeville, *Die Bienenfabel*, S. 81.
4 Neckel, *Flucht nach vorn*, S. 45ff.
5 Beaumarchais, *Figaros Hochzeit*, S. 88.
6 Carnegie, *The Gospel of Wealth*, S. 140.
7 Zitiert in Steiner, *Greed and Fear*, S. 142.
8 http://www.zeit.de/2010/49/Sloterdijk-Reichensteuer.
9 Engels, *Zur Lage der arbeitenden Klasse in England*.
10 Simmel, *Philosophie des Geldes*, S. 275.
11 Weber, *Religionssoziologie*, S. 242.
12 Weber, *Protestantische Ethik*, in: *Gesammelte Aufsätze zur Religionssoziologie I*, S. 190.
13 Bruyère, *Die Charaktere*, S. 163.
14 Bruyère, *Die Charaktere*, S. 151.
15 Bruyère, *Die Charaktere*, S. 151.
16 Veblen, *Theorie der feinen Leute*, S. 46.
17 Veblen, *Theorie der feinen Klasse*, S. 103.
18 Veblen, *Theorie der feinen Leute*, S. 46.
19 Balzac, *Vater Goriot*, S. 328.
20 Tocqueville, *Über Demokratie in Amerika, Kapitel 28, Weshalb die großen Revolutionen selten werden*, S. 284.
21 Für eine Ausnahme: McCall, *The Undeserving Rich*.
22 http://www.faz.net/aktuell/politik/verurteilung-berlusconis-dieses-land-ist-nicht-gerecht-12316130.html.
23 Sinclair, *Boston*, S. 306.
24 Montaigne, *Essais*, S. 36.
25 US-Präsident Trump ist vermutlich einer der bekanntesten Leser von Rand. Doch auch der frühere US-Notenbankchef Alan Greenspan und Senator Paul Rand schätzen den Roman.
26 Rand, *Atlas wirft die Welt ab*, S. 835.
27 Mises zitiert in Frank, *Arme Milliardäre*, S. 154.

28 Shklar, *Ganz normale Laster*, S. 59.
29 Engels, *Zur Lage der arbeitenden Klasse in England.*
30 Hawthorne, *Das Haus mit den sieben Giebeln*, S. 195.
31 Shklar, *Ganz normale Laster.*

## 5. Widerstreitende Gefühle zu Überreichtum

1 Die Begriffe Gefühl und Emotionen werden in diesem Buch synonym verwendet. Für eine begriffliche Analyse: Ben-Ze'ev (2013). Für eine historische Übersicht: Jan Plamper (2012).
2 Pascal, *Gedanken*, S. 53.
3 Freud, *Aus der Geschichte einer infantilen Neurose*, S. 189.
4 Plamper, *Geschichte und Gefühl*, Frevert, *Vergängliche Gefühle.*
5 Thackeray, *Das Buch der Snobs*, S. 71.
6 Thackeray, *Jahrmarkt der Eitelkeit*, S. 309.
7 Thackeray, *Jahrmarkt der Eitelkeit*, S. 972.
8 Aristoteles, *Nikomachische Ethik*, S. 6.
9 Aurel, *Selbstbetrachtungen*, I, S. 5. Zitiert nach Nussbaum, *Politische Emotionen*, S. 339.
10 Morus, *Utopia*, S. 143.
11 Hobbes, *Leviathan*, S. 154.
12 Hirschman, *Leidenschaften und Interessen*, S. 66ff.
13 Machiavelli, *Discorsi.*
14 Für einen Überblick zur christlichen Literatur: Peter Brown, *Der Schatz im Himmel.*
15 Zola, *Das Geld*, S. 305.
16 Platon, *Der Staat*, S. 339.
17 Smith, *Theorie der ethischen Gefühle*, S. 8.
18 Smith, *Theorie der ethischen Gefühle*, S. 236.
19 Montaigne, *Essais*, S. 37.
20 Montaigne, *Essais*, S. 137.
21 Smith, *Theorie der ethischen Gefühle*, S. 97.
22 Nietzsche, *Menschliches, Allzumenschliches*, S. 505.
23 Montaigne, *Essais*, S. 37.
24 Theophrast, *Charaktere*, S. 45.
25 Hume, *Eine Untersuchung über die Prinzipien der Moral*, S. 91.
26 Freud, *Zwang, Paranoia und Perversion*, S. 129.
27 Im *Historischen Wörterbuch der Philosophie* wird Scham definiert als ein »Ge-

fühl, das die Tendenz hat einen Handlungs- oder Redeimpuls zu hemmen, um möglichen Tadel und damit Minderung des Selbstwertgefühls zu vermeiden«. Die Psychoanalyse konzentrierte sich eher auf die Schuldthematik. Dies liegt daran, dass Scham an die Erfahrung des Gesehen-Werdens gebunden ist. Sighard Neckel legte bereits in den 1990er Jahren eine wegweisende soziologische Analyse von Scham vor (*Status und Scham* 1991).

28 Williams, *Shame and Necessity.*

29 Wurmser, *Maske der Scham,* S. 78.

30 Nietzsche, *Menschliches, Allzumenschliches II,* S. 643.

31 Blackburn, *Mirror, Mirror,* S. 99.

32 https://www.zeit.de/zeit-magazin/2017/35/ion-tiriac-manager-boris-becker-rumaenien.

33 https://www.sueddeutsche.de/leben/roland-berger-interview-1.4117935?reduced=true.

34 Shaw, *Socialism for Millionaires.*

35 Smith, *Theorie der ethischen Gefühle,* S. 78.

36 Simmel, *Schriften zur Soziologie,* S. 143, Neckel, *Status und Scham,* S. 88–89.

37 Neckel, *Status und Scham.*

38 Ermisch/Francesconi/Siedler, *Intergenerational Economic Mobility and Assortative Mating.*

39 Smith, *Theorie der ethischen Gefühle,* S. 92. Beispiel für eine solche Initiative: http://www.schandfleck.or.at/presseaussendung-wer-ist-oesterreichs-schandfleck-des-jahres-2015/.

40 https://www.ftb.ca.gov/about-ftb/newsroom/top-500-past-due-balances/index.html.

41 https://papers.ssrn.com/sol3/papers.cfm?abstract_id=2558115.

42 Sinclair, *Öl,* S. 469.

43 Sinclair, *Öl,* S. 423.

44 Sinclair, *Öl,* S. 715.

45 Kolnai, *Ekel, Haß und Hochmut,* S. 89.

46 Hume, *Eine Untersuchung über die Prinzipien der Moral,* S. 105.

47 Kolnai, *Ekel, Haß und Hochmut,* S. 94.

48 Kant, *Metaphysik der Sitten,* S. 604.

49 Smith, *Theorie der ethischen Gefühle,* S. 421.

50 Smith, *Theorie der ethischen Gefühle,* S. 78.

51 Smith, *Theorie der ethischen Gefühle,* S. 78.

52 Smith, *Theorie der ethischen Gefühle,* S. 79.

53 Smith, *Theorie der ethischen Gefühle,* S. 62.

54 Smith, *Theorie der ethischen Gefühle,* S. 62.

55 Smith, *Theorie der ethischen Gefühle,* S. 62–63.

56 Bebel, *Die Frau und der Sozialismus,* S. 633.

57 Dickens, *David Copperfield*, S. 649.
58 Shklar, *Ganz normale Laster*, S. 70.
59 Dickens, *David Copperfield*, S. 825.
60 Shklar, *Ungerechtigkeit*, S. 139ff.
61 Aristoteles, *Rhetorik*, 1378b, S. 77–78.
62 Morus, *Utopia*, S. 47.
63 https://blog.zeit.de/teilchen/2018/01/22/reichenhetze-rassismus-alltag-oester reich-twitter/.
64 *Ira* aus dem Lateinischen kann als Wut, Groll oder Zorn übersetzt werden.
65 Seneca, *De ira*, S. 275.
66 Bruyére, *Die Charaktere*, S. 293.
67 Pipes, *Property and Freedom*, S. 10.
68 Tacitus erwähnt in den *Annalen*, dass Seneca in die Vertuschung der Ermordung von Kaiser Neros Mutter involviert war.
69 Jones, *Prolls – die Dämonisierung der Arbeiterklasse*.
70 Brecht, *An die Nachgeborenen*.
71 Smith, *Theorie der ethischen Gefühle*, S. 54.
72 Kastner, *Wut. Plädoyer für ein verpöntes Gefühl*, S. 73.
73 Montaigne, *Essais*, S. 355.
74 Montaigne, *Essais*, S. 356.
75 Sloterdijk, *Zorn und Zeit*.
76 Ritter, *Nahes und fernes Unglück*.
77 Smith, *Theorie der ethischen Gefühle*, S. 214.
78 Smith, *Theorie der ethischen Gefühle*, S. 80.
79 Smith, *Theorie der ethischen Gefühle*, S. 80.
80 Smith, *Theorie der ethischen Gefühle*, S. 95.
81 Smith, *Theorie der ethischen Gefühle*, S. 83.
82 Smith, *Theorie der ethischen Gefühle*, S. 219.
83 Engels, *Zur Lage der arbeitenden Klasse in England*, S. 487.
84 Wilde, *Die Seele des Menschen unter dem Sozialismus*, S. 239.
85 Wilde, *Die Seele des Menschen unter dem Sozialismus*, S. 240.
86 Wilde, *Die Seele des Menschen unter dem Sozialismus*, S. 237.
87 https://www.forbes.com/sites/corinnejurney/2015/09/18/netflixs-narcos-kingpin-pablo-escobar-a-look-back-at-his-7-years-on-forbes-billionaires-list/#507f714465e5.
88 Mandeville, *Die Bienenfabel*, S. 343.
89 Mandeville, *Die Bienenfabel*, S. 343.
90 Shklar, *Ganz normale Laster*, S. 47.
91 Smith, *Theorie der ethischen Gefühle*, S. 396.
92 http://www.cps.org.uk/events/q/date/2013/11/27/the-2013-margaret-thatcher-lecture-boris-johnson/.
93 Aristoteles, *Rhetorik*, S. 107.

94 Mandeville, *Die Bienenfabel*, S. 178.

95 Zucman, *Steueroasen*.

96 Freud, *Massenpsychologie und Ich-Analyse*, Band IX, S. 113.

97 Diogenes Laertius, *Leben und Meinungen berühmter Philosophen*, S. 107.

98 https://www.theguardian.com/news/2018/jul/06/the-george-soros-philosophy-and-its-fatal-flaw.

99 Nietzsche, *Menschliches, Allzumenschliches II*, S. 563.

100 https://www2.deloitte.com/content/dam/Deloitte/mx/Documents/consumer-business/2018/Global-Power-of-Luxury-Goods-2018.pdf.

101 Rawls, *Eine Theorie der Gerechtigkeit*, S. 586.

102 Rawls, *Eine Theorie der Gerechtigkeit*, S. 580.

103 https://www.icij.org/blog/2017/11/offshore-law-firm-appleby-explained-briefly/.

104 Sloterdijk in der *Berliner Zeitung*, 21. September 2014.

105 Smith, *Theorie der ethischen Gefühle*, S. 82–83.

106 Machiavelli, *Der Fürst*, S. 117.

107 Platon, *Der Staat*, S. 330.

108 Der englische Originaltitel des Buches *Der Schatz im Himmel* von Peter Brown lautet *Through the Eye of a Needle*.

109 Brown, *Der Schatz im Himmel*, S. 523.

110 Brown, *Der Schatz im Himmel*, S. 757.

111 https://de.zenit.org/articles/der-lautlose-schrei-der-armen/.

112 Mandeville, *Die Bienenfabel*, S. 292.

113 McGoey, *No such thing as a free gift*, McGoey, *Philantropocapitalism and its Critics*.

114 Kant, *Metaphysik der Sitten*, S. 613.

115 Kant, *Metaphysik der Sitten*, S. 533.

116 Kant, *Metaphysik der Sitten*, S. 533.

117 Kant, *Metaphysik der Sitten*, S. 590.

118 Kant, *Metaphysik der Sitten*, S. 591.

119 Callahan, *The Givers*.

120 Hobbes, *Leviathan*, S. 93.

121 Shklar, *Liberalismus der Rechte*, S. 21.

122 World Bank Development Indicators: https://data.worldbank.org/indicator/SI.POV.DDAY?locations=1W&start=1981&end=2015&view=chart.

123 Schervish, *The Moral Biographies of the Wealthy*.

124 Frevert, *Vergängliche Gefühle*, S. 38.

## Schluss

1 Smith, *Wohlstand der Nationen*, S. 728.

2 Page et al., *Democracy and the Policy Preferences of Wealthy Americans.*

3 In diesem Buch werden insbesondere Ansichten von Platon, Aristoteles, Montaigne, Kant und Nietzsche referiert.

4 Adorno, *Minima Moralia*, S. 210.

5 Zucman, *Steueroasen.*

6 Forbes zählt 2019 2 153 Milliardäre. Diese haben insgesamt ein Vermögen von 8,7 Billionen US-Dollar: https://www.forbes.com/billionaires/#46aaf0fd251c.

7 Beckert, *Unverdientes Vermögen.*

8 Deswegen gibt es einen Expertenkonsens von IWF und OECD hinsichtlich Vermögens- und Erbschaftssteuer. Saez/Zucman (2019), *How Would a Progressive Wealth Tax Work. Evidence from the Economics Literature*, 5. Februar.

9 Eine Ausnahme bildet aktuell die Philosophin Ingrid Robeyns mit ihrer »limitarian doctrine«.

10 Atkinson, *Inequality*, Piketty, *Kapital im 21. Jahrhundert*, Stiglitz, *The Price of Inequality*, Berg et al., *Redistribution, Inequality, and Growth: New Evidence.*

# Literatur

Adler, Alfred (2007), Menschenkenntnis, in: *Studienausgabe. Band 5*. Göttingen.

Adorno, Theodor Wiesengrund (2001), Zur Lehre von der Geschichte und von der Freiheit, in: *Nachgelassene Schriften. Abteilung IV. Vorlesungen*. Frankfurt am Main.

Adorno, Theodor Wiesengrund (1997a), Minima Moralia. Reflexionen aus dem beschädigten Leben, in: *Gesammelte Schriften. Band 4*. Frankfurt am Main.

Adorno, Theodor Wiesengrund (1997b), Kulturkritik und Gesellschaft, in: *Gesammelte Schriften. Band 10.1*. Frankfurt am Main.

Allioli, Franz Joseph (2003), *Das Neue Testament*.

Alstadsaeter, Annette; Johannesen, Niels; Zucman, Gabriel (2019), Tax Evasion and Inequality, in: *American Economic Review*, 109 (6), S. 2073–2103.

Alvaredo, Facundo; Chanel, Lucas; Piketty, Thomas; Saez, Emmanuel; Zucman, Gabriel (2018), *World Inequality Report 2018*. Cambridge.

Aristoteles (1995), Nikomachische Ethik, in: *Philosophische Schriften 3*. Hamburg.

Aristoteles (1995), Politik, in: *Philosophische Schriften 4*. Hamburg.

Aristoteles (1999), *Rhetorik*. Stuttgart.

Atkinson, Anthony (2015), *Inequality. What Can Be Done?* Harvard.

Augustinus (1997), *Vom Gottesstaat. De civitate dei*. München.

Aurel, Marc (2003), *Selbstbetrachtungen*. Frankfurt am Main.

Babeuf, Graccus (1988), *Die Verschwörung für die Gleichheit*. Hamburg.

Balzac, Honoré de (2007), *Vater Goriot*. Zürich.

Bartels, Larry (2008), *Unequal Democracy: The Political Economy of the New Gilded Age*. Princeton.

Beaumarchais, Pierre Augustin Caron de (2017), *Figaros Hochzeit oder der tolle Tag*. Berlin.

Beckert, Jens (2004), *Unverdientes Vermögen. Soziologie des Erbrechts*. Frankfurt am Main.

Beckert, Jens (2013), *Erben in der Leistungsgesellschaft*. Frankfurt am Main.

Beckert, Jens; Arndt, Lukas (2016), Unverdientes Vermögen oder illegitimer Eingriff in das Eigentumsrecht?, MPIfG Discussion Paper, 16/8. Köln.

Beckert, Jens (2017), Neid oder soziale Gerechtigkeit? Die gesellschaftliche Umkämpftheit der Erbschaftssteuer, in: *Aus Politik und Zeitgeschichte*, 67, S. 23–29.

Ben-Zeev, Aaron (2013), *Die Logik der Gefühle. Kritik der emotionalen Intelligenz.* Frankfurt am Main.

Berg, Andrew; Ostry, Jonathan; Tsanganides, Charalambos (2018), Redistribution, Inequality and Growth: New Evidence, in: *Journal of Economic Growth*, 23 (3), S. 295–305.

Berger, Roman; Piketty, Thomas (2019), Bernie Sanders, Elizabeth Warren and the Wealth Tax: https://www.indybay.org/newsitems/2019/05/06/18823225.php.

Blackburn, Simon (2014), *Mirror, Mirror. The Uses and Abuses of Self-love.* Princeton.

Bonica, Adam; McCarthy, Nolan; Poole, Keith; Rosenthal, Howard (2013), Why hasn't Democracy Slowed Rising Inequality, in: *Journal of Economic Perspectives*, 27 (3), S. 103–124.

Bourdieu, Pierre (1998), Der Einzige und sein Eigenheim, in: *Schriften zu Politik & Kultur 3*. Hamburg.

Boushey, Heather; Bradford Delong; Steinbaum, Marshall (Hg.) (2017), *After Piketty. The Agenda for Economics and Inequality.* Harvard.

Brecht, Bertolt (1939), Svendborger Gedichte. An die Nachgeborenen. Audioaufnahme von 1939: https://www.lyrikline.org/de/gedichte/die-nachgeborenen-740.

Brown, Peter (2017), *Der Schatz im Himmel. Der Aufstieg des Christentums und der Untergang des Römischen Weltreichs.* Stuttgart.

Bruyére, Jean de La (2007), *Die Charaktere.* Frankfurt am Main.

Bundesministerium für Arbeit und Soziales (2013), *Vierte deutsche Armuts- und Reichtumsbericht*: https://www.armuts-und-reichtumsbericht.de/DE/Bericht/Archiv/Der-vierte-Bericht/vierter-bericht.html.

Callahan, David (2017), *The Givers: Wealth, Power and Philanthropy in a New Gilded Age.* New York.

Carnegie, Andrew (1992), The Gospel of Wealth, in: Joseph Frazier Wall (Hg.), *The Andrew Carnegie Reader.* Pittsburgh.

Cohen, Gerald (2001), *Gleichheit ohne Gleichgültigkeit. Politische Philosophie und individuelles Verhalten.* Hamburg.

Cohen, Gerald (2010), *Sozialismus. Warum nicht?* München.

Cohen, Gerald (2011), *On the Currency of Egalitarian Justice.* Princeton.

Credit Suisse (2018), *World Wealth Report.* Zürich.

Dauber, Michele Landis (2013), *The Sympathetic State. Disaster Belief and the Origins of the American Welfare State.* Chicago.

Dickens, Charles (2003a), *David Copperfield.* Frankfurt am Main.

Dickens, Charles (2003b), *Oliver Twist.* Frankfurt am Main.

Dimmel, Nikolaus; Hofmann, Julia; Schenk, Martin; Schürz, Martin (Hg.) (2017), *Handbuch Reichtum. Neue Erkenntnisse aus der Ungleichheitsforschung.* Wien.

Druyen, Thomas (2007), *Goldkinder. Die Welt des Vermögens.* Hamburg.

Druyen, Thomas (2007), *Blick in die Seelen der Milliardäre*: https://www.welt.de/regionales/nrw/article825443/Blick-in-die-Seelen-der-Milliardaere.html.

Druyen, Thomas (2009), Entstehung und Verbreitung von Vermögenskultur und Vermögensethik, in: Thomas Druyen, Wolfgang Lauterbach, Matthias Grundmann (Hg.), *Reichtum und Vermögen.* Wiesbaden

Durkheim, Emile (1999), *Physik der Sitten und des Rechts. Vorlesungen zur Soziologie der Moral.* Frankfurt am Main.

Dworkin, Ronald (2011), *Was ist Gleichheit?* Frankfurt am Main.

Dworkin, Ronald (2012), *Gerechtigkeit für Igel.* Berlin.

Eckl, Andreas; Ludwig, Bernd (2005), *Was ist Eigentum? Philosophische Positionen von Platon bis Habermas.* München.

Ehrenburg, Ilja (1928), *Die Verschwörung der Gleichen.* Berlin.

Elsässer, Lea; Hense, Svenja; Schäfer, Armin (2018), Government of the People, by the Elite, for the Rich, MPfG Discussion Paper, 18/5. Köln.

Engels, Friedrich (1972), *Zur Lage der arbeitenden Klasse in England*, in: *MEW. Band 2.* Berlin.

Engels, Friedrich (1973), Die Entwicklung des Sozialismus von der Utopie zu einer Wissenschaft, in: *MEW. Band 19.* Berlin.

Engels, Friedrich (1976), Zur Wohnungsfrage, in: *MEW. Band 18.* Berlin.

Enzensberger, Hans Magnus (Hg.) (1973), *Freisprüche. Revolutionäre vor Gericht.* Frankfurt am Main.

Epstein, Joseph (2010), *Neid. Die böseste Todsünde.* Berlin.

Ermisch, John; Francesconi, Marco; Siedler, Thomas (2006), Intergenerational Economic Mobility and Assortative Mating, in: *The Economic Journal*, 116, S. 659–679.

Federal Reserve Bank of New York (2019), *The Evolution & Future of Homeownership.* New York.

Fessler, Pirmin; Schürz, Martin (2016), Zur Mitte in Österreich, in: *Sozialbericht 2016 Bundesministerium für Soziale Angelegenheiten*, S. 270–291.

Fessler, Pirmin; Schürz, Martin (2017), Zur Verteilung der Sparquoten in Österreich, in: *Monetary Policy and Economy*, 3, S. 13–33.

Fessler, Pirmin; Schürz, Martin (2018a), Private Wealth Across European Countries: The Role of Income, Inheritances and the Welfare State, in: *Journal of Human Development and Capability*, 19 (4), S. 521–549.

Fessler, Pirmin; Schürz, Martin (2018b), The Functions of Wealth: Renters, Owners and Capitalists Across Europe and the United States. OeNB Working Paper 223.

Fitzgerald, Francis Scott (2008), *Junger Mann aus reichem Haus.* Zürich.
Fitzgerald, Francis Scott (1995), *Der große Gatsby.* Zürich.
Fleischacker, Samuel (2004), *A Short History of Distributive Justice.* Harvard.
Forst, Rainer (2011), *Kritik der Rechtfertigungsverhältnisse. Perspektiven einer kritischen Theorie der Politik.* Berlin.
France, Anatole (1961), *Das Hemd eines Glücklichen.* Berlin.
France, Anatole (2003), *Die rote Lilie.* Zürich.
Frank, Robert (2016), *Success and Luck. Good Fortune and the Myth of Meritocracy.* Princeton.
Frank, Thomas (2012), *Arme Milliardäre. Der große Bluff oder wie die amerikanische Rechte aus der Krise Kapital schlägt.* München.
Frankfurt, Harry (2016), *Ungleichheit. Warum nicht alle gleich viel haben müssen.* Berlin.
Fraser, Steve; Gerstler, Gary (Hg.) (2005), *Ruling America. A History of Wealth and Power.* Harvard.
Fraser, Steve (2015), *The Age of Acquiescence.* New York.
Franzen, Jonathan (2002), *Die Korrekturen.* Reinbek bei Hamburg.
Freud, Sigmund (2000a), Zwang, Paranoia und Perversion, in: *Studienausgabe. Band VII.* Frankfurt am Main.
Freud, Sigmund (2000b), Aus der Geschichte einer infantilen Neurose, in: *Studienausgabe. Band VIII.* Frankfurt am Main.
Freud, Sigmund (2000c), Massenpsychologie und Ich-Analyse, in: *Studienausgabe. Band IX.* Frankfurt am Main.
Frevert, Ute (2013), *Vergängliche Gefühle.* Göttingen.
Galbraith, John Kenneth (1977), *Die Tyrannei der Umstände.* München.
Glatzer, Wolfgang (2009), Gefühlte (Un)Gerechtigkeit, in: *Aus Politik und Zeitgeschichte,* 47, S. 15–26.
Gilens, Martin (2012), *Affluence and Influence. Economic Inequality and Political Power in America.* Princeton.
Gilens, Martin; Page, Benjamin (2014), Testing Theories of American Politics: Elites, Interest Groups, and Average Citizens, in: *Perspectives on Politics.* 12 (3), S. 564–581.
Green, Jeffrey Edward (2013), Rawls and the Forgotten Figure of the Most Advantaged: In Defense of Reasonable Envy Towards the Rich, in: *American Political Science Review,* 107 (1), S. 123–138.
Gosepath, Stefan (2004), *Gleiche Gerechtigkeit. Grundlagen eines liberalen Egalitarismus.* Frankfurt am Main.
Hacker, Jacob; Pierson, Paul (2010), *Winner-Take-All Politics: How Washington Made the Rich Richer – and Turned its Back on the Middle Class.* New York.
Harris, Jim (2002), *Property and Justice,* Oxford.

Hartmann, Michael (2013), *Soziale Ungleichheit. Kein Thema für die Eliten.* Frankfurt am Main.
Haupt, Heinz-Gerhard (1989), *Sozialgeschichte Frankreichs seit 1789.* Frankfurt am Main.
Hawthorne, Nathaniel (2004), *Das Haus mit den sieben Giebeln.* München.
Hayek, Friedrich (2005), *Die Verfassung der Freiheit.* Tübingen.
Hayek, Friedrich (2014), *Der Weg zur Knechtschaft.* München.
Heins, Volker (2008), Die Rückkehr der Eigentumskritik, in: *WestEnd*, 1/2008, S. 44–69.
Herzog, Lisa (2013), *Freiheit gehört nicht nur den Reichen. Plädoyer für einen zeitgemäßen Liberalismus.* München.
Hirschman, Albert (1987), *Leidenschaften und Interessen. Politische Begründungen des Kapitalismus vor seinem Sieg.* Frankfurt am Main.
Hirschman, Albert (1988), *Engagement und Enttäuschung. Über das Schwanken der Bürger.* Frankfurt am Main.
Hobbes, Thomas (2017), *Vom Menschen – Vom Bürger.* Hamburg.
Hobbes, Thomas (1970), *Leviathan.* Stuttgart.
Hobsbawm, Eric (2000), *Die Banditen. Räuber als Sozialrebellen.* München.
Honneth, Axel (2011), *Das Recht der Freiheit. Grundriß einer demokratischen Sittlichkeit.* Berlin.
Hume, David (1984), *Eine Untersuchung über die Prinzipien der Moral.* Stuttgart.
Hume, David (2014), *Eine Untersuchung über den menschlichen Verstand.* Frankfurt am Main.
Hume, David (2015), *Über Moral.* Frankfurt am Main.
ICRIT (2019), *A Roadmap for a Global Asset Registry*: https://static1.squarespace.com/static/5a0c602bf43b5594845abb81/t/5c988368eef1a1538c2ae7eb/1553498989927/GAR.pdf.
Illouz, Eva (2006), *Gefühle in Zeiten des Kapitalismus.* Frankfurt am Main.
International Monetary Fund (2019), The Rise of Corporate Market Power and its Macroeconomic Effects, in: *Economic Outlook*, S. 55–77.
Jones, Owen (2012), *Prolls. Die Dämonisierung der Arbeiterklasse.* Mainz
Kant, Immanuel (1993), Die Metaphysik der Sitten, in: *Werkausgabe. Band VIII.* Frankfurt am Main.
Kastner, Heidi (2014), *Wut. Plädoyer für ein verpöntes Gefühl.* Wien.
Kersting, Wolfgang (2010), Gefährdungen der Freiheit, in: *Merkur*, 736 (64), S. 874–883.
Kolnai, Aurel (2007), *Ekel Hochmut Haß. Zur Phänomenologie feindlicher Gefühle.* Frankfurt am Main.
Krebs, Angelika (Hg.) (2000), *Gleichheit oder Gerechtigkeit. Texte der neuen Egalitarismuskritik.* Frankfurt am Main.

Laertius, Diognes (1998), Leben und Meinungen berühmter Philosophen, in: *Philosophische Bibliothek. Band 53/53*. Hamburg.

Lauterbach, Wolfgang; Ströing, Miriam (2009), Wohlhabend, Reich und Vermögend – Was heißt das eigentlich?, in: Thomas Druyen et al. (Hg.), *Reichtum und Vermögen*. Wiesbaden, S. 13–29.

Lettke, Frank (Hg.) (2003), *Erben und Vererben. Gestaltung und Regulation von Generationenbeziehung*. Konstanzer Beiträge zur sozialwissenschaftlichen Forschung. Band 11. Konstanz.

Lindgren, Astrid (1987), *Pippi Langstrumpf*. Hamburg.

Long, Huey (1934), Share our Wealth. Every Man a King: www.Huey.Long.com.

Machiavelli, Niccolò (2013), *Der Fürst*. Wiesbaden.

Mandeville, Bernard (2014), *Die Bienenfabel*. Frankfurt am Main.

Marx, Karl (1973), Kritik des Gothaer Programms, in: *MEW. Band 19*. Berlin.

Marx, Karl (2009), *Ökonomisch-philosophische Manuskripte*. Frankfurt am Main.

Marterbauer, Markus; Schürz, Martin (2007), Der Streit um die Abschaffung der Erbschaftssteuer in Österreich, in: *WISO*, 30 (2), S. 35–53.

Martin, Isaac William (2013), *Rich People's Movements. Grassroots Campaigns to Untax the one Percent*. Oxford.

Mau, Steffen (2017), *Das metrische Wir. Über die Quantifizierung des Sozialen*. Berlin.

McCall, Leslie (2013), *The Undeserving Rich. American Beliefs About Inequality, Opportunity and Redistribution*. Cambridge.

McGoey, Linsey (2012), Philanthropocapitalism and its Critics, in: *Poetics*, 40, S. 185–199.

McGoey, Linsey (2015), *No Such Thing as a Free Gift. The Gates Foundation and the Price of Philanthropy*. London.

Meade, James (1964), *Efficency, Equality and the Ownership of Property*. London.

Melchior, Josef; Schürz, Martin (2015), Gerechtigkeitsurteile und Vermögensverteilung, in: *Wirtschaft und Gesellschaft*, 41 (2), S. 199–232.

Milanovic, Branko (2012), *The Haves and Have-Nots*. New York.

Mill, John Stuart (1976), *Der Utilitarismus*. Stuttgart.

Mill, John Stuart (1852), *Grundsätze der politischen Ökonomie*. Hamburg.

Miller, David (2007), *Grundsätze sozialer Gerechtigkeit*. Frankfurt am Main.

Miller, David (2013), *Justice for Earthlings. Essays in Political Philosophy*. Cambridge.

Mirabeau (2003), *Rede über die Gleichheit der Teilung bei Erbfolgen in direkter Linie*, in: Frank Lettke (Hg.), *Erben und Vererben*, S. 11–23.

Montaigne, Michel (1999), *Essais*. Frankfurt am Main.

Mooslechner, Peter; Schürz, Martin (2010), Bonus! Glanz und Elend der Bankmanager, in: Claudia Honegger, Sighard Neckel, Chantal Magnin (Hg.), *Strukturierte Verantwortungslosigkeit. Berichte aus der Bankenwelt*. Berlin, S. 79–82.

Morus, Thomas (1964), *Utopia*. Stuttgart.
Murphy, Liam; Nagel, Thomas (2002), *The Myth of Ownership. Taxes and Justice*. Oxford.
Nagel, Thomas (2016), *Eine Abhandlung über Gleichheit und Parteilichkeit*. Berlin.
Neckel, Sighard (1991), *Status und Scham. Zur symbolischen Reproduktion sozialer Ungleichheit*. Frankfurt am Main.
Neckel, Sighard (1999), Blanker Neid, blinde Wut? Sozialstruktur und kollektive Gefühle, in: *Leviathan*, 27 (2), S. 145–165.
Neckel, Sighard (2000), *Die Macht der Unterscheidung*. Frankfurt am Main.
Neckel, Sighard (2008), *Flucht nach vorn*. Frankfurt am Main.
Neckel, Sighard (2011), Der Gefühlskapitalismus der Banken: Vom Ende der Gier als »ruhiger Leidenschaft«, in: *Leviathan*, 39 (1), S. 39–53.
Neuhäuser, Christian (2018), *Reichtum als moralisches Problem*. Berlin.
Nietzsche, Friedrich (1988), *Menschliches, Allzumenschliches I und II. Kritische Studienausgabe. Band 2*. München.
Nussbaum, Martha (2014), *Politische Emotionen. Warum Liebe für Gerechtigkeit wichtig ist*. Frankfurt am Main.
Nussbaum, Martha (2017), *Zorn und Vergebung. Plädoyer für eine Kultur der Gelassenheit*. Darmstadt.
OECD (2018a), Inequalities in Household Wealth across OECD Countries OECD Statistics, Working Papers 2018/01.
OECD (2018b), *A Broken Social Elevator. How to Promote Social Mobility?* Paris.
OECD (2018c), *The Role and Design of Net Wealth Taxes in the OECD*. No. 26 OECD Tax Policy Studies. Paris.
Page, Benjamin; Bartels, Larry; Seawright, Jason (2013), Democracy and the Policy Preferences of Wealth Americans, in: *Perspectives on Politics*, 11 (1), S. 51–73.
Paine, Thomas (2017), *Die Rechte des Menschen*. Norderstedt: https://download.digitale-sammlungen.de/BOOKS/download.pl?id=bsb10423337.
Payne, Keith (2017), *The Broken Ladder*. London.
Piff, Paul (2014), Wealth and the Inflated Self: Class, Entitlement, and Narcissism, in: *Personality and Social Psychology Bulletin*, 40 (1), S. 34–43.
Piketty, Thomas (2010), The Long-run Evolution of Inheritance: France 1820–2050, in: *The Quarterly Journal of Economics*, CXXVI (3), S. 1071–1131.
Piketty, Thomas; Zucman Gabriel (2013), *Capital is Back. Wealth-income Ratios in Rich Countries 1700–2010*: http://gabriel-zucman.eu/files/PikettyZucman2013Book.pdf.
Piketty, Thomas (2014), *Das Kapital im 21. Jahrhundert*. München.
Pipes, Richard (2000), *Property and Freedom*. New York.
Plamper, Jan (2012), *Geschichte und Gefühl. Grundlagen der Emotionsgeschichte*. München.

Platon (1998a), *Der Staat. Band V. Sämtliche Dialoge*. Hamburg.
Platon (1998b), *Gesetze. Band VII. Sämtliche Dialoge*. Hamburg.
Putnam, Robert (2015), *Our Kids. The American Dream in Crisis*. New York.
Rand, Ayn (1989), *Atlas wirft die Welt ab*. München.
Rawls, John (1979), *Eine Theorie der Gerechtigkeit*. Frankfurt am Main.
Rawls, John (1994), *Die Idee des politischen Liberalismus*. Frankfurt am Main.
Rawls, John (2003), *Gerechtigkeit als Fairneß. Ein Neuentwurf*. Frankfurt am Main.
Ritter, Henning (2005), *Nahes und fernes Unglück. Versuch über das Mitleid*. München.
Robeyns, Ingrid (2017), Having too much, in: Jack Knight, Melissa Schwartzberg (Hg.), *Wealth Nomos LVIII*, S. 1–45.
Roosevelt, Franklin Delano (1938), Inaugural Address, March 4, 1933, in: Samuel Rosenman (Hg.), *The Public Papers of Franklin D. Roosevelt, Volume Two: The Year of Crisis*. New York, S. 11–16.
Rosanvallon, Pierre (2013), *Die Gesellschaft der Gleichen*. Hamburg.
Rosanvallon, Pierre (2017), *Die Gegen-Demokratie. Politik im Zeitalter des Misstrauens*. Hamburg.
Rousseau, Jean-Jacques (1985), Ökonomie des Staates, in: *Frühe Schriften*. Berlin, S. 247–297.
Rousseau, Jean-Jacques (1990), *Diskurs über die Ungleichheit*. Paderborn.
Rousseau, Jean-Jacques (2001), *Vom Gesellschaftsvertrag*. Stuttgart.
Rowlingson, Karen; McKay, Stephen (2012), *The Wealth and the Wealthy*. Bristol.
Ruda, Frank (2011), *Hegels Pöbel. Eine Untersuchung der Grundlinien der Philosophie des Rechts*. Konstanz.
Saez, Emmanuel; Zucman, Gabriel (2019), How Would a Progressive Wealth Tax Work. Evidence from the Economics Literature: http://gabriel-zucman.eu/files/saez-zucman-wealthtaxobjections.pdf.
Schervish, Paul (1994), The Moral Biographies of the Wealthy and the Cultural Scripture of Wealth, in: ders. (Hg.), *Wealth in Western Thought. The Case For and Against Riches*. London, S. 129–167.
Scheve, Ken; Stasavage, David (2012), Democracies, War and Wealth: Lessons From Two Centuries of Inheritance Taxation, in: *American Political Science Review*, 106 (1), S. 81–102.
Scheve, Ken, Stasavage, David (2016), *Taxing the Rich. A History of Fiscal Fairness in the United States and Europe*. Princeton.
Schmidbauer, Wolfgang (2011), *Das kalte Herz*. Hamburg
Schreyer, Paul (2018), *Die Angst der Eliten: Wer fürchtet die Demokratie?* Frankfurt am Main.
Schürz, Martin (2014), Zur Rückkehr der sozialen Frage, in: *Zeitschrift für Individualpsychologie*, 41 (3), S. 197–206.

Seneca (2007), *De ira. Über die Wut*. Stuttgart

Shaw, Bernard (1913), *Socialism for Millionaires*: https://digital.library.lse.ac.uk/objects/lse:duf537zem/read/single#page/14/mode/2up. London.

Sherman, Rachel (2017), *Uneasy Street. The Anxieties of Affluence*. Princeton.

Shklar, Judith (1992), *Über Ungerechtigkeit. Erkundungen zu einem moralischen Gefühl*. Berlin.

Shklar, Judith (2013), *Der Liberalismus der Furcht*. Berlin.

Shklar, Judith (2014), *Ganz normale Laster*. Berlin.

Shklar, Judith (2017), *Der Liberalismus der Rechte*. Berlin.

Simmel, Georg (1983), *Schriften zur Soziologie*. Frankfurt am Main.

Simmel, Georg (1989), *Philosophie des Geldes*. Frankfurt am Main.

Sinclair, Upton (2014), *Der Dschungel*. Zürich.

Sinclair, Upton (2015), *Öl*. Zürich.

Sinclair, Upton (2017), *Boston*. Zürich.

Sloterdijk, Peter (2016), *Zorn und Zeit*. Frankfurt am Main.

Smith, Adam (2009), *Wohlstand der Nationen*. Köln.

Smith, Adam (2010), *Theorie der ethischen Gefühle*. Hamburg.

Soboul, Albert (1978), *Französische Revolution und Volksbewegung. Die Sansculotten*. Frankfurt am Main.

Steiner, Hillel (2014), Greed and Fear, in: *Politics, Philosophy & Economics*, 13 (2), S. 140–151.

Stiglitz, Joseph (2012), *The Price of Inequality. How Today's Divided Society Endangers Our Future*. New York.

Thackeray, William (1975), *Jahrmarkt der Eitelkeit. Ein Buch ohne Helden*. Frankfurt am Main.

Theophrast (2000), *Charaktere. Dreißig Charakterskizzen*. Frankfurt am Main.

Tocqueville, Alexis de (1985), *Über die Demokratie in Amerika*. Stuttgart.

Veblen, Thorstein (2007), *Theorie der feinen Leute*. Frankfurt am Main.

Vermeulen, Philip (2016), Estimating the Top Tail of the Wealth Distribution, in: *American Economic Review*, 106 (5), S. 646–650.

Wagenknecht, Sahra (2016), *Reichtum ohne Gier. Wie wir uns vor dem Kapitalismus retten*. Frankfurt am Main.

Waldenfels, Bernhard (2017), *Platon. Zwischen Logos und Pathos*. Berlin.

Walzer, Michael (1999), *Vernunft, Politik und Leidenschaft. Defizite liberaler Theorie*. Frankfurt am Main.

Weber, Max (1988), *Gesammelte Aufsätze zur Religionssoziologie I und II*. Tübingen.

Wehling, Elisabeth (2016), *Politisches Framing. Wie eine Nation sich ihr Denken einredet – und daraus Politik macht*. Köln.

West, Darrell (2014), *Billionaires. Reflections on the Upper Crust*. Washington.

Wiesing, Lambert (2015), *Luxus*. Berlin.

Wilde, Oscar (2000), Die Seele des Menschen unter dem Sozialismus, in: ders., *Der Kritiker als Künstler und andere Essays. Band 4.* Zürich, S. 235–289.

Wilkinson, Richard; Pickett, Kate (2009), *Gleichheit ist Glück.* Frankfurt am Main.

Wilkinson, Richard; Pickett, Kate (2018), *The Inner Level.* London.

Williams, Bernard (2008), *Shame and Necessity.* Berkeley.

Winters, Jeffrey (2011), *Oligarchy.* Cambridge.

World Bank (2019) Dta Bank. Development Indicators: https://databank.worldbank.org/data/home.aspx.

Wurmser, Leon (2007), *Die Maske der Scham. Die Psychoanalyse von Schamaffekten und Schamkonflikten.* Eschborn.

Zola, Emile (1995), *Das Geld.* Frankfurt am Main.

Zucman, Gabriel (2014), *Steueroasen. Wo der Wohlstand der Nationen versteckt wird.* Berlin.